緊縛の文化史

The Beauty of Kinbaku

マスター"K"

山本規雄 訳

すいれん舎

日本語版への序文

私の書いた『緊縛の文化史』を、日本の読者の皆さんに紹介できることはこれ以上ない喜びです。でも今の私は誇らしいというよりは、謙虚な気持ちで一杯です。

日本語版の版元であるすいれん舎は、どうして本書を書いたのか、この「日本語版への序文」に書いてほしいと私に依頼してきました。これはしかし、いろいろな意味で簡単ではありません。だがとにかく、やってみましょう。まずこの質問に最も簡単に答えるとすれば、私は四〇年以上続けた調査の成果として、四年を費やして本書を書いたというのがその答です。

私が日本と日本に住む人びとにすっかり惚れ込んでしまったのは、アメリカで籍を置いていた大学から、短期海外留学プログラムの資格を与えられるという、まったくの幸運に恵まれた御蔭でした。それによって私は一九七〇年代初頭に、六ヶ月間東京に留学したのです。そして大学卒業後に、すぐまた半年間日本に滞在しました。それからは、もう何度も日本に来る機会に恵まれています。

そもそも私が日本に来たのは、日本映画に深い関心があったからです。『羅生門』『東京物語』『七人の侍』『雨月物語』などの、日本映画の古典的名作のことです。それらを研究することはとてもエキサイティングでした。しかし私は、思いも寄らなかったほど多彩な文化的経験を日本で味わうことになったのです。東京での慌ただしい日常生活や、逆に非常に質の高い日本文化を経験しただけでなく、いわゆる「歓楽街」の経験もそこには含まれていました。そしてまさにこの世界で、きわめて日本的なエロティック・ボンデージ技芸《アート》である「緊縛」と出会ったのです。

東京で、緊縛の写真が載っている雑誌が街の本屋で売っているのを初めて見たときのことを私はけっして忘れられないでしょう。私にとってその写真は衝撃でした。エロティックでミステリアスでエキゾチックで……その全部でした。アメリカ人の私は、そのような雑誌が大っぴらに誰でも買えるようなところで売られていることがとても信じられませんでした。西洋では、「ボンデージ」と言えばその質がどうであれ、安手のポルノにお決まりの要素としか思われないし、ポルノの烙印を免れることはできない。街の本屋でその映像を目にすることは滅多にないし、とくに私が学生だった時期には、アメリカでは「ボンデージ」はしばしば検閲のターゲットにされていたのです。

ところが日本では、緊縛の写真や絵が至るところとまでは言えないにしても、少なくとも当時、簡単に目にすることができるようでした。大手の映画会社の製作する映画でも緊縛の場面を見ましたし、広く一般に売られている雑誌や広告でも目にしました。パフォーマンスとして演じているのも見たことがあります。しかも日本人の友人たちは、洗練されたエロティック・プレイの一つだとさえ言いました。緊縛は日本でもけっして主流派に属する行為ではない。しかしその一方で、それは確かに一般の人びとにも訴える魅力を備えているように見えるし、私の目には確固たる美意識を備えたものに見えました。日本の歴史にしっかりと根を張っているもののように思われたのです。実際私が学生時代に日本で出会った緊縛の写真は、どれもそれまで私が見たことのある西洋のボンデージ写真の大部分とは正反対に、極めてエレガントで、その仕上げは芸術的とさえ言えるものでした。緊縛について想いを巡らせれば巡らせるほど、いったいなぜなのだろうかと疑問が深まるばかりでした。相対的とは言え社会から受け容れられているのはどうしてか、その映像が芸術的なほど質が高く、あれほどまでエロティックな神秘と力を備えているのはなぜなのか、という疑問です。もっと簡単に言えば、私が日本で発見した、一個の芸術形態と見なすこともできるような日本に固有の官能芸術《エロティカ》の一タイプとしての緊縛と、それまで私が経験していた西洋のポルノとの間にあるギャップをどうやって説明したらいいのか、ということです。

留学を終えてアメリカに戻った後も、東京で見た緊縛の映像は相変わらず私の心に取り憑いて離れませんでした。しかしそこへ新たな混乱の種が加わりました。一九七〇年代の終わり頃、アメリカでは「ボンデージ」を用いた「アダルト」雑誌が数多く創刊されたのです。そしてなかには、日本から輸入した緊縛の映像を収録するものも出てきました。その結果、おおかたの西洋人にとって緊縛は何よりもまず「アダルト・エンタテイメント」を連想させるものとなってしまったのです。そして「アダルト・エンタテイメント」として商業的に利用される限り、それがいかなる歴史的文化的背景を持っていようと、また芸術としていかに高く評価されようと、まったく意味がないのです。緊縛のことを考察すればするほど、私にはっきりとわかってきたことがあります。それは、少なくとも西洋では、緊縛もその映像も、社会的歴史的な背景からまったく切り離されたものとして見られているということ、そして芸術を見る見方として、それはまったく狭すぎるとしか言えないということです。

若い男はたいていそうだと思いますが、私もさまざまなタイプのエロスに関心を持っていました。でも緊縛の映像を初めて見たとき、私は自分のなかの深い部分に何か特別な影響を与えるものに出会ったことを悟ったのです。それはエロティックであり、かつ芸術的でした。そして一見するとその意図するところはたぶん女性蔑視《ミソジニー》と形容するのが一番よく合っていそうなその外見にもかかわらず、それが一つの技芸《アート》として、縛られる側にとっても縛る側にとっても喜びをもたらしてくれるもののように見えたのです。そして事実この技芸《アート》は、喜びをもたらしてくれるものであるべきなのです。そしてさらに私は、緊縛が日本において何世紀にもわたる伝統を備えていること、それは単にエロ映画やエロ雑誌向けの行為であるだけでなく、二人の同好の者同士が交わす愛のコミュニケーションの一手段であり得ることを悟りました。そうなるともはや私の興味はどんどん深まるばかりでした。要するに私は見事に釣り上げられてしまい、そして四〇年以上経った今なお病みつきなのです。

学生として初めて東京で過ごしたとき以来、私は緊縛に関する資料を大量に蒐集すると同時に、その研究と実践に何千時間も費やしてきました。それを職業としたわけではないので、私にとってそれは極めて真面目な道楽ということになりました。私は学生から勤勉な研究者に、そして実地に緊縛を行なう縛師に、また緊縛の教師、著述家へと進歩してきたのです。

緊縛の教師をするなかで、私は緊縛が技芸《アート》として用いられるだけでなく、感受性の豊かな人にとっては心と身体の健康を得る手段としても用いることができることを直接目の当たりに見てきました。

二〇〇〇年代の初頭から私は緊縛という魅力尽きないこの芸術形態について書くようになりました。もしも西洋にも同好の士がいるなら、彼らに向けて緊縛の歴史や美について伝えたいと思ったのです。ここでインターネットの発達が果たした役割はとても重要です。インターネットの御蔭でコミュニケーションは容易になり、驚いたことには、私の関心が私だけのものであるどころか、同じ関心を持っている人がこの地球上に何千人もいることがすぐさま明らかとなったのです。

残念なことに、西洋人の間には緊縛という技芸《アート》についても、日本のBDSM全般についても、多くの誤解が存在していました。だからこそ、緊縛という技芸《アート》がどこからやって来たのか、それがいかに日本社会と日本文化にぴったり嵌《はま》っているか、また偉大なる緊縛のアーティストにはどんな人物がいるのか、そして世界中の人類の健全なセクシュアリティ全般から見てどう位置づけられるのか、といった疑問に対してできるかぎりわかりやすく、できるかぎり学問的な方法で答えることが私の責務だと感じるようになったのです。これらの疑問は私にとっては非常に大きなものです。またもしもこれに答えることができたなら、緊縛と言えば「アダルト・エンタテイメント」の世界だという昔からの根強い連想を裁ち切ることもできるだろうと思うのです。

しかしそのような企図を、性的に極めて保守的なアメリカに生まれ育った者が実現しようとしても、けっして簡単なことではないということを聞いても読者はきっと驚かないでしょう。事実、アメリカで「エロティック」なテーマについて議論する著述家は、誰もが皆検閲と批判を受ける危険を避けられない。それは転落に向かう坂道になり得るのです。

アメリカは一般的に言って清教徒《ピューリタン》的社会です。だからふつうと違う性的な関心について何か言っただけで、ときには会社の同僚や隣人たちからその人が得ていた評判に傷が付いてしまうこともあるのです。私が「マスター〝K〟」というペンネームを用いるのはそういう理由があるからなのです。私たちが生きている世界は急激に変化していて、どんな性的な事柄に対してもオープンな態度で臨むという気運が盛り上がってきているのは確かです。しかし緊縛やＢＤＳＭの世界は西洋では未だに「際《エッジ》どいプレイ」と見なされているのです。私は通常の職業人として責任のある地位に着いていますから、身元については常に慎重にするに越したことはないのです。私とて、このような状況がいつの日か変わることを希望しています。

緊縛に関する私の最初の本『縛り――日本式ボンデージのアート』(*Shibari, the Art of Japanese Bondage*, Glitter/Secret Press, 2004) は、二〇〇四年にヨーロッパで刊行されました。

写真集に長めのエッセー――緊縛を歴史的学問的背景に位置づけることを狙ったもの――を添えた薄めの控え目な本でした。それでも緊縛から、この時代にもまだ貼り付いていた「アダルト・エンタテイメント」の烙印を、何とか引き剥がそうとする最初の試みではありました。当時私はこの本を、自分自身のため、そしてインターネットでこの本を見つけて買ってくれるせいぜい数百人のために書いているのだと考えていました。ところが非常に驚いたことに、このささやかな本は発売されるや、あっと言う間に売り切れてしまったのです。私が感じる魅力を共有する人がたくさんいることがわかりました。そして緊縛のテーマについてこの本よりもっと広範にわたって語った本が求められていることもはっきりわかりました。こうして私は四〇年にわたる研究に基づいて、四年間かけて本書を書くことになったのです。

最初の課題は数年かけて集めた数千に上る文書類に目を通すことでした。緊縛の歴史にまつわる情報を整理するためです。そして私自身のコレクションにない材料――多くの場合歴史的に重要なもの――については、所蔵している博物館や図書館を訪ねてそれを補いました。さらに日本でのさらなる調査、聞き取りも進めました。好運なことに、これには仲間が幾人も助けてくれました。正確かな事実について、翻訳について、非常に細かいところまで照合確認するのを手伝ってくれたのです。細部に対してここまで注意を払っているからこそ、ヨーロッパやアメリカで本書はあれほど好評を博したのだと私は思っています。

好評のもう一つの理由は、西洋における日本への関心の長年にわたる深まりにもあることは確かです。この関心は現在も深まる一方です。芸術にしても、ファッションにしても、料理にしても、産業にしても、日本はどんな分野でも世界情勢に対して強力な影響力を持っています。だから日本の官能芸術《エロチカ》の歴史にたいへん大きな部分を占めていながら、それまで（少なくとも西洋には）隠されてきた緊縛という世界に関心が集まることはまったく当然だと思います。

本書はもちろん西洋の読者を想定して書かれていますから、日本人の読者にとっては言わずもがなの多くの物事についても、誤解されないよう注意深く説明しなければなりませんでした。前に述べたようにこのためには膨大な調査を要しました。しかし英語読者の好意的な反応を見ると、それだけのことはあったと思っています。

事実、「ｓｈｉｂａｒｉ」や「ｋｉｎｂａｋｕ」といった語は今では西洋でもそのまま通じる言葉となっていますし、緊縛という行為は世界を席巻し始めています。今や大規模な緊縛フェスティバルやイベントが、アメリカ、カナダ、ロシア、ヨーロッパで毎年のように開かれています。雪村春樹、有末剛、奈加あきらといった偉大な緊縛師《マスター》たちは、そうしたイヴェントのために世界中を旅するようになり、たとえば格闘技や茶道、生け花など、他の日本的な活動に対する関心が西洋で止むことがないのとまったく同じように、緊縛というこの技芸《アート》を教えて欲しいという声も止むことなく上がり続けています。緊縛に対する世界中の関心が、波のように押し寄せてきているのです。その証拠をさらに挙げるとすれば、世界的に有名な写真家荒木経惟が最近出版した記念碑的な『ボンデージ』の例があります。これは荒木の緊縛写真を六〇〇点収録した作品で、西洋の美術本出版社としては超一流のタッシェンから刊行され、何と一〇〇〇ドル近くの値で売られたのです。荒木はまた、『ヴォーグ・オム・ジャパン』誌のために、有名なアメリカのポップスターであるレディー・ガガの緊縛写真も撮っています。緊縛が、技芸《アート》としても行為としても、日蔭から陽の当たるところに出てきたことは確かなように思われます。

二〇〇八年に初版が刊行された本書の原書英語版は、今これを書いている時点で、ハードカバーで三版を数え、六五ヶ国以上で販売されています。そしてこの日本語版のために施した大幅な加筆を反映させた英語版の改訂第四版が、二〇一四年にペーパーバックで刊行される予定です。最後にもう一つ、私にとってもまったくの驚きでしたが、本書の英語版原書は現在では、これまで出版されたＢＤＳＭに関する英語のノンフィクションのなかでも、最もよく売れた本の一つと目されているのだそうです。

だがそれ以上に、本書の英語版初版刊行以来私にとって最大の驚きだったのは、英語ができる日本人から心温かいコメントを受け取ったことでした。

そのなかには日本で最も有名な、私自身本書で紹介した縛師も幾人かいました。私はもちろんとても嬉しく思いました。しかし同時に、このような本は日本人の著者には書けなかったであろう、というコメントを日本の読者から繰り返しいただき、最初私は少し困惑していたのです。

でもあるとき、次のように悟りました。たとえば外国で仕事をする映画監督は、距離をおいて見ることができるからこそ、自分のものではない国や文化のある種の真実やパターンを浮彫りにする好運に恵まれることがあります。またそれと同じように、緊縛とは一体何であり、どこから来たのかという、緊縛の世界全体にわたる疑問を追究し、理解するためにはそれなりの客観性が必要ですが、私にはその客観性（と大いなる欲求）があったのでしょう。そしてだからこそ、日本人の著者だったら最初は思いつかないようなやり方で本書を書くことができたのでしょう。それは、緊縛をエロティック・アートとしか見ないような、限定的で狭い見方だけでなく、日本文化と日本のアイデンティティに固有のものと見る見方、歴史的、文化的、美学的観点からも見る見方です。

最後に、本書の版元すいれん舎と社長の高橋雅人氏のご支援と、山本規雄氏のすばらしい翻訳、石原重治氏の多岐にわたる編集技術、そしてわが友アリス・リデルの変わらぬ友情とこの企画を実現に導いてくれた嚮導に感謝します。また私にさまざまなことを教えてくださった浦戸宏氏には心から御礼を申し上げなければなりません。彼は一九七〇～八〇年代の日本に、そしてその後世界中に、緊縛美の何たるかを伝え広めた日活映画の多くで〝ロープマン〟を務めた偉大なる縛師です。そして私にすいれん舎を紹介してくださったのが彼でした。これらの人たちの並ならぬ努力によって、私の本はどうにか日本の読者にもお見せできるものになりました。

緊縛の美しさ《ザ・ビューティー・オブ・キンバク》を、どうぞお楽しみください。

カリフォルニア州ロスアンジェルス

マスター〝K〟

緊縛の文化史◉目次

第1章　緊縛の世界——精神、歴史、産業　29

■緊縛は、あらゆるＢＤＳＭ行為同様、心にも身体にも危険が伴い得るということを、読者にはご承知おき願いたい。そうした行為を実際にやってみようと思うなら、リスクがあることを十分自覚し、自己責任で臨まれるよう強くお勧めする。読者がこの本に書かれている情報に基づいて行為に及ぶ場合は、本書がいわゆる「現状有姿提供」であることを了解しているものとする。つまりそれによって読者がいかなる損害を被ろうとも、著者、出版者その他この本の制作、販売に協力しているいかなる者も責任を負うことはできないということだ。

凡例

一　本書は、Master "K", *The Beauty of Kinbaku (Or everything you ever wanted to know about Japanese erotic bondage when you suddenly realized you didn't speak Japanese)*, King Cat Ink., 2008の全訳である。ただし著者からの指示により大幅に改訂・増補した。

一　「フォトギャラリー」には、原著者の了解を得て、原書に掲載されていた一〇九点より厳選し、さらに新たに提供された写真を加えて二一点を収録した。

一　〔　〕は原著者が引用文中に挿入した補足である。

一　［　］に収めた注は、訳者による補足である。

一　原書より転載収録した図版のなかに著作権者不詳のものがあった。ご存知の方がいらっしゃれば、ご教示願いたい。

謝辞

本書の制作に当たって、以下の方々から計り知れないほどのご助力をいただいた。ここに謝意を表したい。

■日本

M・K。筆者が学生として日本に滞在していたとき以来の友人。毎年のように旅行で東京に行っているし好奇心も強い。そんな彼の御蔭で筆者は緊縛の最先端に遅れをとらずにいられる。筆者のコレクションに数々のお宝をもたらしてくれたその気前の良さも並ではない。

アリス・リデル。筆者の「特派員」であり「同僚」であり秘蔵の友人。彼女の無限の努力と数々の親切によって、本書は本来より少なくとも五〇パーセントは良いものになった。

U・Nと中原るつ。東京の風俗資料館（SM関連の図書館）の二代目、三代目館長。お二人と、その他の資料館スタッフのご好意に対して。『奇譚クラブ』を始めとする「SM黄金時代」のあらゆる雑誌に関する筆者の質問に答えてくださったこと、および風俗資料館所蔵の歴史的稀覯書から挿絵を再録することをお許しくださったことに対して。

平牙人《たいらきばと》。風俗資料館創設者。江戸時代・明治時代のアートとアーティストに関する豊かな学識に対して。

ゴールド・ビュー。映画配給会社。『不貞の季節』と『縛師』のスチール、とくに後者についてはそのポスターと出演している有末剛《ありすえごう》、雪村春樹、早乙女宏美のポートレイトの再録を許可してくださったことに対して。

濡木痴夢男《ぬれきちむお》先生。惜しげもなく貴重な時間を何時間も割いてインタビューに応じてくださり、近代以降の緊縛の歴史について語ってくださった。

鏡堂《きょうどう》みやび。アーティスト。筆者の友人。彼のアートと彼の師匠である美濃村晃《みのむらこう》（別名、喜多玲子《きたれいこ》）に関して終わりそうもない筆者の質問に答えてくれた。また彼自身の美しい作品を再録することを許可してくれた。

長田《おさだ》スティーブ。長年にわたる友情と助言、そして用語監修に対して。また彼自身のだけでなく長田英吉《おさだえいきち》と濡木痴夢男のポートレイトを本書に再録することを許可してくれた。

■アメリカ

友人でありアシスタントでもあるFavioia Llervuは、長年にわたって献身的に、温かく、わき目もふらず支えてくれた。また彼女の繊細な翻訳能力に対しても。

友人であり弟子であるMatt S.は、筆者を励まし、また本書の構成や写真について能力を発揮してくれた。とくに「ハウツー」の章で使われている写真のほとんどは彼が撮影してくれた。

友人の Takashi は緊縛について見事な見識を備え、鏡堂みやびとのコミュニケーションを助けてくれた。また筆者があまりにも多忙で時間がとれないときに、数々の素材について専門的な翻訳の才を発揮してくれた。

私の多くの弟子たちは、長年にわたって筆者を支えてくれ、また鋭い質問をしてくれた。

最後になってしまったが、本書の制作に当たって技術面で多大な支援をしてくれた以下の方々に謝意を表したい。Tom Keane, Zare K., Bruce L. Allen, GRM, DCM, Madoc, Lars, Chewie そしてもちろん Matt S. にも。

序文

筆者の最初の著書『縛り――日本式ボンデージのアート』(*Shibari, the Art of Japanese Bondage*, Glitter/Secret Press, 2004)を出版した時点で、あと四年もすれば、かくも奇怪で、しかしそれでいて魅力に満ちているこの緊縛というテーマについて、もっと詳しい二冊目の著作を書いていることだろうなと、友人の誰かからもし言われていたら、きっと「まさか」と言いながら首を横に振っていたであろう。今でもこの気持ちに変わりはない。しかし本当にびっくりしたことには、最初の本は好評を博した。いやそれ以上に、知的な質問や温かいコメントが、あれほど多くの読者から寄せられたことには、心底驚いた。そして、それだったらもっと広範にわたる第二の本を物することも、理に適っているかもしれないと思うようになったのである。

最初の本は単なるエッセーと写真とからできていて、このテーマに関する自分の評価を伝えたかったに過ぎない。それに比べると今回の本は、エンタテイメントを目指しているだけでなく、緊縛(別名、縛り)に熱中している日本語を解さない西洋人が長年にわたって悩ませられてきた数々の疑問に答え、謎を解明し、神秘に取り組む作品にもしたいと思い、そのように努力したつもりである。筆者は、日本のエロティック・アートのなかでも、最も好奇心をそそられるこのテーマに取り組むに当たって、その神話を解体し、理解しやすくしたいと願いこそすれ、そのためにかえってこれを矮小化するようなことはあってはならないと思っている。

緻密な調査と本書の執筆のために四年が経過した。数々の博物館を訪れ、歴史的な書物から最近の書物まで数多くを翻訳し、本書に収録すべき発言のすべてについて確認を取りたいと思い、高い評価を受けている権威とコンタクトを取った。これはエキサイティングな経験だった。これまで四〇年間にわたって日本について研究し、三〇年間にわたって緊縛に熱中してきたが、それでもなお新たに学ぶべきことがあるということを発見して嬉しかった。もちろん誤りは必ずあるはずだ。いかなる言い間違い、言い落としも、すべて著者の責任である。

本書は誰のための本なのだろうか。万人向けでないことは確かだ。サドマゾヒスティックな行為が愛の営みの一部となり得るという考え方に対して、その行為がどんなものであってもとても受け容れられないと思う人は、間違った本を手にしていることになる。また痛みを与えることが好きなんだという人も、やはり失望するに違いない。なぜなら緊縛は、ＳＭ行為のなかでも最も情愛深く最も官能的な体験であり得るし、そうあるべき行為だからだ。

しかしながら縛りの映像の美しさに衝撃を覚えたことのある人、恋人を縛ったり、あるいは自分自身が縛られたりすることを心に想い描いてドキドキしたこと（拘束愛好《ヴィンシラグニア》）のある人、かくもユニークで、かくもエキゾチックで、かくもドラマチックで、かくも美しい拘束《ボンデージ》が、いかにして日本の歴史と文化の一部として発達し得たのかということに興味を覚えたことのある人であれば誰でも、本書に何らかの価値を見出してくれるだろうし、著者としてはそう願っている。「日本のエロティック・ボンデージに興味を持ったけれども、自分が日本語を話せないことを痛感したことのあるあなたが、これまで知りたいと思ったすべてのこと」という本書のサブタイトル〔邦訳タイトルは変更した〕は、半ばは受け狙いの冗談だ。だが日本語は、西洋人にとって最も修得し難い言語の一つであり、詳しく調べてみたいと思っている対象が、ただでさえ複雑で、普通では見られないようなものであるときには、日本語というこの障壁は、ほとんど乗り越えがたいものになり得る。そしてまさにこの本は、これにぴったり当てはまるケースなのだ。

本書は七つの部分からなっている。「緊縛の世界」、「フォトギャラリー」、「緊縛の歴史における26人の重要人物たち」、「用語集」、「ハウツー緊縛」、「あとがき」、「参考文献」である。

本書に登場する人名はすべて日本の伝統的な方法に従って表記されている。すなわち姓が先、名が後（例、スミス、ジョン）である。それに加えて、有名な緊縛アーティストの氏名、その作品名、テクニックの名前、その他歴史上の人物名など、本書で言及するそれらの名前は、西洋でよく見る綴りを採用している。というのも、漢字と呼ばれる日本語の伝統的な象形文字を、ラテン文字のアルファベットに転記する一九世紀以来の方法すなわちローマ字が、長年にわたって変化してきたことに伴って、名前の綴り方にバリエーションが生じてしまっているのである。たとえば有名な伊藤晴雨にしてからが、Itoh Seiyu, Ito Seiu, Itoh Sieu, Itoh Su などとさまざまに綴られているのを目にしたことがある。この問題に対して筆者が採り得た唯一の解決策は、ローマ字の表記法の新旧にかかわらず、筆者が調査のなかで最も頻繁に目にした綴りを採用することであった。

本書で筆者は、日本の歴史的な、また今日活躍中の著名な「ロープ・マスター」の多くの方々について論じている。この「ロープ・マスター」という言葉は、日本語では「緊縛師」、「縄師《なわし》」、「縛《ばく》師《し》」、「責め師」、あるいはその他の派生語に対応している。本書では、単純に筆者の好みと方便とから、「縛師」という言葉を使うことにする。

　本書全体にわたり、各節末尾のほか、折に触れて「よくある質問」を挿入した。これは筆者が一冊目の本を出して以来、実際に受けた数百という質問から選んだものであり、たとえば「日本の武芸《マーシャル・アート》がエロティック・アートに変化したのか」という洗練された質問から、「縛りとは、カリフォルニアのポルノ業界で働いていた二人の男が一九七二年に発明したものではないのか」というような面白い質問まで、その内容は多岐にわたっている。

　本書は日本式エロティック・ボンデージについて、歴史的な面や技術的な面など、数多くの側面から論じているが、最終的には次の二つの問いに答えることを目指すものである。すなわち、「緊縛はアートなのか」と「緊縛の美とは何か」という問いである。

■よくある質問

〈問い〉「縛り」と「緊縛」の違いは何ですか。

〈答え〉「縛り」と「緊縛」という二つの語は実質的には同義であり、日本では両方とも長年にわたって使用されてきた。しかし「縛り」という言葉はより古く、一般的には「縛ること」「結ぶこと」を意味する一方、より近代的な言葉である緊縛は、「きつく縛ること」あるいは「性的な意味あいで縛ること」を意味する。そして「緊縛」という言葉には、日本の伝統的エロティック・ボンデージの技芸《アート》を指すという含みがある。すなわち「緊縛」とは、伝統的または歴史的方法にのっとり、美的な、または煽情的な、あるいはその双方の効果を狙って行なわれる「縛り」のことだと言える（著者注、本書ではこの二語はとくに厳密に使い分けず、相互に置き換え可能なものとして使用している）。

〈問い〉縛りとは、カリフォルニアのポルノ業界で働いていた二人の男が一九七二年に発明したものだということをよく耳にしますが、それは本当ですか。

〈答え〉それは都市伝説の類《たぐい》であり、答はノーである。

第1章

緊縛の世界——精神、歴史、産業

緊縛とは何か。簡単に言えば、安全で官能的でドラマティックでエロティックな拘束《ボンデージ》のテクニックであり、日本で芸術《アート》の域にまで高められたもののことである。筆者はこれまで三〇年以上にわたって緊縛の師匠として、また実践者として活動してきたが、そんな私でも、このようにきわめて日本的なテーマが近年、西洋世界で人気を博していることに驚いている。今や縛りの映像はごく普通に世界中を飛び交っている。このような事態になったのは、アメリカ国内でもインターネット上でも、日本の事物全般に対する人気が高まっているということが主な原因であることは確かだ。こうした事態は好ましい――おおよそどんな文化交流も好ましいという意味では好ましい――反面、同時にまた難しい一面もある。このテーマが、日本語という英語話者のほとんどが扱い慣れない言語に根ざしたものであることを考えればわかるように、混乱や誤解がいくらでも生じ得るし、映像だけが一人歩きして文脈が忘れ去られるということも頻繁に起こる。

緊縛の映像と初めて遭遇した西洋人は、通常、そのエロティックな力とロープ・デザインの複雑さに着目して驚く。刺戟を感じるかもしれないし、好奇心を大いにそそられるかもしれない。あるいは困惑する場合もあろう。しかし通常、退屈することはない。緊縛写真のドラマティックな性質を考えればそうなるのも理解に難《かた》くないし、何と言ってもたいていの西洋人がそういう写真を見るときには、どうしてもサドマゾヒズム（ＳＭ）に関するヨーロッパないしアメリカ的な眼鏡で見てしまうからなおさらである。その点で日本よりずっと保守的な西洋では、ＳＭと言うと時として奇妙で普通とは違う行為と見なされてしまうのだ。実は人口の一五パーセント以上が、個人的にＳＭに興味を抱いているという調査結果がたとえあってもそうなのである。緊縛という技芸《アート》を考察するに当たって、無知のせいで色眼鏡で見るそのような見方をするとしたらとても残念である。なぜならそれはきわめて限られた側面しか見ることのできない見方だからだ。本当に限られているのか。そうなのだ。緊縛が歴史的にどんな起源を持っているのか、また技芸《アート》としてどのように利用されてきたのか見てみると、それは数世紀前の武芸から現代の漫画（日本版コミック）、一八世紀の刑罰から一九世紀の劇場の見世物、一五〇〇年前に遡る洗練された性交テクニックから浮世絵（木版画）の名高い数々の作品を経て、現代の広告やポルノグラフィーにいたるまで、実に広範囲にわたっていることを知って読者は驚くであろう。

そのような事態がなぜ、いかにして日本で起きたのか。この問いに答えるのは難しそうである。だが真実はいつだって今ここではない、どこか別のところにあるものだ。ではこの問いの場合、真実はどこにあるのか。日本の人びとの魅力的な歴史が、下世話なものから神聖なものまですべて刻まれた、色褪せた古文書や、口伝えの物語、黄ばんだ写真、現代のさまざまな作品にこそ真実はある。そうとわかれば見るべきところを見るだけだ。

結びは日本文化と切っても切れない実用的かつ神聖な要素である

筆者の日本人の友人が「結ぶことは、日本人にとってほとんど息をするのと同じくらい自然なことなんだ」と言ったことがある。彼が言いたかったのは、日本人は、自分たちの文化と日常生活にかくも深く根ざした結ぶという行為に対して、特別な親近感を覚えるということだ。たとえば日本の贈り物の包装の美しさ複雑さ、あるいは優美な帯を腰に結んだ着物姿の愛らしさ、また防護用のパーツを一つずつ身体に結び付けた侍の鎧姿のドラマティックな様子に、ほとんどの西洋人は賛嘆する。こうした光景は西洋人には珍しいが、日本人にはきわめてありふれているのだ。儀礼的な結びの実用例としては、ほかにも水引《みずひき》という興味深い伝統工芸があるが、これについても同じことが言える。

水引とは、細くて強い撚《よ》り紐を指す名前であり、現在では、和紙すなわち日本の伝統的な紙でできた封筒を飾るのに使われる。日本社会においてこの封筒は、祝いの気持ちを伝えたり、あるいはまた感謝や悔やみを表現したりするために、友人、知人、職場の同僚に贈られる。この封筒を水引で縛る結び方は、菊花結びや梅結びなど、いかにも優雅な名前が付けられていて、またその名前が示唆するように結び目のどの小さな部分もとても美しく仕上げられている。

水引の歴史は日本の平安時代（七九四〜一一八五）に遡る。当時の宮中の貴婦人は贈り物や手紙を飾るのに複雑な結び方を習得したのである。特定の結び方がしてあることで、差出し人が誰かわかり、さらには差出し人がどんな気持ちなのか読み取ることさえできる。これはヨーロッパ中世における「花言葉」の役割とまったく同じだ。「花言葉」というのはわれわれ西洋人の伝統で、たとえば赤い薔薇は「情熱的な」愛を表わすというあれである。江戸時代（一六〇三～一八六八）には紙縒《こより》が、侍たちの髪を結ぶために使われていた。そうやってあの気高い武士階級がその地位の象徴と見なす、ファッショナブルで独特の形の「丁髷《ちょんまげ》」を結《ゆ》い上げていたのである。今日では水引を結婚の儀式でよく目にする。卓上装飾やその他の飾り物、あるいは着物やウェディングドレス、花嫁の髪留めなども水引で飾りつけてあったり、あるいは水引そのもので作られていたりする。水引のなかでも最も壮観なのは、美術工芸家が紙でこしらえるたいへん繊細な像で、鶴や亀、伝説上の動物である竜など「縁起」の良い動物をかたどったお祝いのための置物である。

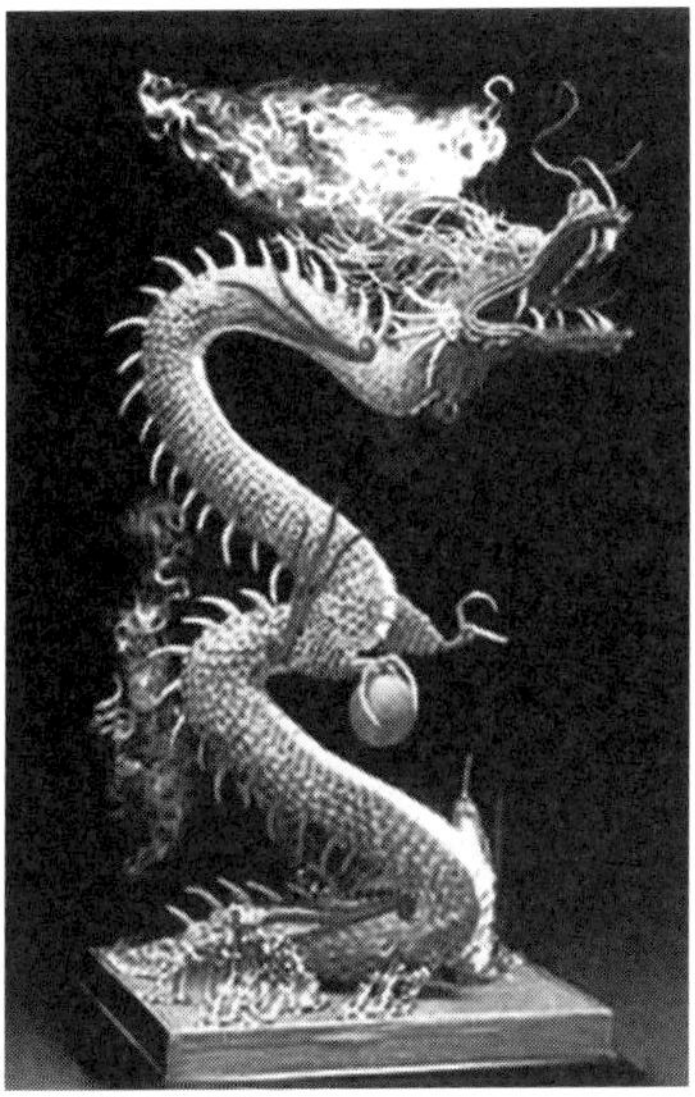
水引細工の竜

以上はよく知られているほんの一部の例に過ぎない。なぜなら結ぶこと、縄を用いることは、日本文化の基本的な、宗教的ですらある営みにとって、何世紀ものあいだ不可欠の要素だったからである。緊縛が、西洋のボンデージと比べてきわめて異質に見える第一の重要な理由はこの点である。緊縛は、単なる拘束の一テクニックと言うよりも、歴史、宗教、文化の奥深い部分とさまざまな点で共鳴している美意識の一側面なのである。この本は、社会学的または人類学的な研究を意図するものではないけれども、結ぶことが日本文化と緊密な関係を示しているという例をもう少し見ておくことは、きっと役に立つであろう。

世界で一番古い土器がどこから見つかっているかご存知だろうか。答は日本である。日本の歴史上の時代区分としては最も古い、少なくとも一万五〇〇〇年前に遡る縄文時代の産物である。われわれにとって興味深いのは、「縄文」という言葉がこの古《いにしえ》の土器に施された装飾の特徴に由来していて、「撚《よ》り合わせた紐」を用いた紋様という意味であることだ。縄文時代の人びとは狩猟採集を生業《なりわい》としていたが、日常用いる土器や、より意味深いことには宗教的な用途の器を装飾するのに、撚り紐を用いていたというわけである。

紀元前三〇〇〇年頃、日本で米の栽培が始まった。おそらくは中国か朝鮮半島経由で移入されたのであろう。周知のとおり米は日本では最も重要な穀物で、日本人は二〇〇〇年以上これを栽培してきたことになる。この土地と文化にとって米は根幹であり、その重要性はかつて米が通貨として用いられていたという事実や、日本語で、炊いた米を表わす「ご飯」という言葉が「食事」一般の意味も持っていることなどに反映されている。要するに米は日本人にとっ

撚り紐で紋様を付けた縄文土器（紀元前 5000 年頃）

て生活に不可欠でありかつ神聖なのである。

それほど重要な穀物がうまく実ったなら、感謝を捧げるのが栽培した者の自然な気持ちであろう。これこそが日本の最古の宗教である神道の基礎であり、この宗教においてもまた、複雑な結びの技巧が用いられるのだ。

神道とは、文字どおりの意味は「神々の道」である。少なくとも縄文時代末期（紀元前三〇〇年）までその痕跡を遡ることができる日本土俗の宗教で、汎神論的性格を持つ祖先崇拝および自然崇拝の信仰体系である。神道の最初の文字「神《しん》」（「かみ」とも読む）は、神道において崇拝、祈禱、祝賀、畏怖の対象となっている男神、女神たち、神的な霊、さまざまな悪魔、人間に半ば好意的な自然の精などすべてを含む総称である。二つ目の文字「道《とう》」は、道を意味する。一億九〇〇〇万以上の日本人が、現在も何らかの形で神道を実践している。

聖なる領域を示している注連縄

神《かみ》は水、岩、木、草その他自然界の物や場に存在する。そうした物や場は神や精霊の象徴なのではない。むしろ神や精霊が宿る居場所なのである。神道を信仰する者はそう考えて崇《あが》めている。われわれにとって重要なのは、神が宿る場所は神聖であると考えられていて、通常周りを囲むように注連縄《しめなわ》が張られていることだ。注連縄とは白い聖なる紙を吊るして飾った縄であり、これが張られた向こう側が聖なる領域であることを示すが、注連縄自体が崇拝の対象でもある。それからこの注連縄が、昨今ではほとんどが木綿やナイロン、麻製であるが、かつての日本においては、もともと稲藁を綯《な》って作った縄が用いられたことにも注意を払っておくべきだ。稲藁であれば感謝を捧げる理由はより明瞭だし、崇敬の念もより際立つのである。注連縄を最もよく目にするのは神道の社《やしろ》の鳥居《とりい》（儀礼的な門）である。ほかには木や岩などの聖なる物や、畏怖の対象とされるその他の建造物にも見ることができる。

神道やその神社と、聖なる縄や結ぶことの繋がりの例として、他に重要なのは茅《ち》の輪である。これは縄で作った輪で、春と秋の祓《はら》えの行事で使われる。また門松は、竹や松を結わえて立てたもので、家の入口周辺に置いて新年の到来を祝う。火縄は細い綱で、家に暮らす者みんなが、その年のあいだずっと実り多く豊かに過ごすことができるようにと、神社で火を点けて、その火種を家に持って帰るために使われる［京都八坂神社の白朮祭や奈良大神神社の繞道祭（御神火まつり）］。

日本の名高い相撲《すもう》は豊作を祈る神道の儀式として始まった。奈良時代（八世紀）のどこかの段階で、天皇の宮廷に行事として取り入れられ、日本の国技とされている。日本の歴史書としては最も古いもののうちの一つである『古事記』にも言及があるが、この歴史書は七一二年に遡る。最も今日的な相撲の伝統は宮廷の後援によって発展した。江戸時代（一六〇三〜一八六八）には、職業的な相撲集団が、当時急速に成長しつつあった町人階級の娯楽として組織された。要するに相撲は、日本の最も独特な、また最も重要なスポーツの一つというわけである。

われわれにとって興味深いのは、相撲取りが儀式の際に身につけるベルトないし下帯（日本語で「回し」）が、神道で聖域を示すのに用いられる注連縄そっくりの縄で装飾されていることである。このベルトを着けて、相撲取りは四股《しこ》（相撲を行なう場所の地面を、まずは右足から、次いで左足で踏みつけること）を踏み、地面の下に隠れる悪霊を退散させ、好ましい神の出現を促すのである。

日本第二の宗教である仏教は、五三八年に朝鮮半島から日本に伝えられ、「ぶっきょう」と呼ばれ、現在、九六〇〇万人以上が実践している。仏教は、倫理上、宗教上の厳しい指針に従うことによって、あらゆる苦しみを終わらせることを目指していて、心と体の両面における厳格な実践を求める哲学体系である。その戒律は、慈悲と非暴力に基礎を置き、瞑想を通して霊的な洞察を究める道を示す。仏教はゴータマ・シッダールタの教えに基づいて、二五〇〇年前に北インドで興った。ゴータマ・シッダールタは仏陀という名で知られている。

多くの日本人が、神道と仏教を両方とも実践している。日本人が宗教に対して寛容であるという特徴は、まさに二元性というこの性質に基づいている。一人の人間が日常生活において複数の宗教

神道の社の門（鳥居）に特徴的な注連縄

を混ぜ合わせて信仰していることは、日本人にとってはごく普通のことなのだ。その結果、記録されている日本の歴史の大部分で、神道と仏教は互いに神々を共有し、また神々を祀る場所も共有しながら、手を取りあって発展してきたのである。

神道には縄の神聖な使用法が数多く見られるが、インド起源の仏教の場合はあまり多くない。しかし数少ないながら、たいへん意義深い使用法がある。たとえば仏教には「無限の結び目［盤長］」というものがある。これはとてもおもしろい意匠で、仏教では縁起の良い八吉祥の紋様［八宝］の一つに数えられ、知慧と慈悲との絡み合い、知識の完成を象徴している。

日本の仏教では非常に多くの神々が崇拝されている。そのほとんどすべてがインドに起源を持ち、しばしば仏教芸術の作品となっている。不動明王《ふどうみょうおう》もその一例である。これは日本の仏教の一宗派である真言密教において、明王（光の王という意味）と呼ばれる神々の中心をなすとされる神格である。密教は、悟りの境地に到達するには、超自然的な力を制御するための呪術を用いることが必要だと説く。芸術作品において不動明王は、通常、右手に魔を征服する剣［降魔の倶利伽羅剣］（無知を切り開く知慧を表わす）を、左手には縄［羂索《けんさく》］（悪魔を含む仏教の敵を捕らえ縛りあげるための）を持った姿で描かれる。またしばしば額に第三の目（すべてを見通す目）を持ち、岩の上に座るかまたは立った姿で描かれるのが普通である（なぜなら「不動」とはその信心において「動かざる」ことを意味しているからである）。

無限の結び目［盤長］

また地蔵と呼ばれる神格がある。これは日本の仏教のなかで、最も愛されている神格の一つである。通常は僧侶姿で描かれる。伝統的に子どもたちの守り神、旅行者や消防士の守護神と見なされる。道ばたに立つ地蔵像は、日本中どこに行ってもお馴染みの光景である。東京の業平山東泉寺《なりひらさんとうせんじ》〔南蔵院〕には、江戸時代以来の名高い「縛られ地蔵」がある。この地蔵に願を掛けるときには、地蔵の像を縄（寺が一〇〇円で販売している）で縛り付けると良いという言い伝えがあり、願いが叶ったら祈願者は縄を解くのである。この風習はとても人気があるので、二〇〇年以上も縛られ続けてきた結果、像の表面は磨り減ってほとんどつるつるになっている。

不動明王

仏教伝来に伴って、あの名高いサンスクリットの性典『カーマ・スートラ』も六世紀の日本に伝えられた。

日本に導入され実践された『カーマ・スートラ』日本版は、通常「四十八手」（四八種類の性交体位という意味）と呼ばれる。この名高い性愛指南書の起源はインドのヒンドゥー教にあることは明らかで、編纂の時期は紀元四〜五世紀頃に遡る。「四十八手」に含まれる四八種の性交体位は、インドの『カーマ・スートラ』の原典に直接由来するものではなく、中国人によるその解釈から派生したものであるようだ。国から国へ転々とする過程で、『カーマ・スートラ』の体位のうちいくつかが抜け落ちて、もっと日本的な体位に取って代わられたということなのであろう。

緊縛の修行者にとってとりわけ興味深いのは、「四十八手」のうち四つが、その実行のために縄（あるいは着物に使う紐）を用いると明言されていることだ。「理非《りひ》知らず」、「首引《くびひ》き恋慕」、「流鏑馬《やぶさめ》」、「達磨《だるま》返し」の四体位である。これらは日本版『カーマ・スートラ』にしか見られない交接方法である。日本は拘束《ボンデージ》という要素を、性的な戯れに（もちろん成人同士の相対尽《あいたいづく》の関係に限る）あっけらかんと取り入れているというわけだ。とくに「達磨返し」では、一方のパートナーの足首と太腿《もも》がぴったりと縛られているのだが、これが両脚を縛るためのよくある緊縛のテクニックに驚くほど似ているのだ。

巧みな結びの技と日本人との緊密な繋がりを示す他の例は、歴史上にも日常生活にも数多く、変化にも富んでいる。たとえば雪吊《ゆきづり》は、冬季に木を保護するためにこれを縛るエレガントな方法である。また酒を輸送するために酒樽を縛る方法にもそれは見て取れる。つい先日もお気に入りの日本料理店に行ってみたら、酒樽が三つ、店の装飾に使われていた。一つ一つが美しく包まれ、縛りあげられていた。その複雑な独特のパターンは、仏教の「無限の結び目［盤長］」に匹敵するほどであった。もっとほかにもたくさんあるが、これぐらい多様な例を挙げれば私の主張は十分裏づけられたものと思う。

このように日本人は、性的な縛り（ボンデージ）と精神世界、宗教を絡み合わせ、調和させてきたわけであるが、そのことに西洋人の読者が驚きを禁じ得ないとすれば、日本文化は、こと性的指向に関して、ユダヤ＝キリスト教信仰に基礎を置く西洋社会のいかなる文化とも異なるのだということとを忘れてはならないだろう。キンゼー研究所の作ったセクシュアリティに関する百科事典（Francoeur & Noonan）から引用しよう。

神道は善悪を分けない。そのため西洋文化において「性」とよく結び付けられる「罪」の観念、個々人の「過ち」の観念は、日本の伝統には存在しない。神道も、日本の仏教の多くの宗派も、原罪の概念を説いていない。いかなる宗教も、法を課す者、人間の罪業を永遠に裁く者としての唯一神を持っていない。日本には、性欲を地獄に落ちる道の一つと考えるような宗教は、組織だっていて階層化されていて中央集権化されたものとしては存在したことはなかった。現在も、そして歴史上いかなる時期においてもである。現代日本は、性的な事柄に関する田舎の百姓の開けっぴろげな率直さを今でも保っている……のみならずそこに美的洗練を加えてさえいる。だからと言って日本が農業社会であるというわけではない。まったく違う。むしろ日本は、工業化大国のなかで唯一、性欲を罪や危険や汚染といった理由で悪魔視しない国であると言える〔傍点引用者〕。

冬に樹木を保護する雪吊

さてそれでは、日本人の縛師《ロープ・アーティスト》やSMショーのパフォーマーは、エロティックなイメージを創造しようと奮闘しているとき、あるいは疲れ切った「サラリーマン」の観客を楽しませようと骨を折っているとき、以上に述べたような精神的文化的背景に思いを致しているのだろうか、いやそもそもそれを自覚しているのだろうか。たぶん確実に、していないだろう。しかしながらそこには遠い過去への共鳴があるのだ。なぜなら今は亡き伝説的な明智伝鬼《あけちでんき》先生や現在なお活躍中の雪村春樹や有末剛といった、緊縛アーティストあるいはパフォーマーとして長年にわたる経験を積んだ最も偉大な人びとの多くが、自身の技芸《アート》とそのパートナーについて語るときには、驚くほど頻繁に、この「精神的な繋がり」に触れるからである。なかでも有末剛は、その著書『実践緊縛　縛り方教室』に収められた一九九七年のエッセーで、このテーマについて雄弁に語っている。そこで彼は緊縛を、日本独特の「美的なエロチシズム」と呼んでいる。

縛りを商業目的で用いるのではなく、愛するパートナーに喜びを与え、感謝と情愛を伝えるためにそのテクニックを用いてひたすら悪戦苦闘するわれわれにとってもまた、この「精神的な」という形容詞が本当に相応しくはないだろうか。愛、芸術、相互の信頼といったような、個人の非常に内面的な領域を定義するものとしては、「神域」という言葉ほど似つかわしいものはないというのが正直な気持ちである。

本物の緊縛を初めて見た西洋人が最初に発する質問で多いのは、「こんなに複雑な結び方がどうやって生み出されたのか」というものである。別の言い方で言えば、こう問うこともできる。人体を麻縄でここまで美しく成形し、塑像する、しかもそれが芸術《アート》を創り出し、理想的には参加する者すべてに喜びを与えるためになされるという、これほどエロティックな性的ボンデージの方法が、いったいどのように進化してきたのか。ひょっとするときわめて神秘的な古《いにしえ》の性の秘法が用いられているのか、計り知れない魔力を我が物とする東洋世界の産物なのか。それとももっと俗っぽい、わかりやすいものに過ぎないのか。

簡単に答えるとすればこうだ。緊縛の歴史は日本の歴史と文化の反映であると。日本が数世紀間にわたって諸外国から孤立していたこと、しばしば暴力的な封建体制を過去に経験していること、技芸《アート》が洗練の度を極めたことなど、すべてが緊縛の歴史においてそれぞれの役割を果たしている。前節でわれわれは、日本の社会と宗教が、意味深く尋常ならざる数々の縛りの様式といかにしっかりと結びついているか見た。また縄が伝達するさまざまな象徴的意味や、縄によって作られる入り組んだ紋様の数々にも触れた。そこでここでは、現代の緊縛の先駆けをさらに二つ見ていきながら、いよいよ歴史の生々しい現実を探っていくことにしよう。その二つとは、「捕縄術」と「罰」である。

緊縛の歴史と起源(1) 捕縄術――捕らえ縛るための武芸

古《いにしえ》の日本の歴史は、多くの国がそうであるように、戦争の歴史だった。一五世紀頃、周期的に繰り返される有力豪族間の戦闘が何年も続いたあげく、武士団同士の争いは内戦状態へと発展した。応仁・文明の乱(一四六七~七七)から「戦国時代」(一四九二~一五六八)にわたる百年に及ぶ戦争期間は、さまざまな勢力が日本を支配しようと互いに競り合う荒々しい時代であった。そのような時代であればこそ、武芸が栄えたのであり、また敵を捕らえ拘束するに当たって日本独特の方法論すなわち捕縄術《ほじょうじゅつ》が進化し始めるのもこの時期なのである。

捕縄術（縄術《なわじゅつ》と呼ばれることもある）とは、紐や縄を用いて敵を拘束する日本の伝統的な武芸である。かつて日本の兵士は、一八種の必須戦闘技術［武芸十八般］の一つとして捕縄術を習得していたと考えられている。戦闘にあたって侍が縄を携行することは珍しいことではなかった。それは攻撃にも防御にも用いられたし、また道具としても戦争捕虜の拘束具としても用いられたのである。捕縄術はもともと、最初期の武芸諸派（「〇〇流」と呼ばれる）から、互いに異なるさまざまな道具、技術、方法を取り入れ、すべてを網羅して成立した日本の戦闘術《アート》の精髄であり、日本の歴史文化に独特の産物である。

頻繁に戦争を経験する日本の歴史の研究においては、封建時代の鎧兜、あるいは侍の弓や刀については（それを用いる技術もあわせて）かなり突っ込んだ研究がなされている。ところが拘束や戦闘の技術として縄を用いるということが、公式に、また十分に吟味された形で始まったのが正確にはいつなのか、ということについては依然として曖昧なままである。板津安彦《いたつやすひこ》という医師が一九九二年に、『与力・同心・十手捕縄』と題して警察術《アート》に関するすばらしい本を著わしている。そのなかに捕縄術に関するたいへん興味深い章があるのだが、そこで板津は、一五三二年に創始された竹内流《たけのうち》という武芸の流派の教えのなかに捕縄術が含まれていたのではないかと言っている。この竹内流は日本で最も古い流派の一つでありながら今でも運営されている流派で、かつては六三〇もの戦闘技術を教えていた。今日でもそのうちの一五〇が実践されている。捕縄術の正確な起源は別としても、はっきりしていることはそれがきわめて効果的な捕縛法であったし、現在もそうだということだ。だか

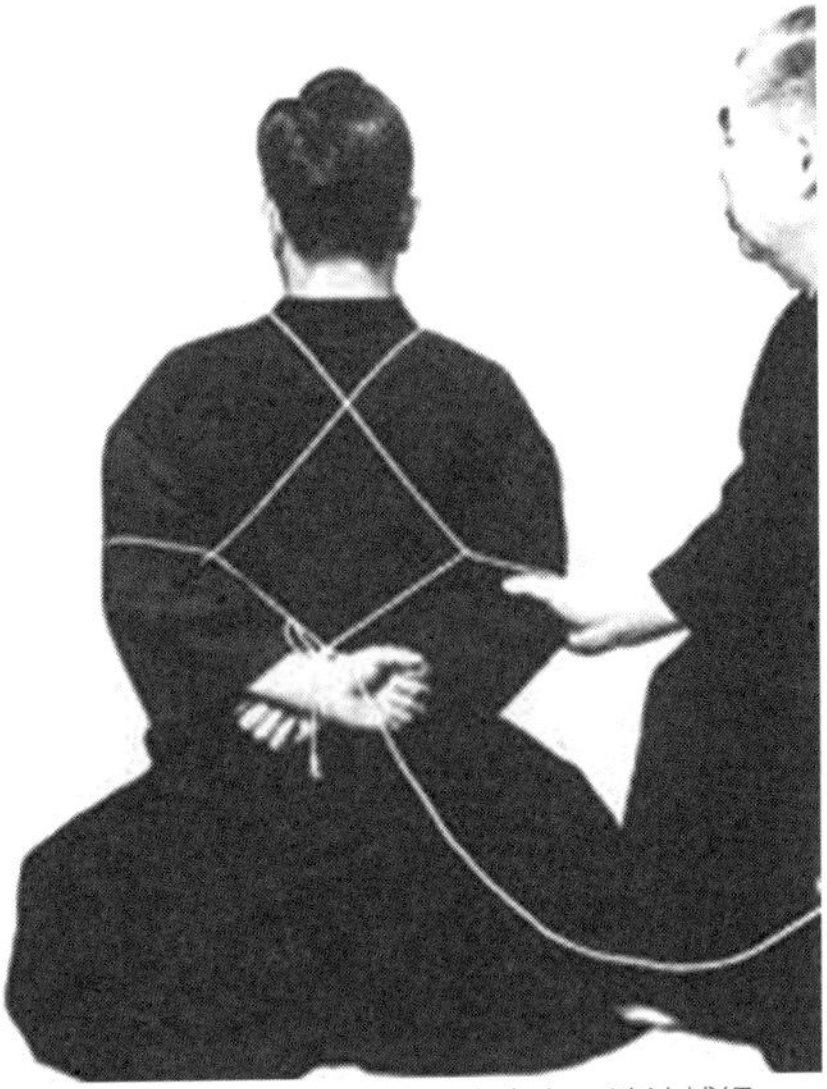

清水隆次（たかじ）による有名な一達流捕縄術の実演。1960 年頃

ら緊縛が近代以降どのように進化してきたか理解するためには、捕縄術の基本的な技術を理解することが不可欠なのである。

歴史上の捕縄術の、今日われわれが知っているあらゆる縛り方を見てみれば、捕縄術が人体を解剖学的に鋭く理解していたことは明らかであるし、また拘束の実践のなかで繰り返し突きつけられる数々の課題と取り組むことを通じて、それが発展してきたこともよくわかる。課題とはたとえば、力を奪う縛り方（さまざまある適切な位置で手足を縛ることによって、力が出ないようにする）、もがく気を殺《そ》ぐ縛り方、あるいはもがいても無駄だったり、もがけば危険な縛り方（たとえば首の周りに一重ないしそれ以上の輪をかける、といった縄の配置）、神経の敏感な部位を締めつける縛り方（たとえば二の腕、手首その他を締めつけることによって、あくまでもがこうとすれば、血管と神経が圧迫されて末端が麻痺してくるようにする）などである。

一六〇〇年の関ヶ原の戦いにおいて、徳川家康がついにすべての対抗勢力を打ち負かし、日本を統一した。彼は（侍階級を頂点とする）堅固な社会構造を構築し、有能な行政官僚機構を創設し、首都を建設した。一六〇三〜一八六八年が徳川幕府の治世であり、今日では「江戸時代」と呼ばれている。江戸とは現代の東京のことで、将軍のお膝元として日本の文化、政治、経済の中心地となった。

徳川政権の二五〇年のあいだ日本はずっと内戦もなく、また最も重要なこととしては、西洋からほぼ完全に孤立して存在していた。このような状態は、アメリカの提督マシュー・ペリーが日本との交易の糸口を作った一八五四年まで続いたのである。その後、徳川幕府は内からの圧力によって解体し、一八六八年には明治天皇が権力の座に着いた。日本は急激な近代化と軍国主義への道を猛進し始め、それは第二次世界大戦で頂点に達するのである。

緊縛の起源を理解するには多くの鍵があるが、日本が一八五四年まで数世紀間にわたってほぼ孤立していたという点が核心である。外からの影響を免れ、また冶金術が進歩した（それによって手枷《てかせ》や鎖などが簡単に手に入るようになった）この時期に、捕縄術は法執行のための第一の技術となっただけでなく、その洗練と象徴性の度も急速に深めていったのである。戦争がなくなってもはや用済みとなった下級の侍（「同心」）は、警察官など日常的な犯罪取締を担当する行政職に就き、大都市でも辺境の土地でもさまざまな問題の解決に当たった。彼らが扱う犯罪は、喧嘩、放火、反逆、殺人など多岐にわたった。彼らの職務はしばしば犯罪者の逮捕を伴っていた。そこで戦時の戦闘技術が、平時の警備技術として欠かせないものとなったのである。

江戸時代の捕縄術は大ざっぱに言うと大きく二つのカテゴリーに分けることができる。早縄《はやなわ》と本《ほん》縄《なわ》である。

一つ目の早縄は、その名の通り早縄と呼ばれる細くて強い縄（通常は三〜四ミリ幅）を用いて犯人を逮捕する技術である。警察官はこの縄を小さな束にして（手首や帯に付けるか着物の袖に入れて）携行し、必要に応じて端から繰り出して用いた。犯人を縛りあげる際に、胴から首、首から腕へとスムーズに繰り出せるようにぐるぐる巻きに束ねたこの縄は、捕縄《とりなわ》とも呼ばれる。早縄は、逮捕の過程で犯人が必死になって抵抗し、したがって素早く仕上げることが求められるような場面でも、通常は警察官が単独で完遂できる技術である。

二つ目のカテゴリーの本縄（「主要な」あるいは「公式の」縄という意味）は一本以上の縄を用いる。この縄は、捕縄《とりなわ》の場合と同じように長さはさまざまであるが、正式の麻縄で直径が六ミリ以上の場合もある。捕縄《とりなわ》に比べて長時間にわたっても崩れない縛り方が可能である。本縄は囚人を牢獄や取調べの場に押送するとき、また訴訟手続き中の拘束のため、またとくに重大な犯罪の場合では、刑に先立って囚人を公衆に晒す際に用いられた。

本縄は通常、二名から四名の警察官が組になって実施した。それだけの人数が立ち合っているので、捕縄《とりなわ》よりも込み入った、時間のかかる、装飾的な型を用いた縛り方が可能であった。本縄はまた、国境《くにざかい》を越えて囚人を押送する場合、あるいは辺境の領地に囚人を押送する場合にも用いられた方法である。異なる司法管轄に属する役人に自分たちの捕縄術の極意が漏れることを嫌ったので、押送する役人は囚人を取り囲むように油断なく警護した。再び板津安彦の『与力・同心・十手捕縄』から引用すると、本縄の定法は以下のとおりである。

(1)　縄ぬけ出来ぬこと
(2)　縄の掛け方が見破られないこと
(3)　長時間縛っておいても、神経血管を痛めぬこと
(4)　見た目に美しいこと

近代以降の緊縛にとってとりわけ興味深く、また重要であるのは、効果的な拘束のための実用性と、視覚のための独特な美意識とを兼ね備えているという点であり、これは早縄、本縄のどちらについても言えることだが、とくに本縄において顕著である。美観上の配慮というこの性質こそ、さまざまな意味で捕縄術の最も魅力的で印象深い点である。

日本人が日常的な事物や行為を儀式化し美化する能力に長《た》けていることは、茶の湯や生け花から包装に至るまで、夙《つと》に注目されている。信じがたいことだが、捕縄術においても同じことが言えるのである。なぜなら囚人の属する階級が異なれば縛り方も異なっていて、背中側にはっきり見て取れる型によってそれが区別できる上、その型がしばしば美しいのである。縛りの型に対する美意識は、捕縄術が近代以降のエロティックな緊縛に遺した遺産としては、縛りの組み立てに次いで二番目に重要な遺産である。捕縄術の型の持つ最も複雑な要素は、縛られた囚人の背中という「キャンバス」に示されるのに対して、緊縛の型は身体の正面側に、正面にふさわしいように創られているという違いが確かにあるのだが、それでもこの事実は揺るがない。また、捕縄術の縛りの名前が、あるものはそのまま、あるものは部分的に、数世紀を経て緊縛に受け継がれていることも注目に値する。

たとえば高位の侍を縛るときにはしばしば二重菱縄《にじゅうひしなわ》や真亀甲《しんきっこう》という技巧を凝らした六角形の型が用いられる。それに対して農民は、十文字縄《じゅうもんじなわ》というもっと単純な縛り方で縛られる。それとは別に、宗教家を縛るための特定の縛り方（神道、仏教、山岳密教〔山伏〕のそれぞれに異なる型）や、また女や子どものための特定の縛り方もあった。脱走を試みた囚人はさらし縄と呼ばれる指の血液循環を遮断する縛り方で縛られ、遠島の刑に処せられる囚人には介《たすけ》縄という型が用いられた。これは囚人が船上でバランスを取りやすいよう工夫された型である。すべてのうちで最も苛酷な型は死刑囚に用いられた切縄で、これは小さな菱形の紋様と明らかに首を拘束している点ではっきり区別がつく。このような縛りの差異化の結果、驚くべきことにしばしば通りすがりの見物人は、どんな縛り方が用いられているか見るだけで、囚人の階級も罪状も、そしておそらくは受ける刑罰も言い当てることができた。

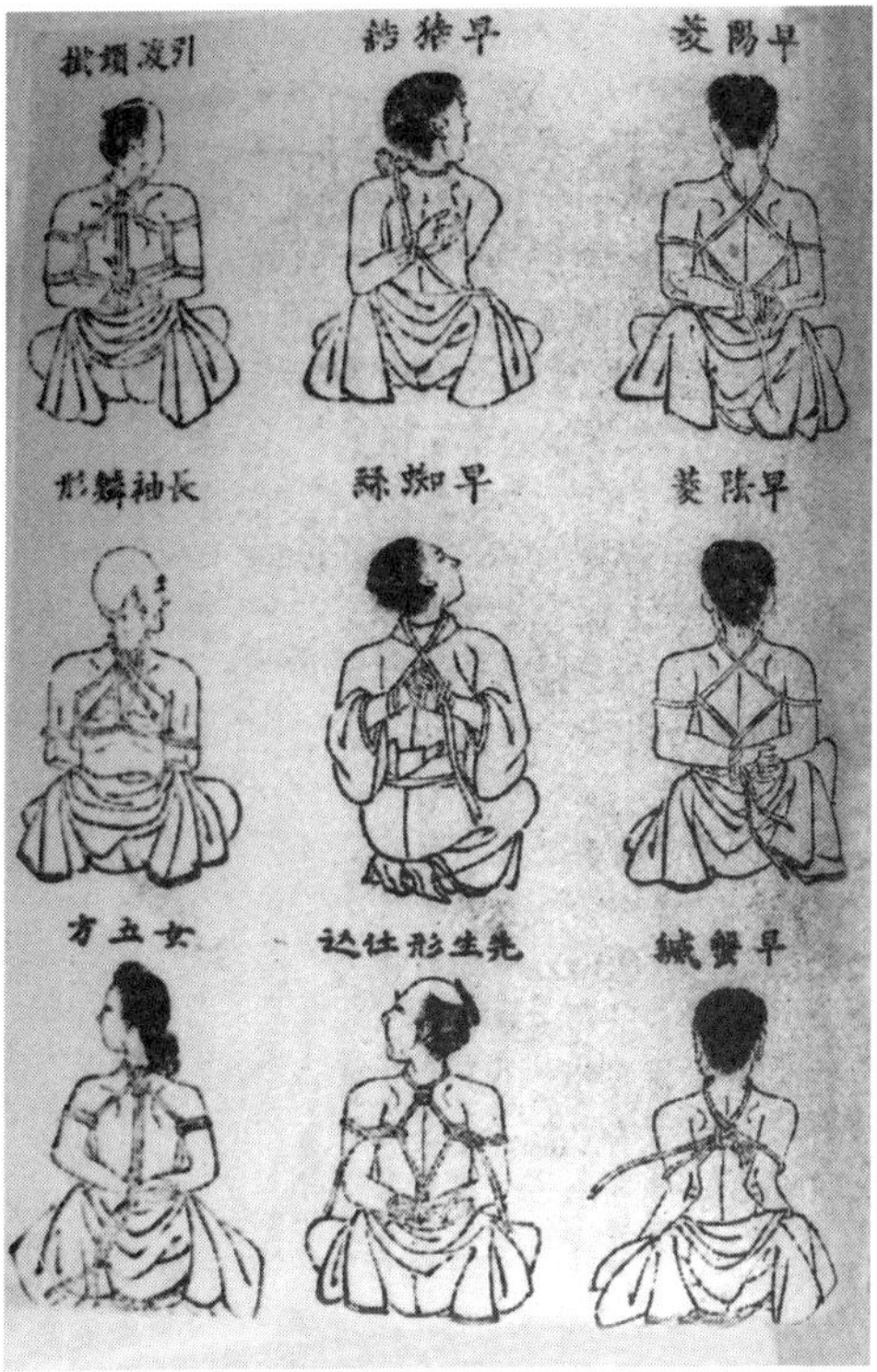

封建時代の巻物に描かれた捕縄術のさまざまな技術。
そのうちのいくつかは階級によって規定される

このように縛り方が明確に差異化されている理由は、日本では縄付きになることが個人に降りかかる運命のなかでも最も恥ずべきものの一つ［縄目の恥］であり、完全な恥辱、社会からの排斥を意味したという事実にある。江戸時代は、侍を頂点に農民、職人、商人という順序できわめて固定的な社会構造が形成されていたため、たとえ囚人になっても社会での地位を逸脱させないことが最優先課題だったのである。縛られること、無法者、除け者となることで覚える恥辱に、日本人は何世紀ものあいだ恐れを抱く一方で魅了されてきたのであり、これこそが日本人のSMプレイの重要な心理的側面なのである。つい先日も、日本のたいへん有名な緊縛モデルが、自分が縛られているところを年老いた両親に見られるぐらいなら、セックスをしているところを見られたほうがましだと、私に手紙で告白した。縛られることはそれほど心理的にスリリングなことだったのであるし、今でもそうであるのだ。

時代を隔てた安全圏から歴史的な目で見ると、時に、「縛りという儀礼」を重大視するあまり、いささか滑稽に見える一面もある。首都である江戸には非常に位の高い者たち（「大名」）が数多く住んでいたことが、下級の警察官にとっては悩みの種であった。もしも高位の者を逮捕して、後から無実だとわかったらどうなるのか。その役人は激しい譴責、恥辱、あるいはもっと悪い事態に直面することになるだろう。ではどうすればよいか。江戸の早縄に独特の流儀なのだが、しばしば結び目のない縛り方をしていたのである！　結ぶ代わりに、非常に複雑な方法を用いて縄で包《くる》んで囚人を捕縛したのだ。結び目がないことによって、逮捕した役人がもしも裁きの場で誤りを責められたとしても、ある程度は否認することが可能になるのだ。何と言っても囚人は本当は「縛られて」はいないのだ。ただ単に縄で包《くる》んだだけなのだから。これは将軍の首都であり儀礼の首都である江戸だけに見られる事実である。地方では本当の結び目が常に用いられていた。たいへん興味深いことに、現代の緊縛にも結び目をまったく、あるいはほとんど用いずに縄で包《くる》むだけという縛りの型が存在する。

戦国時代には武士は皆、捕縄術を学んだ。しかし一六〇三年以降の江戸時代には、法執行に携わる者だけがこの武芸を専門的に習得するようになったのである。警察官や、だんだん能力を発揮できる職に就けなくなってきていた侍階級に、何らかの形で捕縄術を教授する異なる流派がこの時代には数多くあった。その型も、早縄（瞬時に捕縛する技術）しか教えず、仕上げを急ぐことを宗とし、他の流派に比べて雑な外見になることを辞さない笹井流から、捕縄術を教えるさまざまな流派のなかでも唯一、拷問、尋問だけを目的とする縛りを教授する石居流までさまざまであった。

異なる流派では同じような目的にも異なる型の縛りを教えていたこと、また異なる流派が同じ縛りを教えていても互いに違う名前で呼んでいたことは興味深いので注目しておこう。今日、捕縄術から受け継がれた緊縛の型のあるものについて、名前の混乱が見られるが、その理由はここから説明がつくのだ。たとえば有名な一達流（一七世紀創設）は真亀甲《しんきっこう》（本当の亀甲）という名の美しい縛り方を教授したが、これは日本の亀の甲羅に見られる六角形の紋様から取った名である。しかしながら大正流もまた、自分たちの教える菱形の縛り方を亀甲と呼んでいたのだ。どちらの名前も正しいし、またどちらも美しい紋様で、現代の緊縛術《アート》にも受け継がれている（筆者注、本書の「フォトギャラリー」では、いくつかの異なる歴史的な流派に受け継がれてきた、その流派に最も特徴的と言うべき捕縄術の例を披露している）。

もちろんこれらの多様な縛りの技術すべてが実際に用いられたわけではない。江戸では警察部隊が異なれば使用する縛り方も違ったし、逮捕に使う縄の色も違った。たとえば北町奉行（江戸の北部の法執行を担当する部隊）配下の警察官と、木造建築でできた都市では不可欠の火付盗賊改（放火特捜班）は、どちらも白だが前者が幅広の、後者は細い縄を逮捕に用いた。これに対して江戸の南部を巡回する警官（および牢獄の看守）は濃紺の縄を用いた。勘定奉行配下の役人（大ざっぱに翻訳するなら「税警察」）と寺社奉行配下の役人（宗教集団を取り締る警察官）も、それぞれ独自の、見てそれとわかる縄と結び方を用いていた。

一般的に、平均的な江戸町奉行（江戸の警備部隊）と地方でこれに相当する部隊は、任務の遂行に当たって三つの異なる流派の伝える縛り方を採用していたが、当然のことながら、状況に応じて修正を加えて用いていたと言われている。この主張の信頼性を裏づけてくれるような、たいへん興味深い一片の証拠を、筆者はこの本を準備していたときに発見した。

筆者が蒐集している捕縄術の写真見本のなかで最も古いものは、一八七〇年に遡る。これはおそらく下岡蓮杖《しもおかれんじょう》が撮影したものであろう。下岡は広く「日本の写真術の父」と見なされている人物で、確かに日本で初めて職業写真家となったうちの一人である。問題の写真は、縛られた囚人が役人の前で跪き、傍らに警察官が付き添っているという場面を、撮影所で再現したものである。この写真が明治時代初期に「観光客目当て」で作られたものであることはほぼ間違いない。この時期に初めて日本にやって来たヨーロッパ人やアメリカ人は、当時急速に消滅しつつあった封建的な徳川時代の風景、儀式、職業などを表わした土産を欲しがったのである。筆者にとっての驚きは、この歴史的な映像に写っている縛りの型が、封建制度下の警備手続がまだよく知られていたときに創られたものであるのに、筆者がこれまで調査してきた捕縄術の型の数百にも及ぶ記録のどこにもないということだった。この縛り方は独特で、実用的で、魅力的だ。まさに忙しく飛びまわっている警官にもってこいの縛り方なのである（筆者注、この縛り方も「フォトギャラリー」で再現している）。

明治時代になると時代は近代化に向かってがむしゃらに突き進んでいく。その一方で、徳川時代の名残は急速に消え失せていき、侍階級でさえ次第に舞台から見えなくなっていった。捕縄術も同じだった。明治時代（一八六八〜一九一二）、大正時代（一九一二〜二六）においても警察官は捕縄術を使い続けてはいたものの、手錠、足枷その他、より「近代的な」道具が警備手続に導入されると同時に、捕縄術を指導する機会が警察官相手にすら大幅に減少したのである。第二次世界大戦中に、捕縄術の技術を説いた多くの文書・巻物が、日本を何度も呑み込んだ戦火によって焼失し、また伝統的な武芸は戦後日本を占領した米軍によって抑圧された。今日では、捕縄術を教授している武芸道場はほんの二、三ヶ所しかない。また歴史的な縛り方がどのようなものであったかを示す映像資料が多数存在するが、気楽流や飛田流のような流派の奥義は永遠に失われてしまった。これはまことに遺憾なことである。なぜなら捕縄術が日本独自の武芸であり、保存すべきものであることは疑い得ないことだからである。

捕縄術（1870 頃、下岡蓮杖撮影か？）

現在でもまだ東京の警察では、一達流の技術に基づく捕縄術を習得している。また、日本の伝統的武芸の師範や教育機関の研究者が、捕縄術を保存、維持するために努力している。この節の情報のほとんどは、東京の明治大学刑事博物館に依拠している。この博物館は、五〇〇種類以上の捕縄術の異なる型の記録を保存し、また「江戸刑事博物保存会」という同好会を主宰した名和弓雄のコレクションの収蔵や歴史的な警備用具の蒐集も行なっている。

名和弓雄は日本では非常に尊敬されている人物であり（この人物については「緊縛の歴史における26人の重要人物たち」で再び触れたい）、武芸の一流派である正木流武術の宗家（流派の継承者であり総師のこと）だ。彼は江戸時代の警察に関する書物を何冊も著わし、何本もの映画、テレビドラマで時代考証を務め、また法執行にかかわるさまざまな問題に関する歴史監修者として活躍した。

そのほかの捕縄術に関する文献で、現在でも絶版になっていないものが数冊ある。水越ひろによる最近再版された著作『捕縄術』は、歴史的背景を解説したあと、二五種類以上の伝統的な縛り方の、実践的な手引きが掲載されている。そのなかには、きわめて古い珍しい文献から復元した縛り方もある。また長いあいだ品切れになっていた本もある。現代の伝説的な武芸者である藤田西湖による著書で記念碑的作品『図解捕縄術』である。これは数多くの異なる流派に伝わる数百種もの縛り方を示した捕縄術のバイブルと見なし得る著作である。その正統性は疑いの余地はない。なぜならそれは、明治時代に警察官を務め、捕縄術の専門家で一九一二年に引退した藤田自身の父親の遺した記録に依拠しているからである。西洋の緊縛実践者にとって不幸なことには、これらの著者の作品のうちどれ一つとして英語になったものがないのである。

捕縄術という武芸の歴史が魅力的なものであることは確かであるし、これが近代以降のエロティックな緊縛の祖先の一つとしての役割を演じたことは疑い得ない。

▩よくある質問

〈問い〉捕縄術は近代以降のエロティックな緊縛にどのような影響を及ぼしたのですか。

〈答え〉捕縄術の影響で重要な点が二つある。

第一は、捕縄術のきわめて複雑で洗練された縛りの技術は、縄で縛ることによって起こり得るあらゆる失敗や危険、たとえば神経の圧迫から窒息に至るまでのすべてを示してくれているという点である。捕縄術の初期の実践者である侍は、戦争中に捕らえた囚人が負傷しようが、普通は気にしなかった。しかし現代のエロティックな縛りは、正しく実践されるかぎり安全で楽しいものとなった。後述するようにそのためには、捕縄術という危険な技術が十分に研究され、修正され、改良される必要があったのである。第二点目は、捕縄術が縛りの型を創り上げるに当たって示した形式美への配慮が、美意識の上で現在でもなお多大なインスピレーションを与えていることである。

〈問い〉徳川時代の末期に侍階級が消滅したとき、捕縄術の師範や実践者はどうなったのですか。

〈答え〉明治政府が近代化を推し進める過程で侍階級は消滅した。法執行官の職に就ける侍はそうした。それ以前から警官を務めていたが侍でなかった者は、代わりに辞めさせられた。結果として、捕縄術に熟練した下層階級出身の警官と、武芸の師範の多くが、自らの捕縄術をもはや必要とされなくなり、失業の憂き目を見た。ほとんどは別の職業に転じたが、なかにはわらじ職人や、寺社の装飾的な縄結びあるいは船舶の索具を作る職人として働くことで、専門技術を活かすことのできた者もあった。

緊縛の歴史と起源(2) 公式の罰、非公式の罰――力の表象

現代の緊縛に対して(そして実は現代日本のSMの大部分に対しても)実践的なインスピレーションを与えた二つ目の影響は、日本の封建時代における「犯罪者」の劇的な、そして独特な扱われ方に見出すことができる。

日本文化は多くの点で中国から取り入れられ、中国の影響を強く受けているが、日本の最初期の律令制度もまたその一つである。中国では、公開処刑や罪人への入れ墨を始めとする、公開懲罰と恐るべき身体刑のさまざまな事例が、紀元前二二一年に中国を最初に統一した秦王朝の法体系ですでに制度化され、実践されていたことが、近年の発掘によって明らかになっている。こうした中国の刑罰は、笹間良彦の『図説・日本拷問刑罰史』やその他の研究者たちの著作(名和、小野、原、尾佐竹、ボツマンなど。巻末「参考文献」を参照のこと)が、日本の歴史の黎明期に用いられていた刑罰の典型として挙げているものに、完全に一致している。ヤマト政権(四~七世紀半ば頃)、奈良時代(七一〇~七九四)から、とりわけ野蛮だった戦国時代(一四九三~一五六八)に至るまで、これは変わらない。さらに、侍の刀のようなよく知られた武器や、江戸時代の警官の十手(鉄製の警棒)や袖搦《そでがらみ》(逃げようとする犯罪者の着物に絡ませるための、武器のようにも見える棒)といった法執行用具が、古代中国に起源を

持っていることは、証拠があって明らかである。

江戸時代までは、「犯罪」が発生した場所がどんなところであろうと――賑やかな土地だろうと辺鄙な土地だろうと――、またその地を治める領主、氏族、権力者が誰であろうと、身体の外観を著しく傷付ける、生きたまま皮を剝ぐ、石を投げつける、筵《むしろ》にくるんで縛りあげ水に落として溺死させる［臥漬《ふしづけ》］、崖から突き落とす、牛に引かせて身体を裂く、等々の野蛮な刑罰が盛んに命じられていた。公開刑は、正当な理由があろうとなかろうと、それを命じる権力者の威勢を民衆に示すこと、受刑者を見懲《みご》らしとして、他の者たちに対し、同様の「不法な」あるいは「不道徳な」、また「反逆的な」行為に及ぶことを思いとどまらせる意図があった。ここにわれわれは、日本人の性格の重要な社会的心理的側面を見て取ることができる。そしてこの側面が、今日に至るまで、この国のＳＭ行為の基礎となっているのである。すなわち「恥」という概念である。

西洋のユダヤ＝キリスト教文化は、人間が神に違背することをその人個人の罪であると強調するが、日本はこれとは異なり、長いあいだ、個々人が集団との関係において名誉を保つことが最優先されてきた。あるいは別の言い方をするなら、西洋文化の基本は罪にあり、日本文化の基本は恥にあるということだ。両者の主な違いは、罪は個人の内面的な心の動きであるのに対して、恥は外的な集団の存在に依拠していることである。このことは、どうして日本の歴史上の刑罰に、あれほどしばしば「公開恥辱という劇」が加えられているのか、その理由の説明になる。西洋でも「パープ・ウォーク」と言って、短い時間ではあるが犯罪者に手錠を掛けてメディアの見守るなかをパレードさせることはある。しかしこれは、その人物に犯罪者というレッテルを貼るためにすることである。これに対して日本では、そのようなパレード自体が、現在においても、また過去においては常に、罰そのものなのであり、また罰の大半を占める要素なのである。

日本で初めて刑罰を規定する法令を体系化したのは、江戸時代の徳川幕府である。一七四二年、八代将軍吉宗によって、上下二巻の公事方御定書が定められた。その下巻、律一〇三条、通称「御定書《おさだめがき》百箇条」は、江戸の役人が刑罰を決定する際にまず真っ先に参照すべき基準となった。実質的にはこれが日本で最初の刑法典である。昔から実施されていた刑罰のなかでも非人間的な性質が強いものは多くが禁じられた。しかし犯罪と、それに対して正当と認められた刑罰の一覧は、なお長大なものであり、そこにはたとえば次のような判決も含まれていた。磔による死刑、斬首による死刑、放火の罪に対しては火刑、また「より軽い罰」としては苦役、流刑、強制労働、財産没収、公開の打擲《ちょうちゃく》、縛られて晒される、入れ墨。入れ墨はその犯罪者がどんな罪を犯したか、何回繰り返しているか示すためのものだった。

最もよくあるのは、二・五センチ程度の幅の帯状のものを二本、左上腕に彫る入れ墨だが、なかには「悪」や「犬」の文字を罪人の額に入れ墨するような実例があることも知られている。男も女も、九歳の子どもですら、犯罪を理由に入れ墨を施された。この刑罰は軽いものではない。なぜなら犯罪者としての入れ墨を持つ者は、通常の社会からほぼ全面的に締め出されてしまうからだ。入れ墨を施される前に、囚人はしばしば公の場で縛られ、打擲された。使われたのは細い割竹を束ねたもの「箒尻《ほうきじり》」で、五〇発を標準とした。

入れ墨の刑罰の影響としてとくに興味深いのは、罪人としての「レッテル」を貼られた犯罪者が、もっと大きな図案の入れ墨にその「レッテル」を組み入れて、覆い隠してしまうという事態を招いたことである。伝説的な日本の入れ墨芸術《アート》の進歩は、このようにして促されたのである。緊縛もそうであるが、これもまた日本に独特の技術《アート》と美意識が、まったく思いもよらない驚くべき源泉からインスピレーションを得ている例の一つなのである。

最も恐ろしい刑罰である磔《はりつけ》（「機物《はたもの》にかける」とも言われる）や斬首は、殺人、火付、盗賊、謀書謀判、その他重大ないくつかの犯罪だけに適用された。侍の場合はその名誉を守るために、儀礼的な自殺すなわち切腹を赦される場合もあった。侍と違って庶民には、重罪で有罪とされても、恐ろしい刑罰を免れるためのそのような手立ては何もなかった。ハーヴァード大学の研究者であるダニエル・

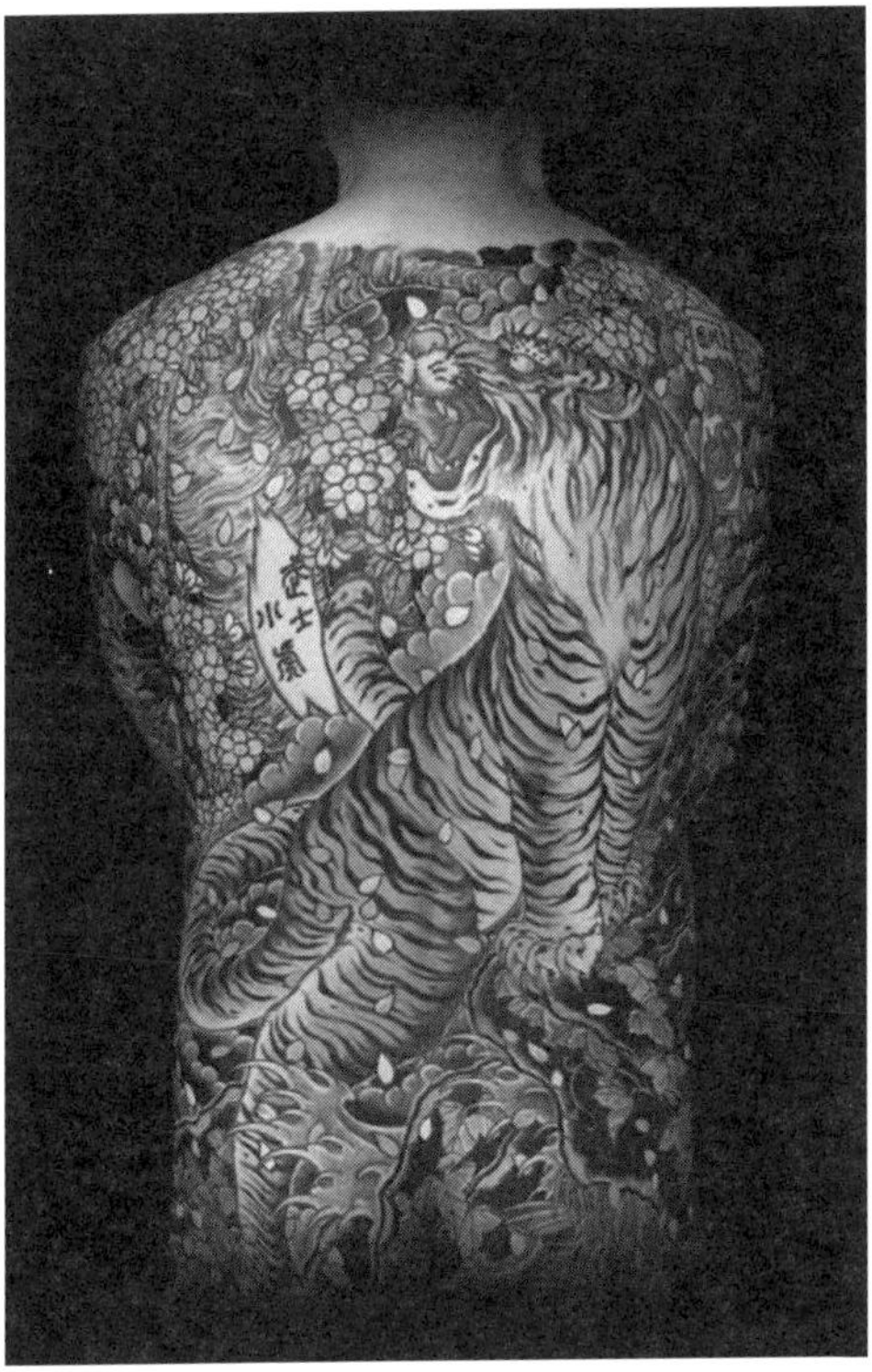

現代の入れ墨アート

V・ボツマンのすばらしい著書『血塗られた慈悲、笞打つ帝国。江戸から東京へ、刑罰はいかに権力を変えたのか？』によれば、初期のヨーロッパ人商人や宣教師たちは、磔刑はキリスト教とともに一六世紀に日本に入ってきた刑罰だと考えていたという。しかしこれは正しくない。なぜならボツマンによれば、「処刑に先立って人を木で組んだ柱に磔にする例が、少なくとも一二世紀の日本にすでに見られるからである」。

死刑囚は「磔」になる前に、縛られて（切縄《きりなわ》という捕縄術の型が用いられることもあった）馬の背に乗せられ、三〇人以上の武装した者に囲まれながら町中をパレードした。処刑場に着くまでのパレードの道順は、できるだけ多くの人に犯罪の末路を思い知らせることができるよう、常に、江戸のなかでも庶民的な地区ばかりを選んで進んだ。処刑場で犯罪者は（男の場合も女の場合も）磔柱に縛りつけられ、そのあと槍で処刑された。処刑後死体を引き下ろし、首を斬り落とした。身の毛もよだつようなこの「トロフィー」は、特別に設《しつら》えた台の上に据えられて公に展示された。

江戸の二つの処刑場がどこに位置していたかということも、この処刑という劇のなかでは一役演じていた。一つは江戸の南方、名高い東海道に面していた。もう一つは北方で、やはり首都に通じる街道の合流地点の近くにあった。再びボツマンの言を借りるなら、このように「幕府の裁きを象徴するものが並べ立てられた刑場が、江戸に近づいたことを示す忘れられない目印になった」のだ。

徳川政権を表象するこのような「記号としての身体」は処刑に限った話ではない。もっと小さな罪を犯した者も、やはり衆人環視のもとで罰せられるのである。どんな罪を犯したかを告げる標札［高札］のそばで縛りあげられたり、鞭打たれたり、さらにはまた、市中をパレードするという恥辱［引廻し］を受ける。一八六二～六五年のあいだ、江戸では千人近くが公開の場で鞭打たれた。また同じ

罪人のパレード。藤田新太郎『徳川幕府刑事図譜』（1893）より

この時期、一年に五〇件の処刑パレードが江戸で実施されたという記録がある。おおよそ一週間に一件である。そのうちの一件は、当時日本を訪れていたヨーロッパの写真家フェリーチェ・ベアトによって撮影されてもいる。つまり平均的な江戸市民は、日常生活のなかで公的な刑罰を目にすることを免れ得なかったように思われる。だから日本の演劇や芸術《アート》において、それが「ストレート」なものかSM的味付けがされているものかにかかわらず、拘束《ボンデージ》や刑罰の劇的な光景が、重要な部分を占めるようになったことに何の不思議もないのである。

　公開懲罰は刑事司法の分野以外でも実施されていた。たとえば江戸の名高い吉原（「歓楽街」）の遊女たちは、脱走を企てて主人に背けば、夜のあいだ建物の外で縛りあげられるという罰をしばしば受けた。こうしたことは江戸だけでなく田舎でも見られた。有名なイギリスの外交官であり日本通で、明治維新の黎明期に日本にやって来て、日本で働いて暮らしていた最初のヨーロッパ人の一人であるA・B・ミットフォードが、その一つの例として、一八六九年というかなり後の時期に起きた出来事のことを、横浜から江戸への旅の途上で日記に記録している。

本街道沿いの妓楼で……私はたいそう物悲しい光景を目撃した。不幸な少女がどうにかしてその妓楼から脱走したのだが、……結局捕らえられて連れ戻され、打擲や虐待などの折檻を受けた。彼女は手足を縛られ、そのまま妓楼の門前に晒された。彼女の真似をして脱走を図る可能性のある朋輩への警告だったのだ。

人類は誕生以来絶えることなく、数々の浅ましい理由で拷問を用いてきた。これは悲しいことではあるが真実だ。日本もこの真実を免れることはあり得ない。その歴史を通じて、拷問を実際に行なっていたという記録が数多く存在するのだ。比較的上品だった平安時代（七九四〜一一八五）ですら、悪事を働く者を罰するために、あるいは犯罪の自白を引き出すために、打擲することが認められていた。江戸時代にもやはり、とくに自白を引き出すという目的で、拷問が公式に認められていた。徳川幕府の司法システムが機能するためには、拷問は不可欠だったのだ。というのは、判決を下す場である公式の裁判［白洲］は、被疑者がそこで正式に自供することを信じ得るあらゆる理由が出そろわないかぎり開廷されないことは、まず間違いなかったからである。では信じるために何が必要かと言えば、通常は、開廷に先だって自白を取り、文書化し、爪印を押させるということになる。裁判という公の場で自供をさせることができなければ、当局にとって不名誉なことになると考えられていたのである。もちろん拷問など使わずに、尋問だけで自白を得ることが理想であるのは公的に明言されていた。そうした能力があれば誇らしいことだともされていた。しかしどのぐらいの頻度でこの基準が目指されていたのかということさえわからないし、ましてそのうちどれくらい成功例があったのか、それよりはるかに少ないであろうことは確かだが、実際の数字を知る術はまったくない。もしも理想を目指してうまくいかなければ、もはや求める自白を得る唯一の方法は拷問以外にない。拷問の最大の目的は自白だったのだ。

今日でさえ、日本はほかの先進諸国と比較してみると、独特な検察制度を維持している。日本では、刑事被告人の九九パーセントが有罪になっているのである。しかもそのほとんどすべてが、本人の自白に基づいて有罪とされているのだ。検察官は、被疑者から自供を取って署名をさせて初めて起訴に踏み切る傾向がある。そして自供は往々にして、警官が長時間尋問した結果として引き出されているのだ。被疑者は弁護士を頼む権利を持ってはいるが、逮捕から起訴までのあいだに弁護士に相談するのはだいたいの場合不可能である。このために日本で犯罪行為が実際にはどれぐらい広がりを見せているのか判断することが困難なのである。多くの被疑者が自供を拒み、それによって起訴を免れているからである。

もちろん現在は拷問は許されていない。しかし拷問が、徳川政権の法制度の基礎だったことは確かなのだ。捕縄術の場合もそうだったように、日本の過去の司法制度というこの遠い昔の難解な分野に関しては、史料によって詳細までわかっているのである。それは部分的には、二冊の歴史的な書物の御蔭である。すなわち藤田新太郎の作画および編纂になる一八九三年刊行の『徳川幕府刑事図譜』と、やはり一八九三年に刊行された佐久間長敬《おさひろ》の『拷問実記』である。

『徳川幕府刑事図譜』の方は、徳川幕府の没落後、日本の急激な近代化を主張する明治政府を支持するために出版された画集である。画家の藤田新太郎は、徳川幕府が命じていた苛酷な刑罰を絵に描くことによって、当時幕府に取って代わろうとしていた明治政府が、幕府よりも開明的であることを宣伝しようとしたのだ。

『拷問実記』の方は、佐久間による個人的な経験談である。佐久間長敬は一八三九年、江戸町奉行に仕える家に生まれた。一一歳から警察術《アート》を学び始め［与力見習］、法執行機関の末端に属して働く道に進む。明治維新以後は市政裁判所勤務を経てのちに判事となり、一九二三年に八四歳で亡くなった。彼が一八九三年に『拷問実記』を書いたのは、江戸時代の末期に拷問を直接見聞きした知識を持っている者がもうほとんど生き残っていなくなり、自身も年老いてきたため、歴史の正確な記録を残す必要があると考えたからである。この二冊が詳細に語っているのは同じテーマである。またこのテーマについてなされた研究のなかで、役に立つもののほとんどが、この二冊を拠って立つ基礎にしてきたのである。

この二つの文書のどちらもが、江戸時代には法で定められた拷問に四段階があったことを述べている。むちで打つ「笞打《むちうち》」、石で圧迫する「石抱責《いしだきぜめ》」、海老型に縛る「海老責《えびぜめ》」、縄で吊るす「釣責《つるしぜめ》」、の四つである。もちろん緊縛の歴史にとって重要なのは、後の二つである。このように順序が決まっていて、通常はそのとおりに実施されたのだが、ときには組み合わせて用いたり、順序を行ったり来たりしながら、被疑者の自供が得られるのを待ったりもした。どの段階でも、定められた限度——一定の時間や一定の数——までは責めを強化することが認められていた。それでも結果が得られなければ、異なるやり方を用いるか、あるいはあいだを開けて（たいてい二日間）、同じやり方を試みることになる。公式の拷問のほとんどは、部屋の中央に柱を立てるなどその目的のために設えた小さな拷問部屋［笞打・石抱は穿鑿所、海老責・釣責は拷問蔵］のなかで内密に行なわれた。通常拷問部屋は政府の公式の役所や警察隊の詰め所、牢獄などに隣接する離れ家のなかにあった。拷問はどれも、男だけでなく女にも用いられた。

笞打《むちうち》　上腕の高さで腕ごと被疑者の身体を縛り、跪《ひざまず》かせて行なう。左右、または前後から、二人の助手が太い縄で被疑者を互いに反対方向に引っ張り合い、姿勢を保たせることもある。用いるのは特別のむち（あらゆる種類のものを含む総称）で、笞《しもと》と呼ばれた。打擲は背中を対象とした。自白を引き出すためのものとしては、これが最も軽い拷問であった。

石で圧迫する石抱責

石抱責《いしだきぜめ》　日本語の文字どおりの意味は「石を抱く」である。この拷問は被疑者に正座をさせて行なわれた。とくに木や鉄の表面に畝を付けて波板状にし、まるで角を尖らせた巨大な洗濯板のような外観のものの上に無理矢理座らせることもしばしばあった。腕は後ろ手に縛り、さらに部屋の柱に括り付けることもあった。そうしておいて、厚さ約二・五センチで大きな長方形をした石の厚板を被疑者の腿《もも》の上に一枚、また一枚と乗せていくのである。この拷問は、単純だが確実に激痛を与えることができるので、馬鹿でも自白を得ることができる拷問と言われていた。ほとんどの囚人は笞打か石抱の段階で自白した。だから海老責まで進む囚人は稀であったのだが、そうした例が実際にあったことは記録に残っている。

海老責《えびぜめ》　囚人が石抱の拷問にも口を割らない場合、その次に実施されたのは海老責であった。縄による拷問のなかでもひときわ風変わりなこの型の起源は四〇〇年以上も昔に遡るのだが、驚くべきことに今もその痕跡を辿ることができる。すなわちこれは、一六八一～八三年頃、市中の火付盗賊改役頭だった中山勘解由《かげゆ》が考案したものだと考えられているのだ。この拷問の苛酷さは、取締る犯罪すなわち火付の深刻さに由来する。多くの文献にあるように、江戸時代には日本で数十万人が火事で死んでいるのだ。

海老の型を作るには、まず被疑者の背面で両の前腕を絡ませて、両手首をまとめて縛り、その縄で上腕ごと身体を縛る。次に胡座《あぐら》をかいて座らせる。両足首を縛り合わせ、その縄の両端を肩越しに背中にまわして腕を縛っている縄にくぐらせる。そして拷問者は被疑者の背中を足で踏み、胸がふくらはぎに近づくように押し下げる。それと同時に足首を縛った縄の両端を引っ張り上げると、被疑者の足は宙に浮く。肉体の限界まで、いやそれをいくらか越えて被疑者が二つ折りになると、第二の縄を第一の縄に固定する。あとはしばらく放置して待つ。

この縛り方が懲らしめとなるのは肉体的な面だけではない。肉体的には、横隔膜が胸のほうにまで迫り上がってくるので呼吸が困難になる。だがそれだけではなく、平伏を強いることによって、服従の姿勢を取らされるという心理的な面を持つのである。

海老という名前の由来には二つの説がある。一つには被疑者が丸まった海老のように二つ折りにされるからである。いま一つには、この姿勢を取らされた者はしばらくすると茹でた海老のように真っ赤になるからである。ただし実際は、その後徐々に色が変化する。拷問が数時間に及べば、最初は赤かったのが紫に、次いで菫《すみれ》色に、そして最後には青白くなるのである。そこまで行けば、たとえ自白が得られていなくても拷問を止めなければならないという印である。青白くなってもなお続ければ、死に至る。

釣責《つるしぜめ》　自白を引き出すための最後の手段と見なされていた拷問で、次のように実施する。被疑者の両腕を背面で縛り、手首から吊るす。『残酷の日本史』を著わした井上和夫はこの本で次のように書いている。

「吊るし責め」も、『公事方御定書』に記されている江戸時代の法定の拷問の一つである。『徳隣厳秘録』などの図解によると、囚人の両手を後ろにまわして「縄掛け」のしかたで縛りあげ、後ろにまわした手のあたりから縄をのばして吊り下げている。囚人の体の縄のあたる部分は、衣類がはがれていた。吊るし責めの苦痛は、けっきょく、囚人自身の体重が囚人を縛っている縄にかかって手足や胸を圧迫し、裸の肌にキリキリと食いこむところにあった。実際には、ときどき地上におろして休ませ、だんだん吊るす時間を長くした。

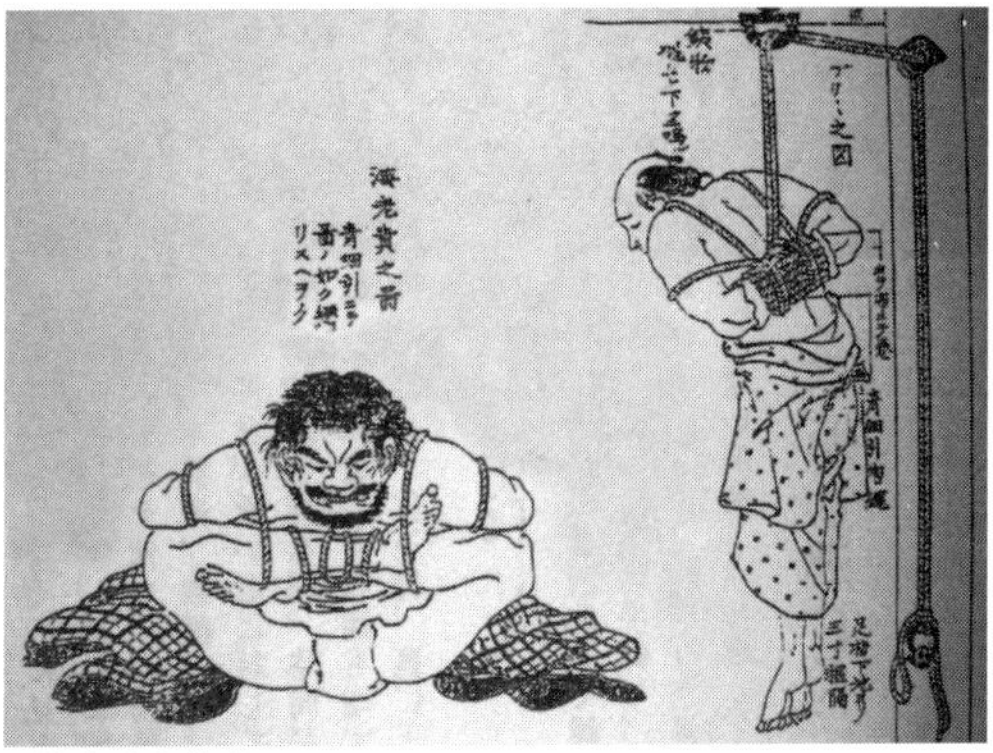

海老責と釣責

役人によっては、吊るしておくだけでなく、木刀でこづいたり、縄を引っぱって囚人の体を上げ下げしたり、ゆすったり、くるくるまわして縄をより、手をはなして逆回転させたりなど、手をかえ品をかえ、囚人をいためつけることもあった。

とくにしぶとい被疑者に対しては、大きな石を肩に乗せて重みをかけることもあった。石抱責や海老責と同じように、釣責も笞打を伴うことがあったという。また釣責にはさまざまな型があったものと思われる。派生型としてはたとえば被疑者を足首から逆さ吊りする場合もあった。しかし普通は手首から吊るした。

以上四つの公式に認められた拷問は、どれも皆、公的な裁判記録を作成する検視役の見守るなかで実施された。またどの場合も、一生消えない傷害を与えたり、死に至らしめたりすることが絶対にないように、ある一定の限度内にかぎって行なわれた。もちろんほとんどの尋問は海老責や釣責にまでは至らない。なぜなら囚人のほとんどが拷問の第一段階か、少なくとも第二段階では自白してしまうからである。それでも最後まで行く本当にしぶとい者も、わずかながらいたのである。

たとえば福井かねという名の女性の話は有名である。彼女は一八七一年に主殺しの疑いで逮捕された。殺されたのは兵部卿の広沢真臣《さねおみ》という人物で、彼女はその妾であった。当時の慣習にしたがって、自白を得るために彼女は拷問に掛けられた。驚くべきことには、それが三年近く続いたにもかかわらず、何の成果も得られなかったのである。拷問に対してあまりに忍耐強いので、彼女が本当はそれを楽しんでいたのではないかと仄《ほの》めかす者も出てくる。牢獄の看守はすっかりうろたえてしまった。結局福井かねは釈放され、その殺人事件は彼女が唯一の被疑者だったため、公式に迷宮入りとなった。おそらくこの女性にはいくつかの秘密があったのだろう。

江戸幕府の最後の数年間は、それ以前に比べて海老責や釣責を適用する頻度が少なくなった。自白を得ることに失敗するケースがあったことが、その理由の一つである。失敗は不面目なことであった。役人のなかには、こうした拷問は実用のための手段というよりは、自白を拒めば次にどうなるかと恐れさせる心理的な武器として価値があると考える者もあった。

以上のように江戸で「公認されている」拷問のほかに、地方ではまた別の形態の拷問も用いられていた。辺境の土地の農民は、税を納めない農民が滑車で橋から逆さ吊りにされることがあったと言われている。税を完納する気にさせるために、一度に数分ずつ頭を水に浸けた。これとは違う形態の吊るし方をする拷問に、駿河問いと呼ばれるものがある。これは慶長年間（一五九六〜一六一五）の初期に駿河国（日本の中心に位置する現在の静岡県の一部）の遠国奉行だった彦坂久兵衛が考案したもので、囚人の両手両足を背中側に引っ張り上げて、しっかりと一つに結び、通常は重石を腰に括り付けて俯《うつぶ》せのまま手足を上にして吊るという拷問である。囚人の自白を促すために、さらに責めたいときには、独楽《こま》のように回すこともあった。幸いなことにこの拷問が実際に用いられることは稀だった。

これよりはるかにありふれていたのは、地方の領主（「大名」）や有力な妓楼主、何人もの使用人を雇っている資産家が、公式に定められている厳格な法の埒外で行なう非公式の拷問であった。この種の懲罰のなかには、明らかに奇妙《ビザール》なものも含まれていた。たとえば蛇責は、毒蛇がひしめくなかに投げ込む［さらに酒を注ぎ入れると、逃げ場を求める蛇は人間の「穴」に入り込もうとするという説もある］という拷問である。この懲罰が、加賀の大名である前田家の侍女に対して実際に行なわれたという記録がある。そして時代劇映画で何度かこの拷問が再現されたので、有名になったのだ。

遊女に加えられた残酷な拷問は空想の産物などではない。江戸時代の『世事見聞録』という題の報告書の「六の巻」によれば、遊女は主人に背いた廉《かど》で苛酷な折檻を受けたり、ときには拷問に相当するような目に遭っていたという。たとえばそこには、食事を抜かれる、便所掃除、侮辱、打擲、釣責などが含まれていた。麻縄で縛った上で水を掛け、縄が乾くとともに縮んでいくために苦痛を与えるという拷問もあった。また別の、「ぶりぶり」ないしは「つりつり」と呼ばれる懲罰的な縛りは、両手両足を一つに結び合わせてそこから吊るすというもので、ちょうど狩りの獲物を吊り下げるのに似ている。

このような懲罰を思いつく残酷な知恵は、今日から見ると恐ろしくて現実のものとは思えないのだが、封建制日本の歴史はかくあったのだ。そしてこの歴史の遺産は、第二次世界大戦の時代にまで連綿と及んでいるのである。この戦争の最中、日本の恐るべき軍秘密警察すなわち憲兵隊員のなかには、戦争捕虜から情報を引き出すために今まで述べたような技術と同様の残虐行為を犯したと告発された者がいる。

一八七九年、自白を引き出すために使用が公認されていた拷問が、明治政府によってついに禁じられ、一八八〇年の日本最初の西洋式刑法典公布へ道が開かれた。何世紀にもわたった野蛮に終止符が打たれたわけだが、国民の記憶と意識に痕跡が遺らないわけはなかった。われわれが次に、緊縛の起源を探求するのは、まさにこの「想像力の領域」である。野蛮な歴史がエロティックな芸術《アート》とパフォーマンスに変身を遂げ、それが緊縛の歴史のなかでも最も魅力的な一面となったのである。

■よくある質問

〈問い〉日本の封建制度下の刑罰と拷問は、いかに近代以降のエロティックな緊縛に影響を与えたのですか。

〈答え〉歴史上、公開刑が何を表わしていたか、また恥という心理的概念が、いかに今日においてもはっきりと見て取れるか考えれば、かつての刑罰が日本のSMに与えた影響は明瞭である。実用的な面で言えば、封建時代のいくつかの特定の縛り方、たとえば海老縛りやぶりぶり（現在は「狸縛り」と呼ばれている）は、安全のために慎重に改良され、現代のエロティックな緊縛にも用いられている。そして非常に重要なことには、釣責《つるしぜめ》（吊り）は今日では、緊縛のプレイやステージ・パフォーマンスの要をなす、一つのアクロバティックな表現に完全に変貌したのである。これは封建時代の野蛮の子孫であるかもしれないが、慎重に実施するかぎり「拷問」からは程遠いものであり、吊りを施される者は安全に忘我の境地へと「飛び立つ」ことができるのである。

野蛮から芸術《アート》へ――エロティックな責め絵の誕生

文化と歴史はすべて連関していると仮定するなら、捕縄術や御定書百箇条のような、捕縛や刑罰の日本固有の形態が、文学やグラフィック・アートや演劇の素材として用いられるようになったとしても、驚くには当たらない。ちょうどアメリカの「古き良き西部」が伝説のようになり、一九世紀から二〇世紀を経て二一世紀になっても、数千という「カウボーイ・アート」を産み出しているのと同じように、日本の封建時代という過去もアーティストたちにインスピレーションを与えるのである。それはそうとしても、いったいいつ始まったのか。つまりあのしばしば衝撃的な現実が美化されるようになり始めたのはいつだったのだろう。

公開懲罰という慣習が市井の人びとの関心を惹きつけたことは確かであり、一大センセーションを巻き起すこともしばしばだった。初期近代ヨーロッパにおける公開処刑がそうであったように、そうした光景は嫌悪感を催しもするが、魅惑的な色合いを帯びていることも多かったのだ。一八三二年に遡る一通の手紙が、このあたりの事情を如実に物語っている。それは刑場の近くで働いていた遊女が平戸藩主松浦《まつら》静山《せいざん》［一七六〇～一八四一。三〇〇巻弱の浩瀚な随筆集『甲子夜話』を著わした］の友人に送った手紙であり、「菜の花も咲きみだれ、はりつ［ボツマン注によれば磔のこと］も候て人も出、にぎやかに候。ちと御こし候へかし」と書いているのだ。

犯罪や刑罰に対する徳川時代のこの病的な関心は、そのどちらも、さまざまな形で民衆文化に吸収されていく。一八二三年には、有名な劇作家の四世鶴屋南北（一七五五～一八二九）が、歌舞伎の演目『浮世柄比翼稲妻《うきよづかひよくのいなづま》』で、伝説的なアウトロー幡随院長兵衛が登場する場面に鈴ヶ森の刑場を用いている［幡随院長兵衛が白井権八に「お若えの、お待ちなせえやし」と声をかける場面のこと。白井権八は後に鈴ヶ森で処刑される］。処刑そのものは一つも描かれていないが、後の処刑を暗示していることは明らかだった。この工夫が効果絶大だった証拠に、この芝居はすぐさま「鈴ヶ森」という名前だけで通用するようになった。ほかにも木版画や物語、それに始まったばかりの浪曲も、有名な犯罪者を讃える作品を数多く産み出した。これはアメリカで、西部開拓時代の無法者ジェシー・ジェイムズが今も昔ももてはやされているのとまったく同じである。とは言え、芸術《アート》に描かれるそうした犯罪や刑罰という素材は、芸術作品《アート》として見れば単なる歴史の一齣であり伝説であるに過ぎない。しかしこうした素材が、どのようにしてエロティックなものとして認められていったかということについては、そう単純な話ではない。

エロティックなサドマゾヒズムは、人類史上つねに存在した（その傾向を持つのは世界人口のおおよそ一〇～一五％であると、さまざまな研究が概算している）。しかしこの傾向を、人が好ましいと思ったり美しいと感じたりする行為に転化させるためには、少なくとも以下の四点が不可欠である。

(1) 余暇
(2) 創り出される作品にとって多少なりとも安全な環境
(3) 創意を催させるような状況
(4) 関心を持つ公衆（ただしその数は少なくても構わない）

一八世紀半ばから末、そして一九世紀初頭の時期の日本は、右に挙げた条件の多くが整っていたように思われる。徳川幕府の治世下では民衆が比較的平穏な状態を長年にわたって享受し得たことが最大の理由であるが、ほかにも商人階級が財を蓄え地位を向上させたことや、侍階級が満足のいく職に就けずほとんど際限のないほどの余暇を持て余していたという面もある。戦争や謀反などの荒々しい現実に久しく直面することなく平和で安定していた江戸時代後期以降、恥と罰という（ある種の人びとにとっては）刺戟的な観念が、いつの時代にも広く関心を集めていた春画（日本のエロ版画）と演劇（歌舞伎と「新派」）に結びついて芸術的《アーティスティック》イメージが産み出され、多少なりともSM的意味あいが表に顕われたものとしては史上初めて公に流布された。

■歌舞伎と「新派」劇

歌舞伎（日本の代表的な伝統演劇の一つ）の歴史は江戸時代初頭の一六〇三年に、阿国《おくに》という名の巫女《みこ》（神道の神社に仕える若い女性）が京都で新しいスタイルの舞踊劇を演じ始めたのが始まりである。京都は多くの学者が日本の学問と芸術《アート》の歴史的な中心と見なす都市である。阿国の始めたこの新種の演劇は、日常生活をめぐる短い喜劇で、女性の演者が男性役も女性役もどちらも演じた。このスタイルは瞬く間に人びとの人気を博し、阿国は天皇の宮廷に喚ばれて演じてみせるほどだった。

阿国の成功に続いて、たちまちのうちに互いに競い合う芸能集団がいくつもできあがり、女性が集団で演じる舞踊劇としての歌舞伎がここに誕生する。これは現代の歌舞伎に見られる形態とは著しく異なっていた。当時の歌舞伎の魅力の大部分が、下品で低俗でエロティックな演技にあり、多くの芸能集団がそれを売りにしていた。しかも演者の女性が売春をする場合も多かったから、ますます観客はそこに惹きつけられた。「歌舞伎」という言葉自体がエロティックな含みを持っているのである。この言葉［かぶく］は元々はスキャンダラスで「オフビート」な振舞いという意味で、それが漢字で歌舞妓と書かれるようになったのである。この漢字の意味は、「歌」と「踊り」と「遊女」であるが、最後の「妓」の字は明治時代になって初めて「技《わざ》」を意味する「伎」の字に置き換えられたのである。

この歌舞妓が公序良俗を脅かすということで、結局徳川幕府によって女性が演じることが禁じられた。女性に取って代わって歌舞伎の演者となったのは若い男性俳優であった［若衆歌舞伎］が、皮肉なことに彼らもまた売春行為にいそしんだから、観衆の熱狂は止むことがなかったのである。一六五二年に幕府は再び弾圧を加え、劇団の構成員は年輩の男性俳優のみに限定され［野郎歌舞伎］、演目ももっと折り目正しく、厳密に演劇的なものだけにすること［物真似狂言尽］が求められた。もっぱら女性役のみを演じる女方と呼ばれる男優が出現し、女方を専門とする家系も出てきた。

歌舞伎のこの最終形態は、能という、歌舞伎よりも古い日本の伝統演劇（その起源は一四世紀）に対抗するものとして成立し、文楽（人形劇）——歌舞伎と同じ劇作家、同じ脚本の演目も多い——とともに江戸時代の最も大衆的な見世物の一つとなる。歌舞伎は能よりも生き生きとして時代にもマッチした物語で観衆をあっと言わせることを目指した。歌舞伎の演目は、わずかに偽装してごまかし

豊原国周［とよはらくにちか］（1835-1900）が5代目尾上菊五郎（1844-1903）の当たり役を描いた「梅幸百種之内」『播州皿屋敷』のお菊（1893）。この歌舞伎演目は、主家乗取りを企てた武士の青山鉄山（左上）が、悪だくみを嗅ぎつけた女中のお菊を殺し、のちにその霊に取り憑かれて滅ぼされるという怪談。お菊を松の木に吊るして責め殺し、井戸に捨てる責め場がある。

た歴史的事件や幽霊話、よく知られた伝説などを描いたものが一般的で、そこでは星回りの悪い恋人たちの心の葛藤や悲劇、あるいはまた先に挙げた例のように名高いアウトローや侍の、血湧き肉躍る物語のようにアクションと復讐と忠誠を強調した。ここで重要なのは、歌舞伎が新興の中産階級に大受けに受けたこと、その観衆の関心を快くくすぐる性質を備えていたこと（今日の映画スターと同じように、著名な歌舞伎役者は高額な報酬を受け取っていたし、また観衆の賞賛と憧れの対象だった）、エキサイティングで通俗的な物語を語ったこと、その物語が時として日常生活に材を求めたことである。つまり要するに、暴力を物語る際に捕縛や刑罰という素材を盛り込むことで劇的効果を狙う状況が、完璧に整ったということである。

　現代の映画と同じように、歌舞伎もまたほとんどその創成期から、劇を構成する鍵になる要素として暴力と残虐性を用いてきたのである。「残酷の美」という歌舞伎の有名なコンセプトは、そのような暴力的な場面が進化していってつくられたのである。ジェイムズ・R・ブランドンとサミュエル・L・ライター編集の権威ある四巻本の研究書『歌舞伎オンステージ』から引用すると、残酷の美とは「拷問や死が様式化され、音楽に乗せて演じられたときに、その場面に立ち込める美しさ」を言うのである。拷問や死のこの様式化こそが、ＳＭを美的なものに転換しようという衝動が演劇において初めて現われた例なのではないだろうか。

　残酷の美の完璧な実例が一七五七年に誕生する。『祇園祭礼信仰記《ぎおんさいれいしんこうき》』の通称「金閣寺」の場面で、雪姫が悪人松永大膳《まつながたいぜん》の命により桜の木に縛られるところがそれだ。雪姫は足下に散り積もった桜の花びらに爪先で鼠の絵を描く。鼠は魔力によって現実のものとなり、縄を食い切って姫を助けるのだ。もう一つの実例としては、中将姫《ちゅうじょうひめ》の物語がある。この姫は継母の虐待にあい縛られて雪の降る

雪のなかで縛られる中将姫を演じる四世嵐璃寛［あらしりかん、1769〜1821］を描いた歌舞伎絵の版画（19 世紀末頃）

なかに捨て置かれるのだ。何世紀にもわたって、歌舞伎のいくつもの演目になった有名な物語である。

確かにこれらの演目のほとんどは、はっきりとしたサドマゾヒズムだとはけっして言えるものではない。しかしながら拘束《ボンデージ》と責め苦という要素が、この時点で出現したということは確かであるし、芸術《アート》として、また劇的な見世物としての緊縛の形成に、日本の伝統演劇が一役買ったその実例を、ここに初めて見て取ることができるのも確かである。

残酷の美と同じように、責め場という歌舞伎の場面が、歌舞伎の演劇技法として繰返し用いられ、また観衆もそれに注目するという事態が始まる。責め場は今日では、これを描いた責め絵（一九世紀半ばにできた言葉で、リアルな拷問、虐待、責めの場面を描いた絵のこと）をとおして広く知られている。責め場は普通主要な登場人物の捕縛や懲罰を描く。多くの場合、侍のヒーローか貞潔な乙女が犠牲となる。この二つは、昔から歌舞伎のお馴染みの役どころである。

この傾向は明治前期に「新派」と呼ばれる作品に受け継がれていく。新派は演劇の西洋的な基準にのっとってつくられた、歌舞伎に比べてより現代的なテーマの作品で、舞台装置も演技ももっと写実的である。まさにこの時代、厳密に言えば一八九六年に、伊藤一《はじめ》という名の一四歳の少年が、東京の春木座で新派の通俗劇の一つを見る。かくして責め（支配する行為）と責め絵（責めや懲らしめの場面を描いた芸術《アート》）に死ぬまで魅了される彼の人生が始まったのである。そしてそれがやがて、日本におけるエロティック・アートの行方を左右することになる。一《はじめ》は長じて伊藤晴雨《せいう》（一八八二〜一九六一）と名乗る日本で最も有名な（あるいは見る立場によっては、最も悪名高い）芸術家《アーティスト》の一人となる。彼こそは現代の緊縛の父であると衆目の一致するところである。

下川耿史が一九九五年に刊行した『日本エロ写真史』の「SM写真の登場」という章のなかで、伊藤晴雨の運命を決したこの演劇作品について手際よく述べている箇所があるので、ここで少し詳しく引用しておこう。

現代の性風俗にとって、SMプレイがきわめて大きな比重を占めていることは、誰の目にもあきらかである。SMプレイを抜きにしては現代の性を語ることはできないといってもいいすぎではない。

ただしSMそのものはなにも現代になって始まったわけではなく、古いところでは日清戦争後にもちょっとしたブームになったことがある。

明治二十九年（一八九六年）六月、東京・本郷の春木座で「日清戦争・夜討之仇譚」という芝居が幕を開けた。日清戦争の際、三人の従軍看護婦が敵につかまっていろんな拷問を受けるが、愛国心を発揮してガンとして口を割らなかった。戦争に勝ったあと、彼女たちはこの敵将と再会するが、日本人の人道を示すため彼を許すというストーリーである。

この芝居がバカあたりした。当時は看護婦制度ができたばかりで、日清戦争における彼女たちの献身的な働きが称賛のマトになっていた。その従軍看護婦を主役にした愛国美談に、人々は大いに感動したのである。

そして、この芝居が受けた要素がもう一つあった。看護婦の拷問シーンが次々に登場して、髪はバラバラ、胸や太モモが露わになるシーンが相次いだ。当時はまだ女優がいなくて、看護婦の役も男優（女形）が演じていたのだが、これがエロティックだというので話題になったのである。責め絵の大家である伊藤晴雨も幼い頃この芝居を見て、「看護婦の髪がバラバラに乱れる場面に胸がときめいた」と述べている。つまり芝居のSM的な要素が観客の興奮をそそったのである。これをきっかけに似たような内容の芝居があちこちで演じられ、ちょっとしたSMブームが現出したのである。晴雨も、「当時の芝居が縛りに対する大衆の関心を引き起こしたことは確かなところであった」と述べている。

現代の緊縛の形成に最も重要な役割を果たした人物の一人である伊藤晴雨については、この後もこの本のなかで何度も取り上げるつもりである。とくに「重要人物」の章では、彼のボンデージと乱れ髪に対する偏愛にも触れることになるだろう。ここでは結論として、歌舞伎と新派の演劇作品で扱われた責め場という題材が、伊藤晴雨個人と日本のSM意識の進展全般に多大な影響を与えたと言うことができるであろう。伊藤は晩年に責め絵に関する本を何冊も書いている。そのなかには一九二九年(一九五二年再刊)の『責の話』と一九五一年の『黒縄記　全』がある。この二冊で伊藤は、何ページも使って歌舞伎や新派の数多くの作品の責め場を挙げ、その劇作家と演者について論じ、また責め絵を専門にしていたり、あるいはそれに秀でているグラフィック・アーティストの名を挙げている。

演劇におけるそうした責め場の影響のなかでも、実践的なものとして興味深いのは、上演される際の縛りをめぐる美意識と技術に関する点である。この技術がやがて現代の緊縛に影響を及ぼすことになるのだ。先に述べたように、捕縄術においては縛りの紋様が常に囚人の背中側に来る。また一般的には細縄か麻縄を用いて縛る。しかしそうした技術は舞台での上演に向かないことは明らかである。なぜなら舞台上では演者は常に観客に顔を見せていなければならないし、ヒーローやヒロインや悪漢を縛りあげる縄は、後方の客席からでも目立つように、十分な太さと色とを備えている必要があったからである。さらに女性の役をすべて男性の女方が演じていたため、縄で縛るに当たっては女性らしい姿を強調することが課題であったが、縛りは実はそのための理想的な方法でもあったのだ。なぜなら縛りこそは、確かに強烈なエロティシズムの源泉だからである。演劇における縛りのこれらの要素それぞれが、現代の緊縛に影響を与えた。実際、初期の実践者たちはもっと太い縄を試していたし（後にはほとんどの実践者が約六ミリの太さを持つ本来の捕縄術で使われた縄に回帰した）、縄の掛け方によって女性らしい姿を強調するのは言うに及ばず、身体の正面に入り組んだ紋様を創りあげる様式が確立するのである。

日本が二〇世紀に入って江戸時代の名残が次第に失われていくにつれて、責め場のある演劇作品はそれに特化したパフォーマンスへと進化していった。そして今度はそれが一九六〇年代の伝説的な人物である長田《おさだ》英吉（一九二五〜二〇〇一）のＳＭステージショーにインスピレーションを与えることになるのである。そして長田のショーがさらに今日の現代的なＳＭクラブショーの先駆けとなったのだ。また同時に、ＳＭのテーマに絞った劇映画が日本で商業的に大きな成功を収めることになる……だがこれについてはあとでまた述べる。とにかくボンデージや「責め」を美しいもの、エロティックなものとして扱うようになったのが、江戸時代から明治時代前期にかけての演劇界および美術界をもって嚆矢とすることは異論の余地がない。

■グラフィック・アート

演劇とともに、グラフィック・アートもまた江戸時代の縛りと懲罰のイメージを大衆の意識のなかにとどめ、さらにそれが新たな物語に、また新たなエロティックな空想へと転じるのに一役買ったのである。この主題は日本のアーティストにとってメジャーなテーマとは言えないけれども、江戸時代のさまざまな形態の版画や絵画に繰返し現われるものであることは確かである。

浮世絵は文字どおりの意味は「浮動する世界を描いた絵」で、一七世紀から二〇世紀初頭にかけてつくられた日本の木版画ないし肉筆画の一ジャンルとして名高い。浮世絵が描くモチーフは、風景、演劇、歴史上の物語、相撲取り、民話、花柳界（魅力があるとされていた）などである。この種の芸術《アート》が江戸という大都市の文化のなかで大人気を博するようになるのは、一七世紀の後半からである。

浮世絵版画は都会人かつ当時急成長中だった商人階級を主な買い手として大量生産された。買い手の商人たちの多くは肉筆画のオリジナルを手に入れられるほど富裕ではなかったけれど、贅沢品の類を自分も手にしたいと切に願っていたのである。この時代の浮世絵作家で最も偉大であるのは、たとえば安藤広重、葛飾北斎、歌川国貞、歌川国芳、喜多川歌麿、月岡芳年などである。これらのアーティストが扱った題材は数多くあるが、なかでも「役者絵」と呼ばれるものは最も人気のある題材の一つだった。

今日の映画スターやテレビスターと同じように江戸時代の歌舞伎俳優も有名で憧れの的だったから、その似顔絵はしばしばありとあらゆる形態で複製された。たとえば版画、ポスター、絵はがきのほか、扇子の装飾として役者の似顔をあしらったものさえあった。版画作者にとっても最も儲かるジャンルの一つだったのだ。当時上演されていた演目のなかでも人気のある場面がよく描かれたが、ときには捕縄術や捕縛や懲罰の絵姿が登場することもあった。たとえば左に掲げたのは、歌川国貞（一七八六〜一八六五）の作品である。

国貞は、一九世紀半ばに役者絵や歌舞伎絵を得意にした浮世絵師のなかでは最も多産で最も傑出

女方が縛られている歌舞伎の一場面。国貞による版画。
1850 年頃

した人物の一人である。この作品が歌舞伎の一場面から採られたことは明らかで、また描かれているのが当代第一級の女方の坂東しうかであることもほぼ間違いがなく、責め場の劇的な瞬間を捉えた作品である（捕縄術の縄にも注目されたい）。はっきりと俳優を特定しきれない理由は、この版画が一九世紀の「天保の改革」の時期に遡るものだからである。それまでも歌舞伎に対する規制と緩和を繰り返していた徳川幕府が、この時期は検閲で浮世絵師が画面に俳優の名前や演目の題名を入れることを禁じていたのだ。それ以前はずっと名前を入れる習わしだったのだが、この検閲は一八六二年まで解かれなかった。とは言え、坂東しうかが亡くなったのは一八五五年で年代も合致するし、国貞が名前入りで描いている他の作品を見ても、その顔や舞台背景が似ているので、描かれているのはおそらく坂東しうかである。

ときには歌舞伎や新派の作品を宣伝する看板に、責め場があからさまに描かれることもあった。伊藤晴雨が一九二九年に出した『責の話』のなかで、漁班《ぎょはん》という名で劇場の宣伝看板を描くのを生業としていた横浜の看板描きの話を書いている。この看板描きは責め場を誇張して描くことに喜びを感じていたが、度が過ぎたために警察が必要以上に残酷だと判断し、劇場にその看板を下ろさせたという。

月岡芳年《よしとし》（一八三九〜九二）またの名を大蘇《たいそ》芳年は、現代の緊縛にとっては国貞以上の影響を与えた浮世絵師である。芳年が活躍したのは徳川時代末期から明治時代初期にかけて、すなわち日本が躍起になって近代化に突き進んでいた時期であり、最後の偉大な浮世絵師として広く認められている。彼はずば抜けた想像力と西洋的な遠近法の感覚をも含む非凡な技倆とを作品に注ぎ込み、きわめて深い心理と力強い演劇性を備えた数々のイメージを産み出した。

大蘇芳年による浮世絵。『英名二十八衆句』（一八六七）より

芳年については「重要人物」の章で再び述べるつもりであるから、ここでは彼が、版画家作家としても新聞の挿絵画家としても、その経歴にわたって何度も繰返し責め絵を描いた疑いようもなく偉大な浮世絵師であったことを確認するだけでよいだろう。彼は暴力と超自然の映像を創造する能力に長けていたために、批評家のなかには彼の作品を「奇妙《ビザール》」で「倒錯的」というレッテルを貼った者もあったが、それは単に彼の絵の一部がいかにもショッキングであったせいでその真価を見誤り、また彼の作品の大部分から目を背ける結果になったからに過ぎない。ある意味で彼は現代の恐怖映画の監督と似ているところがある。どちらもただひたすら、楽しくて安全だが身の毛のよだつ感覚を見る者に味わわせたいばかりに、いかに血を効果的に用いるかという課題と常に奮闘しているのだ。この点において彼が成功しているのは間違いないが、それを試みたのは彼一人ではない。

一九世紀初頭の時期には、その当時、またそれより過去のどちらにも共通する野蛮な現実を反映して、恐怖と残酷の物語が演劇、書物、木版画にしばしば表現されていた。北斎、富岡永洗《えいせん》、国貞、国芳（芳年の師匠）といった浮世絵師も、そうした映像をたくさんデザインしていた。暴力的であるか否かは別として、こうしたタイプの絵画を顧客と版元は求めたのであり、芳年は時代の申し子であったと言える。実際芳年は、国芳の下で学びながらも恐怖を与えるようなどぎつい絵柄の才能を独自に伸ばしていたのである。彼の初期の版画連作の一つである『英名二十八衆句』（一八六六〜六七）は、同門の落合芳幾《よしいく》との合作で、おおむね歌舞伎で採り上げられた殺人事件の有名な実話を題材にしたもので、非常にショッキングな作品だったが、これの御蔭で彼の名声は高まった。この連作のなかでもとくに薄気味の悪い図版を前頁に掲げた。この作品には、捕縄術や釣責の技術的側面に対する芳年の鋭い観察眼も見て取れる。

後に芳年はディテールを見分けるこの観察眼に、心理と隠微なエロティシズムを描く才能とを結び付け、一九世紀の最も傑出した「ボンデージ」の映像をいくつも生み出すことになる。そしてその映像が、今度は伊藤晴雨などのような、後世の責め絵師や緊縛師に対して、いつまでも色褪せない影響力を持つのである。

春画と呼ばれるまた別のタイプの浮世絵版画は、むしろよりあからさまにエロティックな内容のものであった。

春画という名称は「春の絵」という意味であるが、「春」は性行為を婉曲に表わす言葉として日本語では普通に用いられる。江戸時代の春画は商人階級の性的な習俗をあたうかぎり広範なバリエーションで表現することを目指したので、異性愛も同性愛も、老いも若きも、またフェティッシュについても実に多様に描かれることになった。そこまでの多様性が可能であったほど、徳川時代の日本のセクシュアリティに対する認識は、現代の西洋世界のそれとは著しく異なっていたのである。一般的にセックスは正常で健康的な行為と見なされていたし、人びともただ一つの特定の性的嗜好だけを自認するということはまずあり得ない話だった。そんなわけで春画にとってたいせつなことは、性的な対《つい》を描くに当たってどれほど多様な組合せを提供できるかという問題になるのである。春画は貧富の隔てなく、男女の別なく、身分の上下なく、誰からも人気があり喜ばれた。そしてときどき幕府の検閲官ににらまれることはあるにはあったが、だからと言ってひどい汚名を着せられるというわけでもなかった。ほとんどすべての浮世絵師が、その経歴のどこかの時点で春画を製作しているが、それでアーティストとしての名声に傷が付くということはないのである。

比較的よく知られた春画のなかにも、責めのヒントになるようなものがいくつかある。たとえば葛飾北斎（一七六〇〜一八四九）のエロティックな作品のなかでは最も優れた傑作である一八一四年の『蛸と海女』などもその一つである。

浮世絵画家でこのジャンルから超然と無関心でいた者はほとんどいない。熟練のアーティストのなかには、逆に春画の製作に特化したほうが都合が良いと考えた者もいた。身分の高い顧客から私的に注文を受けて春画を一部製作すれば、半年遊んで暮らせるだけの金を稼げると言われていた。それほど裕福でない客は、もっと値段の安い春画の版画や本（「艶本《えんぽん》」と呼ばれる）を新婚カップルに買い与えたり、女性が自分で貸本屋から借りることもできた。こうした事実は、春画がきわめて広く行きわたっていたことの証拠以外の何物でもない。

もちろんほとんどの春画が描いているのは標準的な異性愛関係の性交の場面であったが、性的な責め絵もなかには存在した。歌川国貞は、多くの美術評論家が国貞の最も美しい艶本と評価する一八二七年に出版された三巻本の『四季の詠《ながめ》』のな

葛飾北斎『蛸と海女』（1814）

かに、ボンデージとセックスの強要をどぎつく描いた春画を加えている。礒田湖龍斎《いそだこりゅうさい》（一七三五〜九〇）は、おそらくは縛られた遊女が妓楼の経営者から折檻されている場面をまざまざと描き出した作品（たぶん本の挿絵）を一七七〇年頃に製作している。

一八六八年の明治維新以降は、浮世絵版画は写真に取って代わられ、文明開化すなわち西洋化運動の期間に日本では廃れていった。皮肉なことにはちょうどこの頃、浮世絵がヨーロッパに紹介され、ヴィンセント・ヴァン・ゴッホやクロード・モネ、エドガール・ドガ、メアリー・カサットらキュビスト、印象派、後期印象派の画家たちに多大なインスピレーションを与えることになる。そしてそこから、ジャポニズムと呼ばれるスタイルが生まれるのである。

春画はどうかと言えば、それもやはり写真の普及、なかでもエロティックな種類の写真の普及には勝てなかった。明治時代の幕開け以降、春画は

礒田湖龍斎による本の挿絵（1770 頃）

徐々に衰退していくのである。しかし今日の日本の巨大アダルトメディア産業が生産する、露骨な性描写のあるエロアニメやエロ漫画には、春画の影響を今でもはっきり感じ取ることができるのだ。

伊藤晴雨のようにSMを偏愛するアーティストにとっては、一九世紀の芳年を始めとする責め絵の影響は絶大であり続けたし、けっして死滅するものではなかった。それどころかその影響は、二〇世紀の日本に出現するあからさまなSM文化と、美術《アート》、出版、写真、映画などの分野におけるエロティックな現代の緊縛の開発と発展にとって、中心的な構成要素となるのである。

出版と写真――伊藤晴雨とSMの進化

二〇世紀の幕が開いても、世間の意識のなかでは一九世紀的な責め絵のイメージが依然としてふつふつと煮え立ってはいた。しかし近代的な強国建設を推進する日本の情勢は、そうした反動的で旧態依然たる、かつての封建制度の徒花《あだばな》のすべてを完全に時代遅れのものとしてしまったのである。一九世紀末の日清戦争（一八九四～九五）と二〇世紀初頭の日露戦争（一九〇四～〇五）は日本に（少なくとも西洋世界は）予期していなかった勝利をもたらし、それによって日本は近代国家の最先端に押し出された。当時それらの国々では、どの国の元首も取り憑かれたように一層の近代化と軍国主義化に躍起になっていた。

しかし軍国主義的な政治家たちを別にすれば、過去はそう簡単に忘れられるものでもなく、日本の良質な作家や芸術家《アーティスト》たちは、失われた時代への郷愁を胸に抱いていたのである。伊藤晴雨もその一人だった。伊藤は少年時代にすでに責め絵に魅せられたのだが、長じて画家としての手ほどきを受けると、古き江戸時代の歴史や風俗に題材を求めた日常の情景を描くことを得意とした。このことは、伊藤のことをもっぱら日本で最も有名なＳＭ画家《アーティスト》と思っている人には驚きかもしれないが、実際のところ彼は若い頃には生計を立てるために、歌舞伎の背景幕［書割］描きから今でも東京のメジャーな新聞の一つである『読売新聞』の挿絵描きまで、さまざまな職を試みているのである。彼が生涯夢中になって追い求めた「責め絵」は、最終的には彼を有名にしたけれども、当時は絶対に大っぴらにはできない秘密裏《アンダーグラウンド》のものだったのだ。これは日本の名高い「ＳＭシーン」の形成過程を語る上で、是非詳しく解説しておかねばならない重要な一側面である。

西洋人にとって、今日の日本はとりわけ性に関することではたいへん自由な国のように見えることが多い。確かに日本は長年にわたって多くの宗教を快く受け容れるという態度を示してきたし、また性についても、ほとんどどんなことでも偏見なく接してきたという歴史があるから、宗教や性にとどまらず、人間活動のなかでもとくに議論を巻き起しがちなあらゆる領域に対して、ほかの国よりもはるかに寛容な土壌が培われていることは間違いない。しかし過去には、これに当てはまらない場合もあったのだ。一六〇〇年代初めに将軍徳川家康がキリスト教徒に対して苛烈な弾圧を加えたことや、徳川幕府が総じて幕政に対する批判を抑圧したこと、しかもそれが書物のなかで徳川の名前を出すことや浮世絵版画に徳川家の人物を描くことを禁じるまでになったことなどを見ても、封建制度下の日本には検閲の対象になった領域がいくらでもあったことがわかる。歌舞伎がそうであったように、ほかにもさまざまな分野の芸術《アート》や活動が、寄せては返す波のように、徳川の長い治世にわたって幾度となく間歇的に弾圧の対象となったのである。たとえば一七九〇年には正式な検閲制度が確立し、それ以降すべての浮世絵版画に政府の許可印を受けることが義務づけられた。これによってほとんどの春画は私家版として出版されることになるのである。明治時代になっても検閲は課されたから、たとえば芳年のような著名な画家でも、いくつかの作品が発禁になっているのである。

伊藤晴雨が、今日であればSMアートと呼ばれるであろうものを探究し始めた時代の雰囲気も、おおむねこのようなものだった。もちろん当時、すなわち二〇世紀初頭には、SMという言葉もなかったしそれに対する理解も浅かった。「折檻」の場面を描いた美術作品は何でも「責め絵」という名で呼ばれていたし、アブノーマルな性行為は何でも「変態性欲」という言葉で言い表わされていた。このような情勢が第二次世界大戦後も続いたのである。こうしたわけで、伊藤が責め絵や捕縄術の研究について、また産声をあげたばかりの緊縛について、書物にまとめて出版し始めたとき、彼はそれを私家版として刊行したのである。

■伊藤晴雨の登場

一九二〇年代終わりから一九三〇年代初頭にかけて、すなわち四〇代の伊藤は、城北書院刊行の著書に入れた挿絵によって、いくらか名前を知られるようになってきた。これは、古き江戸を描いた作品であった。そして彼は、責めと責め絵に関する研究もまた、私家版の形で書物に著わし始めた。そうした最初期の私家版のなかでも一九二八年の『責の研究』と一九二九年の『責の話』は、日本出版史上初めて正真正銘のボンデージおよびSMを扱った写真・解説・画集を標榜してよい作品である。

そのなかに伊藤が掲載している写真や絵は、発想において根本的にエロティックでありかつ指向においてあからさまにサドマゾヒスティックである。これもまた、日本美術史上初のことであった。ここにおいてすでに、伊藤のスタイルを決定づけ、また彼をほとんど伝説的なアーティストにした数々の特徴のうちのいくつかが、際立って示されている。

まず第一に、伊藤はきわめて優れたデッサン力と巧みな色彩表現によって、心理状態や雰囲気の

雪中で縛られる女を描く伊藤晴雨の作品

微細なバリエーションを描き分けることができた。そのことを存分に物語る例として、雪のなかで縛られている女性が黒髪を振り乱している姿を描いた美しいイメージを前頁に掲げた。

第二に、拘束《ボンデージ》モデルの扱い方が、ヌードであれセミヌードであれ性的であるという点において際立って挑発的であり、また確実に意図的であった。ここで忘れてならないのは、日本で初めてプロのヌードモデルが出現したのが一八七一年のことに過ぎないということだ。この出来事はまさしく「事件」であったから、そのモデルの名前が記録されて今でも知られているほどなのである。それは宮崎菊という名の女性で、フランスからやって来た画家に雇われて、一ヶ月のあいだヌードモデルとなったのである。これが日本で最初の職業ヌードモデルの記録である。一八九六年には西洋画科を新設した東京美術学校（後の東京芸術大学）が、ヌードモデルを募集した。最初の応募者の多くは男性労働者であったが、くだんの宮崎菊も月給で契約した。

第三に、伊藤晴雨のインスピレーションの源泉は、明らかに江戸時代の公的ないし私的な刑罰にあった。伊藤の技法は、まずモデルを縛りあげてさまざまなポーズをとらせて写真に収め、後にその写真を基に絵を描くというやり方だったのだが、彼の作業帖を見ると、徳川時代のありとあらゆる刑罰（さまざまな形の釣責、石抱き、海老責など）を表現した写真が次から次に出てくるのである。なかには「三角木馬」と呼ばれる私刑の場面さえある。これはほとんど女性にしか行なわれない懲罰で、下半身を裸にして両手を背中にまわして縛り、座面を三角に尖らせた木馬にまたがらせるという責めである。

第四に、以上の点から明らかなように伊藤晴雨は断然サディストである。だが、だからと言って彼のマゾヒスティックなパートナーは意思に反してやらされているわけではないし、ふだんの伊藤がどこまで本物の拷問に近いことをしていたかは知る術がない。書いたものから明らかになるのは、自身が描きたいと思っている迫真の責め場に少しでも近づくために、より安全なテクニックを磨いてパートナーを傷付けないようにしなければならないと伊藤が考えていたことである。わかりやすくて知的な伊藤のこの方法論は、その後数十年にわたって、同じような題材を物にしたいと考えるアーティストたちに多大な影響を与えたのである。しかしながら少なくとも一度だけ、明らかに行き過ぎたことがあった。彼の最も有名な作品の一つで、中将姫やその他の物語に魅了された体験から着想を得た「雪責め」の場面を製作しようとしたときのことである。ここでも下川耿史の『日本エロ写真史』から引用しよう。

〔…〕晴雨がSM写真の最高傑作といわれる〝雪責め〟のシーンを撮影したのは大正十二年（一九二三年）二月のことである。

晴雨はもともと雪が好きで、雪のなかで女性が責められる『明烏夢泡雪《あけがらすゆめのあわゆき》』という芝居には特別にエロティックなものを感じていた。その頃、弟子の坂本牙城が東京郊外の高井戸の農家を借りて画室にしていた。この農家の裏庭は竹藪で、その向こうは吉田園という梅園に続いている。そのことを知っていた晴雨は、いつかここで女の縛りの写真を撮影したいと考えていたが、その日が到来したのである。

同行者は晴雨の二番めの妻で、写真のモデルとなるキセ子、鈴木雷水というカメラマン、それに高橋という助手である。最初の妻は全く被虐趣味がなかったため十年で別れたが、キセ子は絵のモデルをしていた女で、自堕落だったがマゾ性が強く、晴雨のどんな要求にも応じた。このときも臨月の身だったが、黙って晴雨のいうがままになった。

さて、その撮影の場面だが、斎藤夜居《よずえ》の『伝奇・伊藤晴雨』は次のように伝えている。これは晴雨自身や、坂本牙城らの書き残したものをもとにして再現したものという。

「キセ子を縛り上げると、髪を振り乱して、脛を没するまで深くつもった奥庭の雪の中を三十分にわたって歩かせた。［…］晴雨は頃合いよしと見定めキセ子を雪の吹き溜りのなかに押し倒し、約七分間雪中に半身を埋めさせたまま、雷水に撮せしめ寒さに耐える表情をレンズに納めた」

これが一枚めで、続いて二枚めの撮影にかかった。池の氷を割って、そのなかにキセ子を入れようというのである。「この池は泥が深くて底なし沼だし、杭も腐っているので危ない」と坂本牙城は必死で止めたが、晴雨は「縁の方ならいいだろう」といって無理やりキセ子を池のなかに入れた。キセ子は準備ができるまでの十分間、吹きさらしのなかに立たされていたから、歯の根も合わないくらいガタガタとふるえていたが、それでも黙って晴雨の命令に従った。

「キセ子の半身は池に浸され、しばらく放置されたまま。その表情が変わるまで待つことになった。……やがて女の顔はしだいに紅潮を呈して、唇はワナワナと戦慄し、明らかに苦痛の表情が認められてきた。――氷責めの表情を重点に置きレンズにとらえた――もうすでに自力で池中からはい上がることができないキセ子は、雷水、高橋の手を借りて、労りとはげましのことばに支えられて立ち上がった」

これですんだわけではなかった。高橋らがキセ子の体についた泥や藻を水で洗い流すと、晴雨は竹にキセ子を縛って宙吊りにした。晴雨は責めの研究の一つとして、江戸時代、奉行所の与力をつとめていたという老人から捕縄術を習っていたので、縛りに関しては玄人はだしであったが、なにせ、雪のなかに埋めたり、池のなかに入れたり、さらに水をかけられたりしたあとだから、キセ子の体が心配だったので、キセ子に晴雨のいうとおりのポーズを取らせ、結局、五カットのシーンを撮影したという。

この撮影の様子からみてもわかるように、ＳＭブームとなり、さまざまなハードな場面が撮影されるようになった現代と比較しても、かなりハードな部類に属する。まして縛りなどほとん

伊藤晴雨『雪責め』(1923頃)

ど知る人のなかった大正時代にはなおさらである。竹藪で撮影中、たまたま近所の老婆がひょいとのぞいたため、彼女の口から話が広がって、高井戸界隈はそれからしばらくこの話でもちきりだった。部屋の借り主である坂本牙城はその弁解に追われて、ほとんど絵を描く時間がなくなったという。

以上の描写に基づいて、そのように無慈悲にも常識はずれの行為に及んだ伊藤を危険な偏執狂だと片付けることはたやすい。現代のSMプレイでは「安全・健全・合意」が三大原則とされているが、このプレイは相対尽《あいたいづく》ではあったかもしれないが、安全・健全の範囲を越えていることは間違いない。何と言ってもあのゴッホが自分の耳を切り落したときだって、少なくとも他人を誰も傷付けてはいないのだ。

だがしかし天才アーティストは、時として何かに取り憑かれたように残酷で利己的で理性を失った存在になるものだ。ゴッホやウィリアム・ブレイクやピカソのことを考えてみればよい。そんな例はほかにも大勢いる。伊藤晴雨が常識を備えていたか疑わしいということはさておき、彼がきわめて豊かな才能を持ったアーティストだということは否定できないのである。もしかすると伊藤は強迫観念に取り憑かれた「パフォーマンス・アーティスト」の先駆けであり、時として目を瞠らせるものを創造することのある非道の輩の一人であると考えるのが一番なのかもしれない。しかし伊藤の画家としての独自性は、何よりもまず彼の視覚の鋭さとセンスに由来するものであるが、それだけではなく、彼の言葉で言う「苦しさのなかの美」を捉えようとする断固たる彼の決意から来るものでもあると言いたくなる向きもあろう。この「苦しさのなかの美」こそまさに、相対尽のサドマゾヒズム体験の痛みと快楽の瀬戸際で、辛うじて捉えられる本物の欲望と本物のドラマに対して抱く感懐である。

雪責め写真の撮影風景を記録した記事のなかで伊藤は、一九年間夢に見続けてきた自身の最も狂気じみた美的空想がついに実現したときの大いなる喜びと満足を回想している。そして撮影を終えた夜、酒に酔って、かつてないような仕方で妻を抱いたと言っている。ということは、責め苛まれた伊藤夫人も完全に回復したということだから、それは何よりである。

このセンセーショナルな作品によってもたらされたさらなる効果として、伊藤晴雨は、前衛アート界に属する一人の反逆者という名声を得ることになった。確かに彼の本『責の研究』は当局から発禁処分を科されたし、一九三〇年には石版で発行した艶本『論語通解』が儒教諷刺と見なされて彼自身が逮捕され、短期間ながら拘留されもした。しかしきわめて「ノーマル」な『サンデー毎日』のような雑誌が、伊藤のアトリエ訪問記などを掲載しているのもまた確かなのである。彼の評判は、いや少なくともその悪評は、高くなり始めていたのである。

しかし当時まさに生れようとしていた、アートとSMとの結合を追求するアーティストは、伊藤晴雨ただ一人に限ったわけではなくて他にもいたということを指摘しておかねばならない。たとえば「通俗」という枕詞を付けて呼ばれる小説家――子母澤寛や中内蝶二など――や挿絵画家――金森観陽《かなもりかんよう》や名取春仙《なとりしゅんせん》など――が、一九三〇年代に大衆向けのさまざまな雑誌に寄せていた文章や絵は、ときにSMの領域にすべり込み、責め絵的な題材を扱っていたのである。付言しておくと、一九二〇年代終わりから一九三〇年代初めにかけての日本文学および日本美術界は、前衛的なエログロ・ブームに動かされていた時代である。

エログロ（あるいはエログロナンセンス）とは、英語の「エロティック・グロテスク・ナンセンス」を下手につづめて言った言葉で、二〇世紀初頭の日本において、暴力的なものや奇妙《ビザール》なものをエロティックな味付けで描いた絵や文章を指す。一九二〇年代の日本のインテリやアーティストは、こうした言葉に新しいモダンな雰囲気を嗅ぎ取って好んで使っていたのである。日本のこのエログロナンセンス・ブームは、大ざっぱに言えばドイツのワイマール時代の芸術文化が何事も極端に走ったのとほぼ同時代であり、日本でこの運動を担ったのは主流から逸脱した一部のアーティストだったとは言え、写真からグラフィック・デザイン、絵画、詩、探偵小説に至るさまざまなメディアに対して、彼らははっきりとした影響を及ぼしたのである。そうしたアーティストの主要人物は、日本の作家のなかでもとりわけ高名なミステリー作家の江戸川乱歩（本名は平井太郎。筆名は実はエドガー・アラン・ポーを日本語に置き換えたもの）や先駆的性科学者の梅原北明《ほくめい》などである。伊藤晴雨は本来この動きに属してはいないが、意義深いのは彼とエログロ・アーティストたちが二〇世紀初頭という同じ時代を共有していたこと、また彼らがそろって、当時としては物議を醸すような文章や絵を産み出していたことである。

伊藤はまた、捕縄術に着想を得て「ボンデージ」の探究をした唯一の写真家というわけでもない。第二次世界大戦の前後の時期に、本名伊藤敬次郎（伊藤晴雨との縁戚関係はない）、のちに伊藤竹酔《ちくすい》という名で広く知られるようになる人物が、責め場の撮影会を主催していたようである。複数の写真家が撮影したそれらの責め場写真は、のちに竹酔が初期のSM雑誌に売り込み、雑誌の編集者が創作した金井行雄《ゆきお》という偽名の責め師による作品として掲載されることになる。

そうは言ってもこの手の題材のほとんどについて、伊藤晴雨がその中心人物であると目されていたことに変わりはない。一九三〇年代には右翼的な検閲体制が厳しくなっていくにもかかわらず、伊藤は矢継ぎ早に書籍を出版し（一九二八年から三一年までのあいだに責めに関する本を六冊上梓している）、また絵画や掛け軸、スケッチといった作品も数多く産み出している。それによって彼の周囲には、同好の士が集まるようになっていった。

伊藤は五〇年以上にわたる経歴を通じて、一人ないし複数のモデルを縛り上げ（ときには手の込んだセットを設えて上等の衣裳を着せることもあった）、写真や絵画の対象とする会を、自身のアトリエかどこか別の場所でしばしば開催した。この革新的なイベントに参加したのは、先に挙げた伊藤竹酔や女方の六代目尾上梅幸《ばいこう》（伊藤晴雨の弟子となった）、駆け出しの雑誌編集長上田青柿郎《せいしろう》など、多岐にわたる芸術分野から集った面々だった。そのなかでも有能の士が少なからず、二〇世紀の後半に表舞台に出現し、戦後のＳＭ関連の出版物の隆盛に一役買ったことは驚くに当たらない。伊藤はのちに現代的な緊縛となるテクニックを必ずしも意識的に開発していたわけではないが、自身のモデルを傷付けないために、捕縄術の縛り方についても責めについても、安全なバージョンを創造する必要があったのであり、そのことが自身とその追随者たちを自ずと現代の緊縛に至る方向へと導いたのである。歴史に支えられたこのエロティック・アートがさらなる進展を見せるためには、あとは時間の問題で、世間の関心と受容の深まりをまつばかりであった。

しかし不幸なことに、そうした探究は第二次世界大戦による荒廃のために、すべて延期されることになる。周知のごとく、また世界中のほかの多くの国と同じように、この争いのために日本は一九三九年から四五年にかけて、多くの国民を失い、国土に壊滅的打撃を受けた。捕縄術や責め絵の研究者が忘れがちなのは、それらを主題とする作品のなかでも最も貴重で重要な歴史的作品の多くが、この戦争で破壊されたということである。伊藤晴雨自身が、米軍による一九四五年夏の東京大空襲で初期作品のすべてを失ったと言われている。日本に住む私の友人がつい最近も言ったように、「財産を守れなかっただけではない。自分自身は言うに及ばず、子どもも年老いた両親も守ることができなかった。最悪だ」。

戦争は終わり、人びとの生活は平時の外観を取り戻し始めた。復興の興奮と平和の穏やかさのなかで、ＳＭアートが今度は派手な装いで再登場する条件が突如として整った。その動きのなかで緊縛のテクニックもまた出現するのである。

カストリ雑誌とＳＭ雑誌の黄金時代

正真正銘ＳＭ志向の雑誌が日本で最初に出版されるようになった経緯については、その物語を誰が語るかによって幾分脚色が加わり得るが、基本となる概略はかなり一貫している。戦後の日本では、西洋で言うところの「通俗雑誌《パルプ・マガジン》」が数多く登場して、多様な関心に応えていた。それらは安物の紙に印刷され、しばしばそこはかとなく下品でエロティックな内容を含んでいたから、軽蔑の意味を込めて「カストリ雑誌」と呼ばれた（糟取《かすとり》とは、当時の日本でやはり盛んにつくられていた下等の密造酒のことである）。

カストリ雑誌のなかでも最も有名なのが、今や伝説となっている『奇譚クラブ』である。「奇譚」

とは、「奇妙な物語」とか「おもしろい話」という意味の「異聞奇譚」という言葉から取られている。一九四七年に創刊されたときには、センセーショナルであることを信条とするような架空の物語に漠然としたエロを混ぜたような内容で、一般読者を想定した大衆誌だった。それはすぐさま熱心な読者を獲得した。そのなかには二人の大阪在住の読者が含まれていたが、彼らがのちの緊縛の行く末に決定的な影響を与えることになる。

一人は須磨利之《すまとしゆき》。『奇譚クラブ』編集長の吉田稔は、この雑誌の草創期に彼を編集者として雇い入れる。もう一人は辻村隆。戦後始めた地方の金物屋の店員という職に退屈していた彼は、一九四八年のある日、熱心に読んでいた雑誌に短篇を投稿することを思いつく。投稿先としては、どう見ても自分の方がよりましな作品を書けそうだということで目に付いた雑誌を選んだ。それが『奇譚クラブ』だったのであり、嬉しいことには彼の原稿は採用され、ここに二五年にも及ぶ彼と雑誌との協力関係がスタートしたのである。

編集者として出発した須磨利之は、やがて作家の役もこなし雑誌の発行人にもなっただけでなく、美濃村晃《みのむらこう》の名前では縛師《ロープ・アーティスト》に、喜多玲子《きたれいこ》の名前（妻の独身時代の名前から取った）では絵師も務めた。雑誌に挿絵を描いた絵師のなかで最も偉大な緊縛アーティストの一人として、喜多玲子の名は日本のSM史において伝説となっている。辻村もやがて初期の縛師のなかで最も有名な一人となるし、またやはり執筆者も務めた。彼のコラム「SMカメラ・ハント」は『奇譚クラブ』の最も人気のあるページの一つだった。彼もまた、日本の緊縛の進路に深い影響を及ぼした人物の一人である。辻村は自身のコラムのために熱心な素人やプロのモデルを縛ることになるのだが、その方法は、安全な吊りや寝技のテクニックのあれこれを慎重に駆使した創造性に富むものであり、辻村はそれをプレイの記録として言葉や写真によって読者に伝授したのである。読者の多くにとってそれが、大人同士相対尽《あいたいづく》のエロティックで愛情のこもった行為としての緊縛、という考え方に接する初めての機会となった。

美濃村は伊藤晴雨を中心とするグループの一員であったし、辻村は子どもの頃から縛りに興味を持っていた。だから『奇譚クラブ』編集長の吉田が部数を増やすために何か新たなアイディアはないかと模索し始めたとき、この二人はいつでもそれに参画することが可能なもってこいの人材だったのだ。新方針は、露骨とはいかないが責め絵（すなわちＳＭ）のスタイルと内容を備えた読物で行くことが決まり、これが誌面に登場し始めた。喜多玲子による最初のイラストが掲載されたのが一九五〇年、辻村の小説がデビューしたのが一九五一年のことであった。

ここで「カストリ」が実は高尚なものであったということに注目しておくのもおもしろいだろう。「カストリ」の大部分は読物雑誌だった。読物は歴史的なものから笑い話、スリル、エロとあらゆるジャンルにわたり、ミステリーやＳＦさえあった。写真は掲載するコストが高いうえに安物の紙ではうまく再現されなかったし、イラスト制作は時間がかかるため、文章で書くのが一番良かったのだ。このことはつまり、「低級」雑誌の読者が実はきわめて教育のある層だったことを意味している。そしてそのような読者は、どんな種類のものであれ一般的にエロティックな空想や想像の産物を鑑賞する消費者としては理想的だったのだ。なぜなら日本で古くから言い慣わされているように、「夢のなかなら何でも許される」からだ。あるいは別の言い方をするなら、エロティックなものであれ何であれ夢想を安全に味わうためには、何らかの知性や良識や想像力が必要だからである。『奇譚クラブ』が真の意味で商業的に躍進を遂げるのは一九五二年、正確に言えばその七月号以降である。この号に喜多玲子の名高いイラスト「縛られた裸女十態」が掲載されたのだ。そこには一〇の「拘束《ボンデージ》」姿が単純ながらエレガントな線描で描かれていて、購読者にセンセーションを巻き起したのである。売上は大きく伸び、これに気をよくした編集長の吉田は、『奇譚クラブ』のこれからの進路をエロティックなSMに向けることをはっきりと決めたのである。

たいへん広範囲にわたる研究書『日本緊縛写真史1』の著者秋田昌美は、『緊美研通信』の濡木痴夢男《ぬれきちむお》の文章を引用しながらこう語っている。

　喜多玲子の登場によって本格的な責め絵が雑誌というメディアに流通するようになった事の重要性を濡木痴夢男氏は次のように書いている。
「明確な意志をもって不特定多数の緊縛

喜多玲子「縛られた裸女十態」、『奇譚クラブ』（1952）

マニアを対象とした絵を描きはじめたのは、実は美濃村晃がはじめてなのである。
美濃村以前に伊藤晴雨も果敢に責め絵を描いたが、その時代の状況もあって、多数のマニアをはっきり意識して描かれたものではない。晴雨の場合は、自分自身の趣味が嵩じての一連の画業であった。それに好事家が追随した。（中略）
美濃村晃の場合は、一つの既成の娯楽雑誌を、意識的に変革して、アブノーマルのカラーに染めあげてしまおうという、かなり冒険的な意志が働いている。その冒険のための『責め絵』なのである」（『緊美研通信』第六号）。

これ以降は何のためらいもなくなる。ボンデージが登場する物語やイラストが次から次へと掲載され、そのほとんどすべてがエロティックなものだったのである。喜多玲子はその後、この名高い「縛られた裸女」のイラストを『奇譚クラブ』の他のさまざまな号のために少なくとも三度描き直している（縛られた女性がもっとたくさん描かれているものもある）。また男に対する責めも誌面に登場し、それがたいへん人気のあることが明らかになった。

二つ目の画期はやはり一九五二年の夏、編集者の美濃村が発行人の許可を得て、辻村にモデルの川端多奈子《たなこ》を縛るよう依頼したことである。これが『奇譚クラブ』初のヌード・ボンデージ写真となった。これ以前にもヌード写真はほかの雑誌に登場していたが、ボンデージのヌードでありかつSM志向の写真としては、一般に販売される月刊誌という明らかに商業的な出版物（この点において、しばしば発禁となった伊藤晴雨の私家版の写真集と異なる）に初めて掲載された写真ということになる。そしてこの機会に初めて「緊縛」および「緊縛モデル」という言葉が印刷物で使われたことも注目に値すると、辻村が数年後にインタビューに答えて語っている。この話を読んだときにはびっくりしたが、筆者は今は信じる気になっている。筆者自身の調査によると、この特殊な言葉が、責め絵やボンデージ・アート、日本の歴史、あるいは捕縄術などと結び付けて使われている例は、これ以前にはどこにも見当らないのである。しかもこれに加えて、他にもこの主張が真実であるらしいと信じるに足る状況証拠があるのだ。伊藤晴雨はそのおびただしい数の著作のなかで、一九五二年以前には自身の作品を論じる際に、ほかでもない「縛り」や「責め」という言葉を使うのが常だった。ところが『奇譚クラブ』が人気を博し始める一九五二年以降には、洗練された、日本式のロープ・ボンデージを指す言葉として、「緊縛」の語を使い始めるのである。

　私の書庫には幸いなことに『奇譚クラブ』が全巻、そしてそれと同じぐらい有名なライバル誌『裏窓』も全巻が揃っている。この二つの雑誌が進化していく過程をとおして緊縛アートが出現する最初の数年間を見ていると夢中になってしまう。これらの雑誌が、（ロープ・ボンデージやSM関連のテーマについて言えば）たいへん洗練され関心の度合いもきわめて高い選ばれた読者だけに向けた、本当に特殊なエロ雑誌だったのだということを改めて認識して驚くばかりである。たとえば分岐点となった一九五二年以降は、伊藤晴雨ら多くの才能豊かなアーティストたちによるエレガントな縛りのイラストが毎号決まって掲載されているし、通常の通俗的な読物やエロティックな文章や絵と並んで、安全な縛りのテクニックが提唱されることもしばしばだった。写真は数を増し、そこには伊藤とその仲間たちが長年にわたって撮り続けてきた作品も数多く含まれていた。より学問的な調子のものとしては、日本の責めの歴史や一七四二年の徳川幕府の刑事制度［御定書百箇条］に関する権威ある専門家の記事が掲載されることもあった（たとえば名和弓雄が六回にわたって『裏窓』に連載している）。

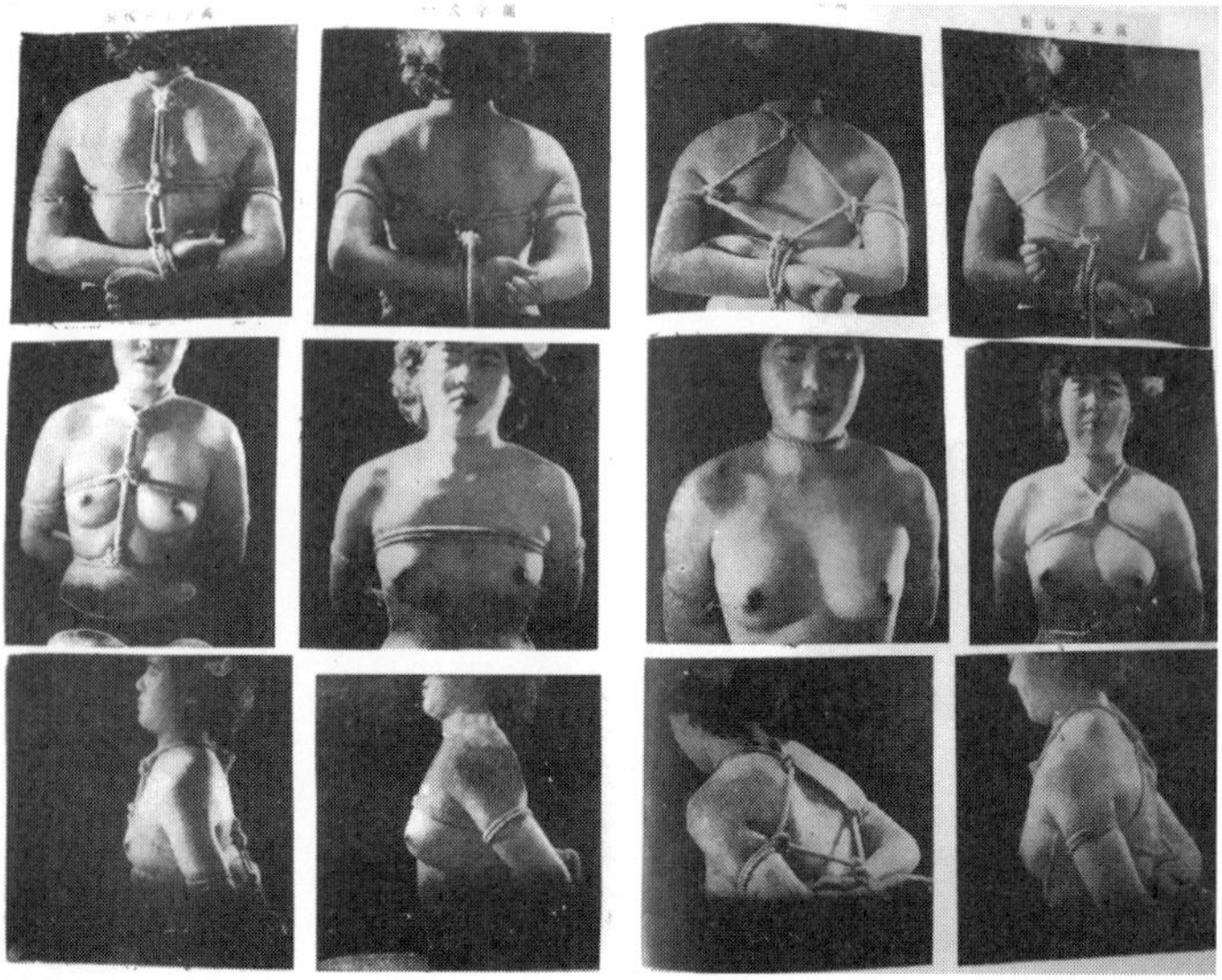

捕縄術の正統的な縛りを再現したもの（『奇譚クラブ』1954年6月号）

手当たり次第に一冊を手に取ってみよう。『奇譚クラブ』一九五四年六月号。ヌードモデルを使って古典的な捕縄術の縛りを再現した写真（正面、側面、背面像）を見開きで掲載したページが目に止まる。また辻村隆が一〇ページにわたって「緊縛の構成と責めのアイデア」を論じている（九葉の写真も添えられている）。他のさまざまなフェティッシュについての議論、エロ写真の「美学」についての議論もある。「読者通信」のページでは、読者が関心や批評を表明することができる。切腹すなわち名誉を失った侍が自殺するときの古き伝統的な作法をめぐる読物すらある。

これら初期の時代には、写真や挿絵で使う縛りの方法に強い関心が持たれていたし、何か新しいテクニックが登場すれば、それを熱心に論じたものだと美濃村は語っている。当時製作されていたある種の緊縛写真をめぐって、議論が噴出したのもそういう事情があったのだろう。

ヌード「ボンデージ」画像は以前よりはるかにありふれたものになりつつあったから、多くの写真家が人目を引く型や大胆なデザインを産み出そうと躍起になっていた。しかしなかには、緊縛が二の次になって、ただただ露骨なポーズを取ったモデルに縄がだらしなく「ぶら下がっている」といった案配の写真も出てきた。実際最初のSM雑誌が誕生したばかりの時期には、こうしたいわゆる「縄つきヌード」写真が爆発的に濫造されたのである。そしてこのことが伊藤晴雨やその追随者たちを激怒させたのである。彼らに言わせれば、そのような写真は「本物のボンデージ・アートの猿真似」に過ぎない［伊藤晴雨自身はこれを「被縛ヌード」と呼び「強姦の代用品」と評した（『あまとりあ』一九五三年一二月号）］。伊藤晴雨（や美濃村晃のような人たち）の作品を見れば明らかなように、ボンデージとは、相手の身体を単に機械的に縄で締めつける以上の何物かなのである。だからそのような偽物のテクニックは、伊藤にとっては不誠実、金儲け主義、単なるポルノにつながるものでしかなかったのだ。緊縛が「アート」と呼ばれるものになるためには、熟練の技だけでなく本当の情熱、本当の感情が表現されなければならないと考えたのだ。そうした「偽物の」ボンデージ・アート作品に対する憎悪こそ、伊藤晴雨が心血を注いで他とは一線を画したボンデージの「流派」を築き上げようとした原動力であると言う者もいる。伊藤の流派こそ、やがて日本のアートの一形態としての縛りの主流になっていくのである。結果的に、芸術的表現手段の一つとしての緊縛の礎を築いた父祖の一人という伊藤の立場も揺るぎないものとなったように思われる。

一九五六年には、それ以前に『奇譚クラブ』から離れていた美濃村晃が自身の雑誌を創刊する。前述の『裏窓』誌である。これはすぐさま『奇譚クラブ』と競い合うほどの人気を博した。この雑誌の最大の呼び物の一つは、喜多玲子の美しいイラスト作品が掲載されていたことであった（喜多玲子は美濃村晃の別名なのだからあたりまえではある）。彼の離脱は『奇譚クラブ』を打ちのめすほどの損失だった。そのため『奇譚クラブ』は画家として有名だった柴谷宰二郎《しばたにさいじろう》を雇い、彼に滝麗子《たきれいこ》という名前を付けたほどだった。喜多玲子が脱けた穴を少しでも埋めようとしたのだろう。

雑誌の寄稿者がそんなふうに筆名を用いることが、きわめて普通のこととなったのはこの時代である。そのあたりの事情は一九三〇年代のアメリカの通俗雑誌《パルプ・マガジン》も同様である。理由はエロティックな作品を物するに当たっては匿名でありたいということと、雑誌の寄稿者を実際よりも多く見せたいということである。須磨利之は（美濃村晃や喜多玲子など）九つ以上の名前を使い分けて、記事や短篇読物、批評、小説を書き、イラストを描いた。美濃村が『裏窓』の編集者として雇い入れた飯田《いいだ》豊一《とよかず》という若者は、その後少なくとも一ダースの別名を使ってこの業界で活躍し続けることになる。非常に多作な作家でありかつ評判の縛師でもあり、当初は豊幹一郎《とよかんいちろう》という名を用いていたのをのちに濡木痴夢男《ぬれきちむお》と改めたのが彼である。この名前はほとんど伝説と化した。

濡木は一九三〇年生まれで、存命の緊縛師のなかでは最も偉大な人物であるというのが衆目の一致するところである。彼は自身の精通するテーマについて、今も著書を書き続けている（前述の『日本緊縛写真史1』もその一つ）。

初期のSM雑誌は書き下ろしの記事や独自に製作した緊縛写真や緊縛絵のほかに、ジョン・ウィリーやアーヴィング・クローなどが発行していた西洋の初期の「ボンデージ」雑誌からイラストも転載していた。たとえばウィリー自身やエリック・スタントン、ジム、マリオ、エネグといった著名な「フェティッシュ」アーティストの作品である。これらを日本の雑誌に持ち込んだのは、アメリカに多くの伝《つて》を持っていたフェニクス商会の森下高茂《もりしたたかしげ》であった。これまで西洋で公刊されたボンデージおよび「フェティッシュ」アーティストのなかでは最良の一人と誰からも認められているウィリー（本名はジョン・アレグザンダー・スコット・クーツ。一九〇二〜六二）が、どれほど日本の作品から影響を受けたか、また逆にどれほど日本の作品に影響を与えたかということを考えるのはとてもおもしろい。彼が、もっと言えば「西洋のボンデージ」の流れが、日本の作品から強い影響を受けていることを示す証拠がある。

ジョン・ウィリーによる『かわいいグウェンドリンの冒険』の権威ある版である第二版（Belier Press, 1999）を始めとする複数の文献によれば、ウィリーは自分の絵や写真の作品が日本で転載されていることを確かに知っていた。なぜなら彼は、一九五〇年代に日本に駐屯していた「ドク」という名で呼ばれている米軍将校から、雑誌のコピーや切り抜きを送ってもらっていたからである。そこで目にした緊縛のイメージから彼がインスピレーションを得たのは明らかであり、「そこから二、三のアイディアを抽出して、自分の写真に利用した」のである。

幸いなことにジョン・ウィリーの写真や絵は、その多くが長年にわたって公に出版されてきたから、写真が撮影された時期を比較することが可能である。そうしてみると、彼が日本の緊縛から借用したアイディアは、「二、三」よりずっと多いことは明らかである。一九三七年から四四年にかけて、すなわち初期の彼の写真ではボンデージはきわめて単純で、日本から影響を受けたり着想を得たりしている痕跡はほぼない。しかし一九五〇年代、とりわけ一九五七年から六一年にかけての「ハリウッド時代」には、一九五三年から五六年にかけて日本の初期のSM雑誌に初めて掲載された日本式の縛りをしばしばコピーしていることが明らかである。ウィリーが確かに影響を受けていることが見てわかるという理由はこうだ。『奇譚クラブ』に掲載された日本式の縛りの写真の多くは、当然のことながら捕縄術の縛り方や数世紀を遡る江戸時代の懲罰に基づいている。一方ウィリーの写真作品で多用されるポーズも、これは海老縛り、これは胡座《あぐら》縛り、これは芋虫縛りといったぐあいに古典的な緊縛の縛り方であることがはっきりわかる。つまりウィリーが真似しているのだ。しかもウィリーは竹の短い棒を使った写真も多数撮っている（竹竿縛り）し、何より柱を用いた写真作品が数多くあるのだ。柱というものは日本建築であれば至るところに見られるが、西洋建築ではとても珍しい建材なのである。だがこうしたことが明らかになったからと言って、そこから言えることは、このように初期の段階においても文化横断的なコミュニケーションと相互影響関係が存在したということに過ぎない。

　実際『奇譚クラブ』と『裏窓』は、どちらも多くの点でジョン・ウィリーの伝説的な雑誌『ビザール』に似ているところがある。『ビザール』もまた、一九四〇年代後半から一九五〇年代前半のアメリカで、「オルタ

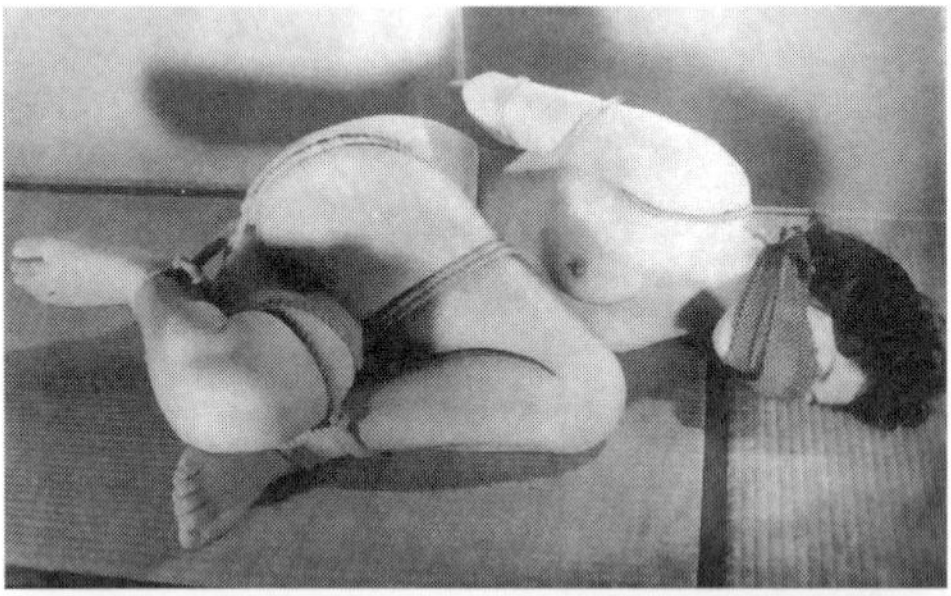

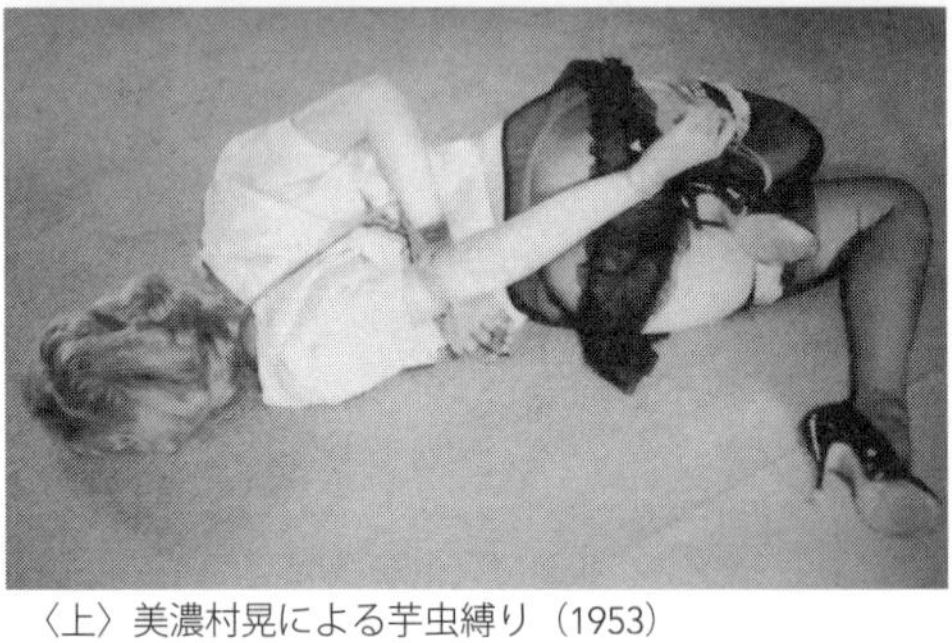

〈上〉美濃村晃による芋虫縛り（1953）
〈下〉ジョン・ウィリーによる芋虫縛り（カリフォルニア州ハリウッド、1957〜61頃）

『奇譚クラブ』のカラフルな表紙。真ん中の号だけが検閲の影響を受けていることに注目されたい

ナティヴな」性的関心のためのフォーラムたらんとしていたのである。クローやウィリーの出版物や会社はすぐにアメリカの検閲制度によって壊滅させられたから、日本のほうが成功したと言えるかもしれない。しかしそれは容易《たやす》いことではなかった。

一九五五年に『奇譚クラブ』は行政からの圧力によって一年以上刊行を停止し、一九五六年になって復活したときも以前に比べて自粛した形で出版することを余儀なくされた。停止前後の号を見比べるとその違いに衝撃を受ける。停止後は大胆な写真や絵を掲載したページは消え去り、斬新で彩色も美しかった表紙が地味なモノクロになってしまっている。この雑誌が本来を取り戻すのは一九六〇年になってからのことである。

この節で述べたことのほとんどが、作家兼緊縛モデルとして有名な早乙女宏美が北原童夢《どうむ》との共著で出版した二〇〇三年の『「奇譚クラブ」の人々』に基づいている。この本は魅惑的な情報の宝庫だ。彼女の作った「略年譜」を見ると、西洋人がしばしば思っていることとは裏腹に、日本のエロ出版物の作り手たちが現在享受している活動の自由は、長きにわたる闘いの末に勝ち取られたものであることが明らかである。

一九六二　〔『奇譚クラブ』〕三月号グラビア、神奈川県青年育成審議会、広島県児童福祉審議会より有害図書指定。グラビア自粛〔編集者による自己検閲〕。五月四日、雑誌倫理協議会により正式自粛決定。八・九月号から「花と蛇」連載開始〔著名なSM作家として尊敬を集める団鬼六《だんおにろく》（本名、黒岩幸彦）が初期のペンネーム花巻京太郎の名で書いた作品で、SM文学史上画期的小説となる。その後も団鬼六名義で、長年にわたってさまざまな判型で何度も再刊される〕。

一九六四　一月号グラビア、神奈川県より有害図書指定。二月号、悪書追放運動のあおりをうけ、取扱店が少なくなりピンチに。「花と蛇」大ブレイク。小説や手記から特定の「言葉」の大幅なカット始まる。

一九六五　二月号、青少年保護育成都条例で指定。三月号、グラビアなくなる。十一月号、神奈川県より「内容の自粛がみられない」、「花と蛇」や切腹物、妊娠腹など人道を無視していると指摘される。

一九六九　二月号、表紙に「成人向」とある。なぜ「奇譚クラブ」ではきびしいのか、と辻村が書いている。

一九七二　一月号、トビラに写真がやっと復活。

一九七三　内容の低下。写真は開脚などハードだが、大きな〝消し〟が入る。

一九七五　〔すでに過去の自身の姿とは似て非なるものとなり果てた『奇譚クラブ』が〕三月号、〔…〕これきり休刊、いや廃刊となってしまった。〔二〇年近い歴史に幕を閉じる〕。

実のところSM雑誌の第一期黄金時代は、強まる一方の当局からの圧力を前に、創造的な意図や目的という面においては一九六〇年代半ばまでのあいだにすでに終わっていたのである。『裏窓』も一九六五年には終刊し九年間の歴史に終止符を打った。雑誌自体は『サスペンス・マガジン』に衣替えして存続したが、はるかに安全で普通で論争の種になるような内容もほとんどない雑誌になってしまった。

こうしたことは嘆くべきことではあるが、その一方で注目すべきことは、以上述べてきたような初期のSM雑誌が曲がりなりにも出版されていたこと、そしてそれらが数多くの質の高い内容を伴っていたことである。エロティックな作品に対する道徳観やそれが社会に与える影響に関する一般的な考え方とはまったく関係なく、こうした雑誌は卓越した絵画作品を数多く収録していた。それを担った才能ある画家たちも多岐にわたり、たとえば謎に包まれたアマチュアの石塚芳幸《いしづかよしゆき》、古典的な宗教画の絵師として修練を積んだ小日向一夢［読み不詳］（本名、木俣清史《きまたきよし》）、美人画を得意にした浮世絵の伝統を汲む鬼頭暁《きとうあきら》、有名なシュルレアリストの中川彩子（本名、藤野一友《かずとも》）などがそこに含まれる。春画の時代と同じように、この時代にも、数多くの際立って優れたアーティストたちが、筆名を用いてのことではあったけれども緊縛アートやSMアートに手を染めているのである。

緊縛術《アート》の進展について言えば、この時代はまさに形成期であった。捕縄術から大きな影響を受けたきわめて未熟なテクニックから出発した緊縛が、写真撮影のための縛りの必要から、またSM「プレイ」への関心の高まりの結果として、この時期に進化を遂げるのである。かつては囚人の背中側に作られていた縄紋様は、美しいモデルの正面に置き換えられた。課題は、歴史的な縛り方の効果を損なうことなく、それを安全で、見た目に美しく、そして可能な限りエロティックにすることだった。この課題の大部分は、捕縄術の本縄縛りに求められた性質ではあったが、エロティシズムだけが後から付け加えられたのである。しかし刑罰としての捕縄術からアートとエロティシズムとしての緊縛への変化は、意図の上では大転換である。

さまざまな縛り方や体位の命名が本格的に始まったのもこの時期である。このときもやはり捕縄術や責めの伝統が大きな影響を及ぼした。美濃村晃や辻村隆（そしてもちろん伊藤晴雨）らが先頭に立ち、私たちが今日用いているような古典的な緊縛の型の多くが産み出され、「ロープ・テクニック」が目覚ましい進歩を遂げたのも、最初の黄金時代に属する雑誌が廃刊になっていく直前の時期だった。一九世紀に歌舞伎絵に対して弾圧が加えられたときがそうだったように、このときの活動停止もそれほど長くは続かず、これまでに紹介してきた創造力あふれる人びとの多くが、すぐさま再び「下等の酒」を醸して第二の流れを作っていくのである。

「現代的」ＳＭの出現と第二次雑誌ブーム

今日のわれわれから見ても馴染みのある緊縛アートだと思えるもの、「現代的」なＳＭだと思えるものが実際に登場するのは、第二次ＳＭ雑誌ブームが始まった一九七〇年代初頭のことである。この時期になると検閲も弛《ゆる》み（スケープゴートにされた『奇譚クラブ』は除く）、ＳＭや緊縛に特化した数多くの雑誌が刊行にこぎつけた。一九七〇年代初頭から八〇年代初頭にかけての一〇年のあいだに、ぽつぽつと新たな雑誌が登場してくるのである。例を挙げれば、『SMコレクター』、『SMセレクト』、『SM奇譚』（当初は『S&Mアブハンター』）、『SMマニア』、『SMファン』、『S&Mスナイパー』、『SMスピリッツ』、『SMキング』などである。

何がこのブームを促したかと言えば、一九六〇年代末、一般的日本人の意識の主流にSMが正当な性行為の一つだと認められたことである。伊藤晴雨にとっては秘匿すべき強迫観念であったものが突然「最先端《ヒップ》」になり、あまりにも露骨だったり、あまりにも攻撃的で社会の和を乱さないかぎり、実践しても咎められるものではなくなっていくのである。今日優勢になっている態度も、おおむねこれと同じである。サドマゾヒズムに対する社会の理解は変化し、以前に比べて部分的には開放的になった。これはいくつかの映画が成功を収めたこと、また深夜の『11（イレブン）PM』というテレビ放送が当たったことによる。この番組ではSMその他の公式的にはきわどいテーマの数々を頻々と取り上げていたのである。辻村隆もゲストとしてこの番組によく登場していた。それは彼が、東映というメジャーな映画会社が製作し、石井輝男が監督した時代劇映画の何本かを専門家として監修し、実際に拘束《ボンデージ》を担当して以降のことである。この時期にSM「プレイヤー」として表舞台に登場したのは彼一人ではなく、何人もが後に続いた。要するに「SM」という言葉が一般に知られるところとなり、クローゼットに隠れていた者はカミングアウトし、何年にもわたって秘密の文化であったものが大転換を果たすのである。

この第二次SM雑誌ブームは、多くの点で第一次黄金時代が到達していたレベルのままそれを受け継ぐものであった。違いとしては、以前よりも性的要素が露骨になったこと、印刷技術が進歩したことである。後者の御蔭で写真や絵の再現性は飛躍的に高まった。またページ全体のなかの少なくとも一部はカラー印刷にすることが当たり前となった。これによってアーティストの作品をよりヴィヴィッドに再現することが可能になったのである。

美濃村晃は『ＳＭコレクター』や『ＳＭ奇譚』を舞台に、この時代にも「アドバイザー」、アーティスト、作家、縛師、批評家として影響力を振るった。彼はまたほかの多くの出版物にも寄稿している。そうした雑誌は小説や実録、漫画、緊縛解説（濡木痴夢男が縛師としての最初の名前である豊幹一郎名義で書いていた）、また目に付きやすいところでは毎号掲載されるカラー刷りのアート作品で有名となった。変わらぬ独自性を発揮していた喜多玲子の他にも年輩のアーティストが健筆を振るった。たとえば小日向一夢や鬼頭暁などである。こうした才能あふれる面々に加えて新人たちが参加してきて好評を博すようにもなった。たとえば鉛筆のスケッチに卓越した絵師の椋陽児《むくようじ》、美人画家の春日章《かすがあきら》、もつれた縄で縛り上げられた江戸時代の美人を、目を瞠るような艶やかな色彩の刺青で飾るのがトレードマークとなった小妻要《おづまかなめ》などである。復活したＳＭ雑誌は、最初の数年間こうした質の高い美術家《アーティスト》を獲得しようと競い合っていたのである。

だが雑誌の大部分を占めていたのは依然として挿絵入りの短篇読物であり、濡木（数多くの筆名がある）や美濃村晃などといった作家がよく似た話を大量に書きまくっていた。多作ながら非常に評価の高い作家が他にもいる。千草忠夫《ちぐさただお》である。彼は偉大な才能の持ち主であるが、あまり表に出てこない人物で、自身の正体をけっして明かさなかった。一説には金沢の高校教師だと言われている。彼は最初『奇譚クラブ』や『裏窓』に書き、その後一九七〇年代に復活したＳＭ雑誌を総なめした。その生涯で公にした小説は四二〇篇以上にもなった。今日では、彼の最も人気の高いエロ小説がオークションに出品されると、一冊が数百ドルの値段で落札されている。

女性作家たちもこの時期に足跡を残している。代表的なのが松井籟《らい》子《こ》で、彼女は同時に複数の雑誌のために働きながら自身の名義のSM小説も書いていた。通俗雑誌《パルプ・マガジン》に連載されていたこれらの小説のうち、各分野の最良の書き手によるものを選んで上質な単行本のシリーズとして刊行する出版社もあった（『裏窓』を出していたあまとりあ社〔すなわち久保書店〕など）。こうした本はハードカバーで、名だたるアーティストによるイラストを数多く、時にはカラー刷りで添えるのが通常だった。

最も有名なSM作家と言えばこの時期もやはり依然として団鬼六（悪名高い『花と蛇』の作者）だった。一九七二年には彼が責任編集を務める『SMキング』という雑誌も創刊している。この「カストリ雑誌」は他とは一線を画するものを狙った雑誌で、創刊当時は「編集者は女性だけらしい」などといった噂が数多く流れた。実際野心に満ちた出版物だったのである。毎号掲載されているのは挿絵入りの小説（緊縛ものやその他のフェティッシュをテーマにするもの）、一流のアーティストによるカラー刷り二つ折りのカラー作品、数多くの緊縛写真、緊縛解説、草創期のSM漫画、SM界の有名人へのインタビュー、歴史に関する記事、読者投稿欄、そしてときどき映画批評も載った。団は『SMキング』に収録する縛りを監修してもらうために、辻村隆を緊縛指導として雇うことまでした。辻村はこの雑誌で「SMカメラ・ハント」のコラムを続け、読者のあいだに以前と変わらぬ好評を博した。その人気の高さは、美濃村晃が対抗手段として自身の雑誌で「ロープ・ハント」というコラムを始めたほどであった。

一九五〇年代、六〇年代のSM雑誌第一期黄金時代と、これまで述べてきた第二次ブームの一群の雑誌との違いで注目しておくべきことは、時の経過につれて写真への依存率がわずかながら高くなっているということである。ほとんどの雑誌が、緊縛写真を毎号少なくとも二組みは掲載していた。登場するモデルの縛り方も、以前にも増して興味深くスタイリッシュなやり方になった。男がボンデージや責めを受けている姿も掲載されるようになった。アメリカから輸入された西洋式の「ボンデージ写真」はまだ載っていた。見比べてみると日本の作品の方がずっとがんばっているし、西洋の作品はいかにも未完成な上に女性蔑視が目に余る。日本の方が熟練の写真家によるはるかに質の高い写真だったことも、そう見える理由の一端である。そうした写真家のなかでも代表的な存在が『SMセレクト』『SMファン』を舞台に活躍していた杉浦則夫《すぎうらのりお》で、強烈でドラマティックな「単光源」をトレードマークとしていた。ただやはり写真だけでなく、こうした類の題材に対する日本人の「見方」そのものが、あらゆる点において西洋人よりも複雑で洗練された美意識に支えられているのも事実である。

真の愛好家（「マニア」と呼ばれる）であれば、数多くの雑誌の緊縛スタイルが互いにどう違っているのか、その微妙な点まで語ることができただろう。たとえば縛師としての美濃村晃は、エレガントな単純さを好み、伝統的な寝技《ねわざ》に見られる縛り方と型を多用する。それはモデルにかかる肉体的なストレスを最小限にとどめるために注意深く構成されるのだ。そしてその代わりに、羞恥を覚えるようなシチュエーションを創り出す。これに対してより若い豊幹一郎（濡木痴夢男）は、もっと力尽くの要素の強いスタイルで縛ることを好み、縄をたくさん用いる複雑なパターンを多用する。辻村隆は常に実験的で、当時は安全な吊りを創り出そうと模索し始めた頃だった。もちろん相手のパートナーは望んでそうされるのである。

当時これらの月刊誌がどれぐらい人気があったか正確なところはよくわからないが、最も成功した部類に属する『SMセレクト』の売上部数からだいたいのところを知ることは可能だ。団鬼六が一九九九年に刊行した自伝的作品『花は紅』のなかで、絶頂期の『SMセレクト』が毎月一〇万部の売上を誇っていたと書いているのである。これはほかのSM雑誌に比べてもはるかに多く、団によればSM雑誌の通常の売上は五万に届かないとのことである。これらの数字は実態とはかけ離れているかもしれないが、数字の正確さはさておき、この手の特殊な雑誌にしてはかなり優秀な部数が売れていたことは事実だろう。とは言え、こうした雑誌を買うのは、通常はすでに関心を持っている「マニア」であり、一般人が緊縛やSMのことを初めて知るのは、テレビや映画を通じてであった。このあたりの事情のなかでも映画に関するストーリーはとてもおもしろいので、少し寄り道するだけの価値があるだろう。

映画におけるSM――驚くべき日活の事例

日本のエロ映画の錯綜した歴史はそれだけで一冊の書物に価する。そして英語版ですでにそういう本が出ているのは運が良いことだ。トマス・ヴァイサーとユーコ・ミハラ・ヴァイサーによる『日本映画百科――セックス映画編』がそれである。この本はよく書けているし、情報源としても楽しい。歴史、検閲、作品、俳優、プロデューサー、監督など、日本のエロ映画産業のあらゆる側面を網羅している。SMという点について言えば、幸いなことにその歴史はそれほど入り組んではいない。

一九七〇年代初めまでに、ちょうど第二次SM雑誌ブームとほぼ時を同じくして、日本の映画産業は深刻な問題に直面していた。観客は劇場を見捨てて大挙してテレビの前に集まった。小津安二郎、溝口健二、黒澤明といった監督たちが、『東京物語』『雨月物語』『七人の侍』といった傑作を生み出して西洋人をあっと驚かせていた戦後日本映画の栄光の数年間はすでに遠く過ぎ去った。このときまでに小津と溝口はすでに故人となっていたし、黒澤は個人的に資金を工面してまで製作した一九七〇年の『どですかでん』が興行的に失敗し自殺を図るという悲劇的な状態だった。世界中の映画ファンにとって幸いなことにも黒澤は回復し、海外からの資金とジョージ・ルーカス（『スター・ウォーズ』）やフランシス・フォード・コッポラ（『ゴッドファーザー』）など黒澤を称賛する監督仲間からの援助もあって一九八〇年代、九〇年代にも傑作映画をいくつも創り続けることにはなった。

日活は、一九一二年創立の日本のメジャーな映画製作会社の一つであったが、当時はひどい重圧に苦しめられていた。破産寸前にまで追いこまれたこの会社が見出した解決策は、少なくなる一方のリソースをピンク映画に投下しようという奇抜なアイディアだった。ピンク映画と言えば、一九七一年までは二流、三流の映画会社の領分に過ぎなかったのである。この決定がどれほど重大なものであったか知るためには、MGMがミュージカルを放棄してポルノでやっていくことを決定したらアメリカ中がどんな反応を示すか想像してみればよい。

この措置は一見したところ衝撃的なものではあったが、どちらかと言えば成功を収めた。ピンク映画という名称は「ロマンポルノ」と改められていたが、そのロマンポルノの新たな路線を試すということで、一九七四年に日活の経営陣が取り入れることを決定したテーマの一つがSMであった。

団鬼六の有名な小説『花と蛇』の映画版第一作がリリースされたのが一九七四年六月二二日のことであった。その直後には『生贄夫人』［原案、浦戸宏］が続いた。この映画は二本とも小沼勝《まさる》が監督を務め、谷ナオミというすばらしい女優が主演した。この決断が商売上は完全にヤケッパチだったのか、あるいは時代精神とやらを抜け目なく読み切った上でのことだったのか知る術はないが、ともかく結果は目覚ましいものだった。『花と蛇』も成功だった。だが『生贄夫人』は大成功に終わったのである。この映画はその年の日活の第一位の成績を収めただけでなく、歴代の日活映画のなかでも五指に入

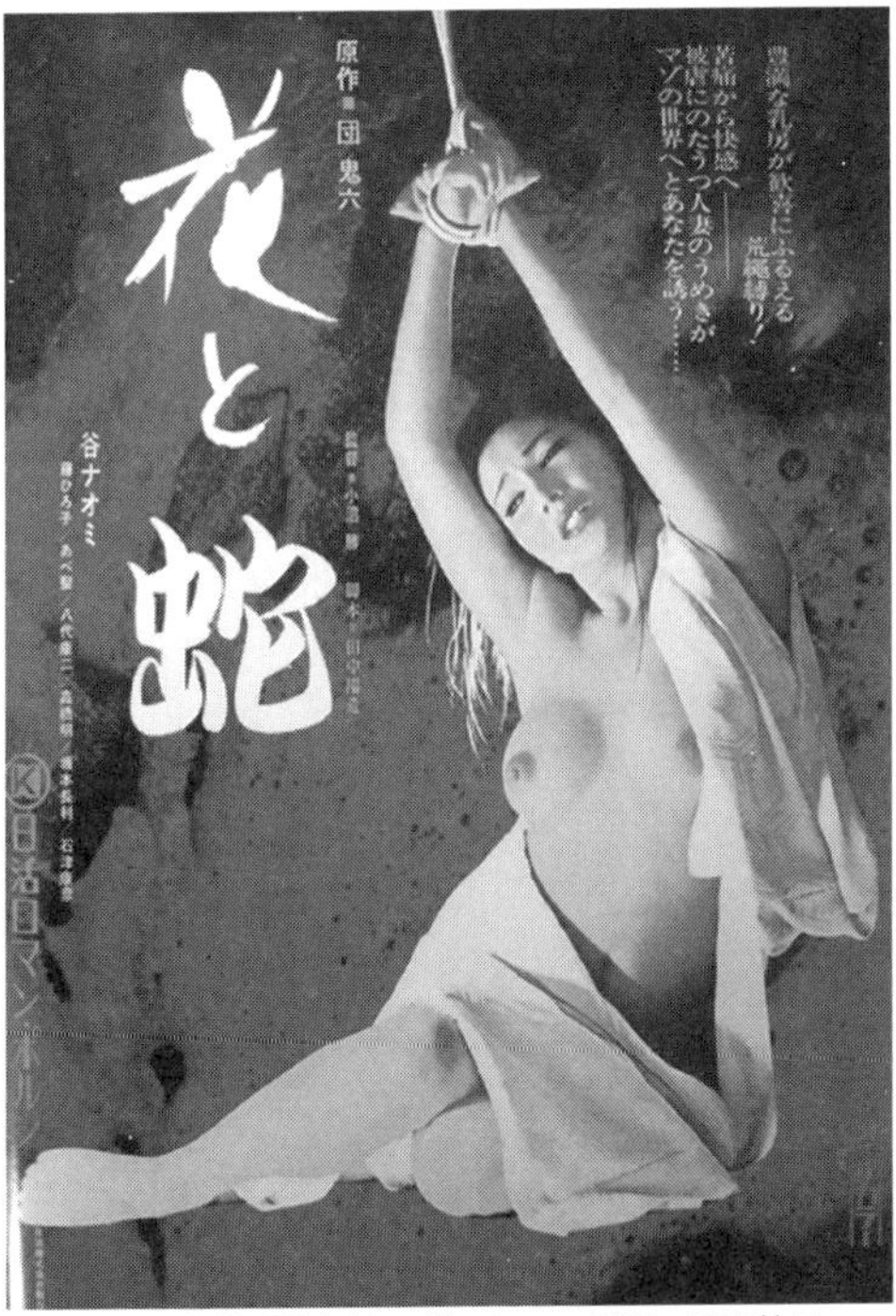

谷ナオミ主演『花と蛇』ポスター。撮影、目黒祐司。
（© 1974、日活）

る興行収入を上げたのだ。ＳＭ志向の映画がすぐさま、そして続々と後に続いた。

確かにこの成功は目覚ましいものではあるが、過去における性的な題材への日本の全般的寛容を知っていれば、それほど驚くべきことではない。それ以前に何年にもわたってエロティックな含みのある映画がつくられ、称賛されていたのである。たとえば鈴木清順監督のすでに古典となった一九六四年の作品『肉体の門』がそうである。この映画は第二次世界大戦後間もない時期の娼婦たちの迸る感情と巻き起す騒動を描いた物語で、日本のメジャー映画としては初めてヌードを映した作品として知られている。そうは言ってもＳＭというテーマに絞った映画を質的にも満足できる作品として製作するというのは、確かに大胆な一手ではあったのだ。

日活製作のＳＭ映画の脚本は、はっきり言って悪趣味な女嫌いのものから技巧を凝らし複雑な心理描写を備えたものまで玉石混淆だった。大成功した『生贄夫人』は、別れた妻を誘拐してよりを戻そうとする狂った男の物語であり、『花と蛇』は、性にまつわるトラウマを乗り越えたいと思っている若者と、年若い妻がＳＭに惹かれていることを知った老人とその妻の人生の絡み合いを探る内容である。どちらかと言えば心理や話の筋に重点を置いたこうした脚本は、言うまでもなくポルノの守備範囲から外れる複雑さを持っていた。西洋諸国のほとんどで、こうした映画は「政治的に正しい《ポリティカリー・コレクト》」とは見なされないだろうが、その芸術的価値を擁護することは十分に可能なはずだ。西洋も最近ではより寛容になりつつあるから、一九九八年のサンフランシスコで『生贄夫人』がその製作から二四年を経て初めてアメリカで上映され、好評を博したのである。

谷ナオミが最近のインタビューで自身が主演した日活映画を振り返ってこう言っている。「どの映画にも三つの長所があったと思います。非常にドラマティックな筋書き、エンタテイメント性、とても日本的な雰囲気の三つです」。彼女が語っている長所があればこそ、あのように切り詰めた脚本（一本が七〇分を越えることはなかった）であっても最良のものであれば客が入ったのだ。日活はそれらの作品で、第一級の映像製作の質《プロダクション・バリュー》と、平均を上回る演技を実現することが可能な人材を持っていた。製作費は大きくはなかったが（ほとんどの場合一八〇万円を超えることはなかった）、優れた職人、魅力的なスター、腕の確かな脚本家や監督を動員してその専門的技術を活かすことができたのである。

松島利行の著書『日活ロマンポルノ全史』のなかで、『生贄夫人』と『花と蛇』の監督である小沼勝が語っているところによれば、日活は映画の内容の大部分を監督に任せ、ただ一〇分おきにセックスシーンを入れることのみを要求したという。このセックスシーンを上手に処理することが大問題だった。なぜなら検閲によって全裸が厳しく禁止されていたからである。実際、許される範囲にとどまらなければならないという束縛があるために、大いに創造性を発揮しなければならなかったのだが、こうした制限があればこそ、非常におもしろいアイディアや視覚効果が生み出されることも多かったのである。つまりは映画の作り手が賢ければ賢いほど、おもしろいものができたということなのである。小沼がそうしたユニークな才能の持ち主の一人であったことは、中田秀夫が小沼をテーマに最近撮ったドキュメンタリーを見ても明らかである。中田は若い頃に小沼の助監督として彼から直接教えを受けていて、現在では『リング』というヒットしたホラー作品の監督として有名である。

SM映画における緊縛については、特別の問題があった。スチール写真の撮影であっても縛りはすでに要《かなめ》であったが、テクニックをごまかさず古典的なスタイルで俳優を縛っておいて、それでもなお演技をすることが可能なようにするのは離れ業以外の何物でもなかったのだ。ヒロインを鉄道線路にやんわりと縛っておくのとはわけが違って、はるかに熟練の技が必要であることは間違いない。先にも述べたように、辻村隆は東映の非常に暴力的な時代劇映画の数本で、これを見事にやってのけた。『徳川女刑罰史』（一九六八）、『残酷・異常・虐待物語――元禄女系図』（一九六八）、『徳川いれずみ師――責め地獄』（一九六九）がそれである。『生贄夫人』と『花と蛇』では、浦戸宏《うらどひろし》がこの任に当たった。浦戸は現在はすっかり忘れ去られているけれども、非常に豊かな才能を持った縛師である。

一九七七年の『ＳＵＮ＆ＭＯＯＮ』誌のある号で、浦戸はこれらの映画の「緊縛指導」の経験を語っている。彼が語るところによると、小沼監督はシーンごとにどのようなタイプの緊縛で縛るべきかアドバイスを求めたという。そして驚いたことに監督は、ほぼ浦戸がやりたいと思ったとおりにやらせてくれたという。浦戸は小沼が自分に似て「ロマンティスト」だから好きだったとも言っている。こうした創作上の自由と題材に対する見解の一致があればこそ、結果として非常に斬新で物語を引き立たせる見事な縛りの緊縛が生み出されたのである。浦戸は古典的なものから現代的なものまで、ありとあらゆるテクニックを総動員し、時には風や雨といった非常に困難な条件にも耐え、技巧的にもきわめて興味深い縛りを生み出していった。それが上質な衣裳のように、谷ナオミの美しさと競い合い、またそれを一層強めもしているのである。一九七七年の『団鬼六「黒い鬼火」より――貴婦人縛り壺』では、浦戸は鞍無しの馬の背の上で裸の谷ナオミを恋人役の男優と背中合わせに縛り上げ、しかもそのまま馬を走らせるという離れ業をやってのけた。いくら見えないところで馬に腹帯が締めてあり、またカメラアングルにも工夫があるとは言え、非常に難しい技術が要請されるきわめて危険なものであったことは間違いない。

こうした映画でさらに目を引くシーンと言えば、その多くが吊りを用いたものである。しかもスタントマンを使わず女優本人を空中高く吊り上げたシーンも多かったのである。辻村や浦戸といった知的な縛師たちが、雑誌のスチール撮影で培った経験の上に、かつてのあらゆる苛酷な拷問テクニックを手本にしながら、それを安全なものにつくりかえた方法論を築き上げていくのもこの時期である。そうした目も眩むような、最早サーカスと言ってよいようなそれらの離れ業が、より安全なテクニックを求めていたＳＭの先駆的マエストロ長田《おさだ》英吉《えいきち》によって採り入れられ、東京で始められたばかりの彼の伝説的パフォーマンスのなかで、ステージショーの十八番として大勢の観客を魅了することになるのである。前にも述べたように、長田のショーは現在のＳＭクラブの演し物の先駆けとなった。今日ではそのほとんどが、どきどきするような空中緊縛を上演するのである。

団鬼六は谷ナオミが一九七八年に引退するまで日活の彼女の作品に協力した。団と谷は何とたったの六年のあいだに、よくできたＳＭ映画を一五本も生み出した。すでに挙げた作品以外に、団が原作で愛らしい谷ナオミが主演している日活ＳＭ映画でおもしろいものを挙げるとすれば、たとえば以下のような作品がある。『団鬼六——檻の中の妖精』、『団鬼六——少女縛り絵図』、『団鬼六——縄と肌』。この『団鬼六——縄と肌』が谷ナオミの最後の映画作品となった。

日活のその他の作品では、伊藤晴雨の自伝におおむね基づいた物語である『発禁本「美人乱舞」より責める！』〔宮下順子主演、田中登監督〕で、技巧を凝らした緊縛をさまざまな組合せで見ることができる。

一九八〇年代初めになって息切れし始めるまでのあいだに、日活ロマンポルノは一一〇〇本以上のタイトルが製作された。そしてその多くがＳＭをテーマにしている。日活自身が自分たちの「ピンク」映画を「ポルノ」という言葉で呼んでいるけれども、われわれが今日「ポルノ」という言葉から了解しているものと、これらの映画を混同してはならない。より正確に、またより正当に言うなら、「ピンク映画」は官能芸術《エロティカ》と呼ぶべきものである。確かにこの手の映画は強烈で倒錯的な筋書きに溺《おぼ》れるものであり、またピンク映画はいつの時代にも、また世界中どこでも、教会関係者や道徳の庇護者たちから攻撃を受けてきはしたものの、少なくとも日本に限って言えば、日活の映画はどれをとってもソフトコアであるし、現実逃避を可能にしてくれる実用的なエンタテイメントと見なされてきたのである。

今日の緊縛——アートか、ポルノか、単なる個人的情熱か？

ＳＭや緊縛は、今日では日本のエロの一部として、いや文化の一部としてさえ認められている。一九八〇年に勃興した日本の巨大性産業においても、もはや単なる「一時的な流行」ではなく、ほとんどありふれた要素の一つとなっている。伊藤晴雨がこの事態を見たら、さぞかし驚くことであろう。ＳＭの画像や「パフォーマンス」はかつてないほど雑誌や漫画、映画のなかにあっけらかんと登場するようになった。もちろんポルノビデオのジャンルとしても成立している。こうした事態に良い面だけでなく悪い面があっても不思議ではない。

良いこととしては、この手の題材に人気が集まることによって、才能ある縛師《ロープ・アーティスト》が金を稼ぐチャンスが増えることになる。一九七〇年代の後半以降、たいへん高度な技を持った実践者たちが何人か表舞台に登場してきて、緊縛アートを新たな高みに押し上げてきた。雪村春樹や有末剛《ありすえごう》、そして今は亡き輝かしい明智伝鬼《あけちでんき》といった有能な縛師たちは、さまざまな種類のメディア開拓のために各人が自身の持てる技能を惜しみなく注ぎ込み、自分が登場するのがいかなるメディアであろうと、創造性にあふれたドラマティックで美しい縛りが実現するよう、つねにハードルを上げることに貢献してきたのである。

一方悪い面としては、緊縛やＳＭの実践がより商業化され巨大ビジネスに取り込まれていくにつれて、かつての斬新さのほとんどが、また少なからざる芸術性が、失われてしまった。それはたとえばお気に入りの小さなレストランが、客が集まるようになったからと言って拡大することを決め、そうしたとたんに自分が気に入っていたかつての長所の大半が失われてしまうという事態に似ている。あからさまな商業主義がもたらす結果は、往々にして功罪半ばなのである。

たとえば出版界においては、第二次ＳＭ雑誌ブームの時代の良質な雑誌（『ＳＭ奇譚』や『ＳＭコレクター』）が一九八〇年代半ばまでに立ちゆかなくなる。これは激しい競争とさまざまな検閲の圧力の犠牲になったのだ。団鬼六の『ＳＭキング』も一九七五年に発行を停止し、あれほど活躍していた美濃村晃は脳溢血に倒れ、かつて誰よりも抜きんでていたさまざまな領域の創作活動から身を引かざるを得なくなった。その代わりに市場を独占し始めたのが、『Ｓ＆Ｍスナイパー』を始めとする「現代的」ＳＭ雑誌である。その他の雑誌もいくつか創刊された。一九八六年には『マニア倶楽部』が登場した。こうした定期刊行物が重点を置いているのは、若い読者向けの、スチール写真といわゆる「センセーショナル」な題材である。挿絵の大部分、フィクションはほとんどすべてが消え去った。代わりにページに登場してきたのは、グラビア写真と、スカトロジーやカッティング〔肌に瘢痕が生じるようにナイフなどで浅い傷を付けるプレイ」、乱交といった物議を醸すような「最先端《エッジ》」な事象をテーマとする「写真特集」である。その上一九八〇年代初めには、一部の雑誌のスチールのモデルたちが「欺されて」ポーズを取らされているというような、もし本当なら軽蔑にしか価しないことが噂として流れ始めさえする。

試みに『S&Mスナイパー』（現在では廃刊）と『マニア倶楽部』を無作為に取り上げてみるのも有益だろう。二〇〇七年の『スナイパー』のある号の表紙は、かつての美しさを失い、一九四〇年代の『ビザール』誌の表紙を飾ったジョン・ウィリーのイラストを写真でコピーしている。そしてページを開くと全体の約三分の一が広告で占められていることがわかる。セックス・クラブやさまざまなタイプのSMの女王様、あるいは媚薬といったものを売り込むそれらの広告は、極端なまでに派手派手しい。種類を問わず記事はほとんどない。挿絵はほぼ皆無。大部分のページがさまざまな「セクシャル・イベント」を実況する「レポート」で埋められている。そこで

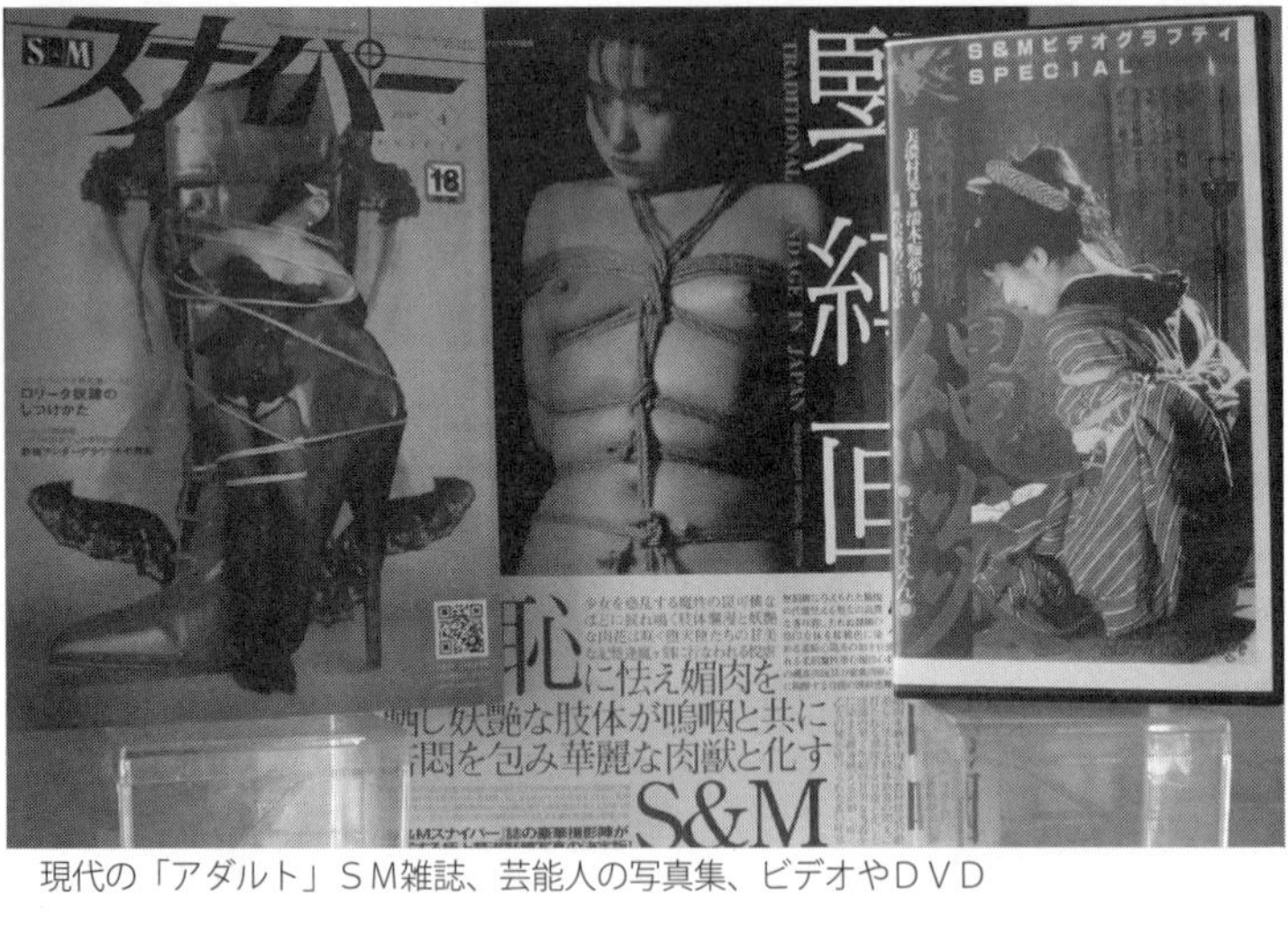

現代の「アダルト」ＳＭ雑誌、芸能人の写真集、ビデオやＤＶＤ

は素人臭い写真の数々が多様な性的関心のすべてを気前よく満足させてくれてはいるが、どれもが「衝撃度」のみを競い合っているように見える。なかにはプロの写真家が撮った写真も掲載されている。そのなかでも有名な田中欣一の作品はとてもよくできている。しかしそれですら、不幸なモデルをあらゆる角度から写すことにばかり関心が向いていて、緊縛がおざなりになってしまっている。『マニア倶楽部』もこうした点ではまったく変わらない。ただ違うのは、モデルの多くがほとんど未成年に見えるほど幼いということと、スカトロジーがやたらと強調されていることである。唯一質の高い緊縛写真としては、杉浦則夫の作品が掲載されている。少なくとも彼は、ドラマティックで興味深い写真を撮る方法を忘れてはいないようだ。

　こうした商業主義的な製品を黄金時代の雑誌と比べてみると、どれほど技芸《アート》と洗練が失われてしまったかがわかって愕然とする。日本の「現代的」ＳＭ雑誌を一言で表わすなら、「想像力の欠如」ということに尽きるほどなのだ。どちらかと言えば教育程度の高い洗練された読者を想定していたかつての雑誌は、文学的にも驚くほど質が高かったのだがそれも消え失せた。だからこそ変化の風が最初に吹き始めた頃に、辻村隆は「ＳＭカメラ・ハント」のコラムを止めることを決意したのだ。かつてのようにＳＭについて一般の人びとがほとんど何も情報源を持っていなかった頃とは違い、今ではもうそのようなコラムは的外れになってきていると感じたし、また浣腸やバイブを使ったＳＭプレイを期待する新しい読者にはついていけないと単純に思ったと辻村は言っている。緊縛における伝説と化している濡木痴夢男もこれには同意しているようだ。彼は複数のインタビューで、「何でもあり」という昨今の風潮においては、創造性が何一つ示されていないと罵倒している。そして自分のことを「縛りロボット」と呼ぶのだ。縛りはするが、アートに必要な感情の入れ込みを滅多に覚えなくなってしまったということである。

古いジョークにあるように、もちろん「ある男にとってのポルノが別の男にとっては官能芸術《エロティカ》である」。別の言い方をするなら、どの時代も自分にふさわしい娯楽を見つけるものなのだ。SMその他の性的な事象をテーマにした雑誌を出している日本の出版社のなかではメジャーに属する三和出版の総編集局長松本裕《ゆたか》氏は、最近あるインタビューのなかで次のように語った。「われわれはSMものを出している出版社の社員として、現に最先端の娯楽を提供しています。……読者のさまざまな妄想を満足させるために、われわれはつねに限界に挑み、タブーを打ち壊し、性をめぐってより上質な時を過ごせるよう新たな可能性を開いています。そうすることによってわれわれは社会に多大な貢献を果たしているのです」。

それはそうかもしれないが、しかし現状はセンスがあると言えるのかどうかという疑問は依然として残る。また草創期の美濃村晃や団鬼六などと比較したとき、今SMや緊縛といった題材を何らかの形で取り上げている雑誌の多くが決定的に欠いているものがある。それは気品だ。このことは疑問の余地もない。もちろん全部が全部つまらないわけではない。実際、同じ『S&Mスナイパー』でも、創刊当時から続いていたあるコーナーは文句なしにすばらしい。

日本の写真家で国際的にも尊敬を集め有名な人物と言えば、そのうちの一人は荒木経惟《あらきのぶよし》である。彼は非常に高い評価を得ている写真集を数多く刊行し、世界中のギャラリーで展覧会を開催し、『ニューヨーク・タイムズ』の別冊「春のファッション」の表紙写真も撮った。その彼が、一九七九年以来『S&Mスナイパー』に毎月「緊縛写」というタイトルのフォトエッセーを連載していたのである。このことだけでも日本がいかに個々の性的な個性に対して寛容であるかを物語っている。あれだけ高名な人物がそのように大胆な行動に出て、少しも非難がましい目で見られない国は日本以外にはとんど思い浮かばないほどだ。

彼は毎月、エレガントな拘束写真《ボンデージ》で構成したエッセーを産み出していた。モデルは全員素人で、モデルの女性たち（そしてときには男性も）は、この国際的に名の知られたアーティストに緊縛を施され写真を撮ってもらいたいと、世界中から彼のもとに殺到してきたらしい。荒木にこの賭けを始めさせたのは、当時『スナイパー』の編集者だった小西洋一である。それがどんなふうに始まったのか語る小西の話は興味深い。

小西の語るところによれば、彼は一九七九年に突然荒木にアプローチしたのだという。そして雑誌のためにＳＭ写真を撮らないかと提案した。彼は言う。「それまでのＳＭ雑誌というのは、医者、弁護士、学校教師ら本物の読者が読むマニア雑誌でした。それを少しでも商業的なものにしていこうと荒木さんの力を借りることにしたんです」（傍点引用者）。荒木はこれを承諾し、第一回目から終始楽しんで撮影することができたということである。荒木と親しい編集者は次のように証言している。

荒木さんはなぜ、女を縛るのか。その問に対して、現場ではいつも「僕にはキミの心は縛れない。せめて身体ぐらい縛らせておくれ」とモデルに言うんです。ところが、実際に縛った瞬間に目が変わるんです。ある人によれば、その瞬間から荒木さんは、いつもの細やかに人に気を使う心がどこかに行っちゃって、もう戻ってこなくなる。実際そのぐらいのめり込んじゃうんですよ。逆に女性のほうは、何されるかわからないという恐怖心がありますから、身体の力が抜けておとなしくなる。いわば「女」の本質を見せるわけです。そんな瞬間を荒木さんは狙ってるんだと思いますよ。

荒木の縛り写真は誰にも似ていない。興味深い背景やセットをあしらって美しく構成されている。モデルのほとんどが心底ＳＭに興味を持っているように見える。それぞれが自身の人生を歩んでいるリアルな人間として目の前に現われながら、その内面を束の間さらけ出しているのだ。写真がとても凝ったものなのだから、緊縛も同じように技を駆使してほしいと思ってしまう。というのも比較的単純な同じテクニックや体位が延々と繰り返されているからなのだ。しかしながら荒木が撮影するとき縛るのは『Ｓ＆Ｍスナイパー』の編集者だという。縛りも創造性の必要な領域なのだが、要するに荒木には任されていないらしい［初期には荒木自身が縛っていたようだが、一九九七年に当時の編集長渡邊安治が「実際に縛るのは私がやります」と語っている］。荒木のボンデージ写真はとても好評を博したので、これまでに彼はその手の写真集を六冊も（日本とドイツで）刊行している。そのうちの最近の二冊が最も変わっている。二〇〇八年の『アラキ・ミーツ・ホクサイ』は彼の縛り写真と日本の古典的木版画を組み合わせたものである。二〇〇六年には、伊藤晴雨と同じように、白黒の緊縛写真を掛け物のようにした上に鮮やかなカラーペインティングを施して強烈なアクセントとした作品を創作し、通し番号を振った限定版で出版した［限定二〇〇部の『緊縛写巻』］。これこそは、緊縛写真が美術に限りなく近づいた瞬間である。

映画界では、低予算のＡＶ（アダルトビデオ）の出現と執拗な政府の干渉によって、劇場公開のピンク映画市場は一九八〇年代末には終焉への道を歩み始めた。スタジオシステムによる映画製作という古い方法では、単純な話、ごくわずかなコストで撮れてしまうビデオと競争にならなかったのである。かくして日本のアダルトメディア産業というゴジラから競争を仕掛けられた日活は、一九八八年に製作施設を閉鎖する。劇場公開映画の消滅に伴って、おもしろい脚本、良い演技、ありふれた写真を上回る質などに対する需要は、その多くが消え去った。検閲は依然として課されていたから、見せてよいもの、デジタル処理で隠さなければならないものについて制限があったけれども、ポルノビデオの時代はもう間近に迫っていた。

「アダルト」市場のにわか景気のなかでＳＭは儲かるジャンルとなり、いくつもの会社が大量の本や雑誌やビデオを売り出して成功を収めるようになってくる。たとえば大洋図書やアートビデオ、三和出版、シネマジックといった会社である。大洋グループはおそらくこの分野最大の企業で、エロティックな部門以外にも広範囲にわたる出版事業を展開している。シネマジックは吉村彰一（本名、横畠《よこばたけ》邦彦。短命だったがすばらしい雑誌だった『ＳＭグラフティ』の元編集長）が設立した会社で、何よりもビデオ製作に重きを置き、おそらく西洋では一番よく知られたビデオメーカーである。なぜなら一九九〇年代初め以降、合法のものも海賊版も含めてそのタイトルの相当数が海外に輸出されているからである。

日本のアダルト産業は、それが生み出す「製品」の多様性において際立っている。アダルト向けのＤＶＤ、雑誌、書籍、ゲームソフトがあらゆるすき間《ニッチ》需要に対応し、いかに奇妙で怪しげで政治的に正しくない《ポリティカリー・インコレクト》ものであっても、その触手が伸びていると言って過言ではない。その自由たるやすさまじくて、内容の点でも道徳の点でも、見慣れているはずのわれわれが困惑し、理解があるはずのわれわれが疑問に思うほどである。そしてこのことは、「アダルト」ＳＭ市場およびそこで用いられている緊縛についても当てはまることは確かなのである。

「縄つきヌード」に怒った伊藤晴雨が恐れていたように、緊縛という技芸《アート》はポルノのなかで、利用はされても通常は二の次の存在になってしまった。団鬼六が初めて『花と蛇』を書き、初めて責めとセックスを結び付けた時代から考えれば、ある意味で当然の進化なのかもしれない。しかしその手の事象はどれもそうだが、要は程度問題だし、それに関わる人びとにセンスとアーティスティックなスキルがあるかどうかが問題なのだ。ポルノがどんどん露骨になり、時に悪趣味で暴力的で間違いなく女性蔑視的なほどにまでなるにつれて、緊縛はこの種の題材に当たり前のように出てくる常套手段となり、代わりに技芸《アート》が奪われてしまった。残念なのは、西洋人の緊縛に対する印象が形成されるのが、そういう類のビデオやスチール画像を見ることによってであり、歴史的文化的文脈がまったく捨象されてしまうことである。最悪の場合には、インターネットの「拷問」ポルノサイトのオーナーが、薄汚い生贄を飾るに当たってまったく場違いな縛りを利用するようなことも起こる。しかもそうしたことがインターネット上で行なわれているから一層無神経だと思うし異議を唱えたくもなる。というのもインターネットは本質的に穴だらけであるから、子どもがマウスクリック一つでそういったものに接することもできてしまうからである。

　興味深いことに日本人はずっと前からこの二極化に気づいていたし、アダルト出版の世界ではある程度までこの問題に取り組もうという動きもあった。本当のところは緊縛を扱うアダルトメディアには二種類あるということなのだ。一方は、比較的穏健なものから完全な倒錯まで全領域に及ぶ妄想を、最大限奔放に飛翔させ得る作り物のメディア。もう一方は、緊縛を芸術の一形態であり相対《あいたい》尽《づく》の大人同士が楽しむべき行為として示すメディアである。この二つの明瞭に異なる種類のメディアがどちらも緊縛を用いるのだが、その二種類の区別は、受け手の成熟度や知性に任されているのである。ＳＭの分野でこれまで活躍したアーティストや編集者のなかでは恐らく最も才能に恵まれていた美濃村晃が、一九八一年、その経歴の最晩年でありＡＶ時代の幕開けの頃に、『ＳＭコレクター』誌のコラムでこの問題に取り組んでいる。ポルノや映画でよく描かれるような類の題材について語っている箇所で、彼は次のように書いている。「素人にすぐやれそうで、やれば面白そうに描くのがフィクションの世界だから、くれぐれも無責任な虚構の世界のことにだまされないことだ」。

本書は緊縛という技芸《アート》について述べるためのものであるから、そのような無責任なものは放っておいて、もっと例外的な少数の例を現在のＳＭシーンから探し出すことに専念したい。

緊縛術《アート》とその実践にとって最も重要なのは、相対尽の愛し合う関係において個人的に用いられるという側面であることは明らかである。鑑賞より実践に興味を持つ者には幸いなことに、もう三〇年以上も前から徐々にではあるが確実な一つの流れとして、ＳＭや緊縛の実践的テクニックに特化した「自習」用の教本――最近ではビデオやＤＶＤ――が作られてきた。それらはかつてＳＭ雑誌の黄金時代に掲載されていたような専門家向けのものと違って、もっと一般的な視聴者をターゲットとしてきた。一般的とは言ってももちろん子どもじみた興味を越えたところに訴えようとしていたことは確かで、常に完璧とはいかないが、この技芸《アート》のより良い、そしてより成熟した理解を促すために貢献してきたことは、もっと評価されてしかるべきだと思う。

この取り組みの始まりは、一九七〇年代初頭すなわちより広範囲にわたる一般的日本人からＳＭが正当な性行為の一つとして認められ始めた頃にまで遡る。それらの「ハウツー」本は、それ自体が非常に健全で寛容な流れと安全への配慮を意味していると言える。ＳＭおよび緊縛を理解し安全に実践するための実用的なガイドのうち、私が目にしたなかで最も古いものは一九七二年発行の浦戸宏の書いたものだった。浦戸宏は前に述べたように、日活の『生贄夫人』や『花と蛇』その他の映画ですばらしい緊縛を担当した有能な縛師である。その本はもともと英語のタイトルが付けられていて、表紙にも「SM Play: You Can Play S&M」と印刷されている。タイトルどおり、その内容は単純で直接的であり、写真に一般的な注意を添える形で、いかにして簡単な縛りで魅力的な緊縛を創りあげるべきか、またさまざまな「シーン」をいかに楽しむべきか説いている。この本は、このジャンルのスタートとしては上出来のものだった。

ここ一五年のあいだに、もっと有名な縛師たちの多くが、自身の技芸《アート》について情報を提供してきた。そのなかでも注目すべき例として挙げられるのは、シネマジックと濡木痴夢男による『縄の世界』シリーズ、長池士《ながいけたけし》（晩年の団鬼六によく協力していた者の一人）の書籍とビデオによる『完全総括SM手引き書』、三和出版発行の有末剛による二巻本『緊縛五輪書』、最もアーティスティックで評価の高い縛師の一人である雪村春樹が最近出したきわめて知的な緊縛入門DVD、そしてもちろんAV監督、ステージパフォーマーとして有名な緊縛界の革命児である乱田舞《らんだまい》が、ここ数年のあいだにリリースした数多くの教本や教材DVDも忘れてはならない。

ステージパフォーマンスについても、同じようにアーティスティックな時期があった。一九六〇年代に亡き長田英吉がほぼ一人でパフォーマンスの型を考案して以来、縛師たちはクラブや劇場、SMバーなどの舞台に登場するようになり、ずっとファンを楽しませてきた。緊縛を用いるその他のあらゆるSMメディアから競争を仕掛けられたせいで、金を払う観客の数は減ってきているかもしれない。何と言っても長田英吉の時代には、その手のショーを見るためならチケット一枚に一〇〇〇ドル払ってもよいという熱心なファンが何百人もいたのである。それでもいまだに質は高まりつつあって、頂点に達しようとしている。乱田舞のパフォーマンスは、その派手さや興奮の点で、ラスヴェガスの多くのカジノに匹敵する演し物である。それに比べて抑制の利いているのが長田《おさだ》スティーブである。偉大なる長田英吉は、彼の友人であり師であった。長田スティーブのパフォーマンスはエレガントな吊りを中心としている。パートナーの〝空中パフォーマー〟は浅葱《あさぎ》アゲハという美しい女性である。女性はいつも助手の役に甘んじているわけではない。ＳＡＹＡＫＡや狩野《かのう》千秋といった女性縛師が、舞台でパフォーマンスを繰り広げているし、また才能ある女性たちのなかには作家兼モデルの早乙女宏美のように、男性を一人も入れない女性ばかりのチームで演じたり、ソロで「パフォーマンスアート」スタイルの演し物を演じて自分で自分をさまざまに吊ったりダンスをしたりする者もいる。

映画界は一九九〇年代初め、日活ロマンポルノが終焉して数年が経つと、インディーズの製作会社や監督が登場してピンク映画の伝統を引継ぐことに専念し始めた。なかにはAV市場の席巻をものともせず、まあまあの成功を収める映画もあった。ＳＭの分野では、偉大なる名和弓雄が二本の時代劇映画の原作を提供した。『おんな犯科帳』の1（一九九四）と2（一九九五）である。津島勝が監督を務めたこの二本は、徳川幕府の首都にはびこる不正を北町奉行所の牢屋見廻り同心が探り出すという物語で、どぎつくはあるが歴史的にはきわめて正確に描いている。捜査の対象になっているさまざまな事件は、おそらく歴史に題材を得たものなのであろう。

二〇〇〇年には本当に愉快な映画が現われる。才能に溢れている廣木隆一監督の『不貞の季節』である。原作は偉大なる多作な小説家団鬼六のまた別の作品である。あるＳＭ小説家の試練と苦難を語っていくほろ苦いロマンティック・コメディーをベースに、ピンク映画界で最初の経験を積んだ

廣木隆一監督、大杉漣主演『不貞の季節』のスチール写真。©シネマジック

廣木監督が、その経歴ならでは知り得ない内部情報をそこに盛り込んでいる。語り手であり主人公でもあるSM小説の大家を演じる大杉漣《れん》がすばらしい。二〇年前に妻が彼のもとを去った経緯を彼は順を追って語っていく。原因は、性行為の知的な側面にばかり夢中になって、肉体的側面に背を向けた自分にあるのだ。彼は自分だけの妄想にどっぷりと浸りながら、SMの場面の演出のために、「縄の専門家」でもある若い助手を使って自宅のリビングで実演させながら（緊縛は雪村春樹による）、熱に浮かされたようにそのシナリオを記録していく。その一方で妻の性欲の高まりに気づかず、妻がテニス相手の筋骨逞しい若い不作法なアメリカ人に対する関心を深めていることも、助手から明らかな証拠を突きつけられるまでわからないのだった。彼はどう反応したか。最初は激怒するが、それが過ぎると二人の関係を想像して、自分の作品に使うためにその詳細を書き散らすのである。アメリ

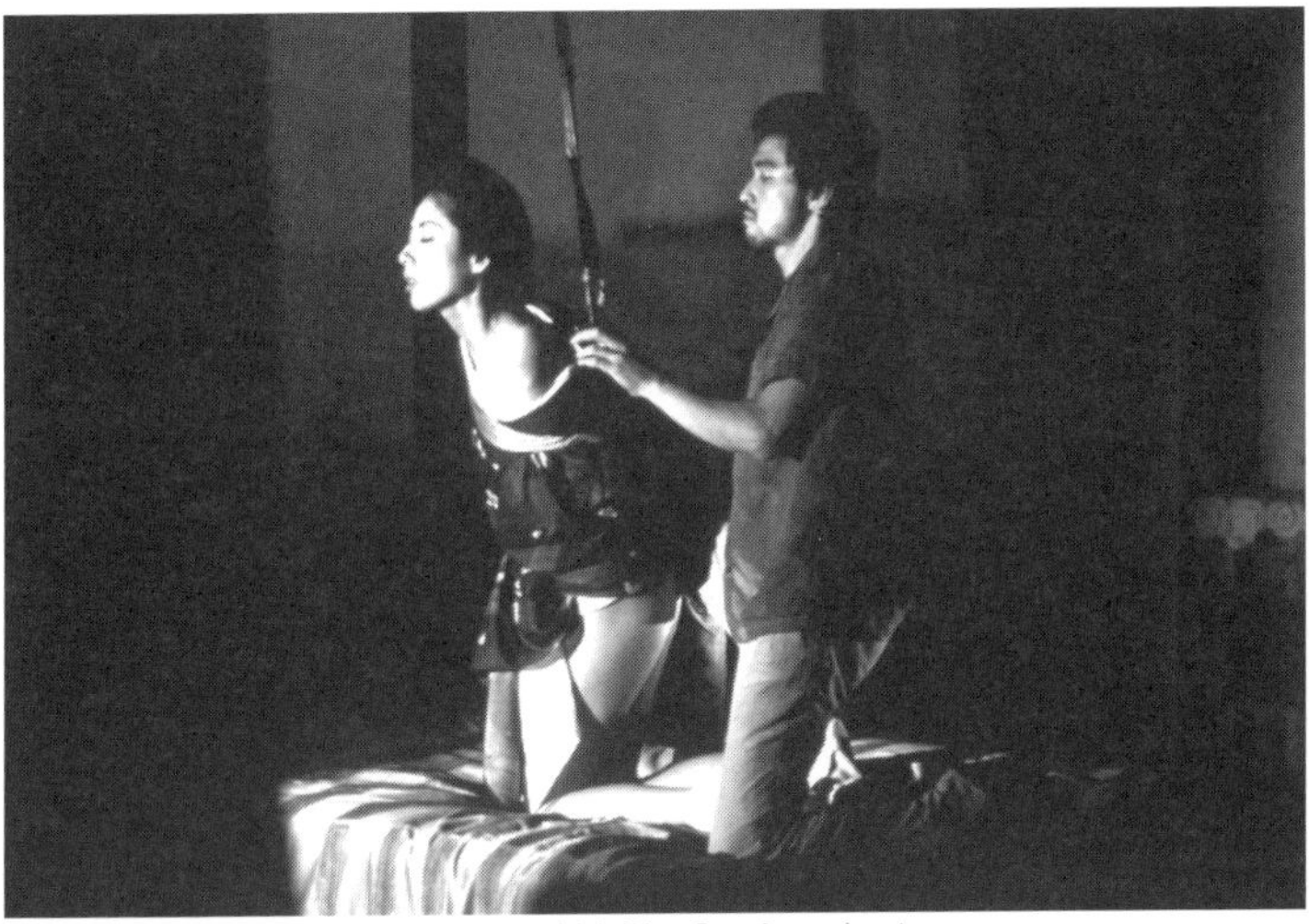

『不貞の季節』スチール。縛りは雪村春樹。©シネマジック

カ人との関係では感情の深まりを感じることができないことに嫌気がさした妻は、最後に若い助手に近づいて、何とかして夫の関心を少しでも取り戻そうと必死になるのだが、夫はSMのアイディアばかりに心を奪われ、その背後にあるもっと肉体的な現実に目を背けてしまう人間なのである。

この映画がすばらしいのは、二〇〇二年のアメリカ映画『セクレタリー』もほぼ同じなのであるが、SMという題材が、いくつか強烈なシーンはあるものの、けっしてそれ自体を目的とした形では利用されていない、むしろそれとは正反対の陽気な喜劇となっている点だ。もしもこういう言い方が好まれるなら、ポストモダン・ピンクと呼んでもさしつかえない。ボンデージのシーンは数は少ないし、挑発的な演出もない。映画の大部分は大杉の心の動きとその妻の人となりを示すことに費やされている。この文脈の範囲内だからこそ、他の国であれば厳格に性的であり映画にとって立ち入り禁止区域であると見なされるようなものを、思いもよらぬ方法で描写することがすばらしい効果を発揮しているのである。監督の廣木と才能ある俳優陣が正しく理解しているように、ＳＭのパワープレイにとって忘れられがちなキーポイントは、パートナーどうしが幻想を演じることに合意していることなのだ。この映画のＳＭシーンでは、「餌食」は金で雇ったモデルであり、彼女は笑いながらＳＭ作家に「先生」と呼びかけ、自分を縛り上げる結び目を作るのに協力している。その一方で本当に苦しんでいるのはＳＭ作家のほうだ。

　興収成績でさらに大きな衝撃をもたらしたのが、大手がリリースしたＳＭ作品『花と蛇』（二〇〇四）とその続篇『花と蛇2――パリ 静子』（二〇〇五）である。団鬼六の有名な物語が再び映画化されたわけだが、若妻と神経を病んだ青年の話は今回は豊富な予算にふさわしく書き替えられている。この二本の映像製作の質《プロダクション・バリュー》は文句なしに一線級で、日活の水準を凌いでいる。実を言うと一九七四年に遡る日活版は、いつでもまばゆく説得力に満ちた谷ナオミが登場するとは言っても、今日から見るとやはり少なからず古くさいのだが、今回のリメイクは、熟練の技を駆使して、二一世紀にしっかり当てはまるよう物語を大胆に改変しているのである。監督と脚本は、二本ともあのたいへん興味深い才能の持ち主である石井隆である。石井は日活末期を経験している監督で、漫画家、脚本家としても賞賛を浴びている。若い頃は『ＳＭキング』や『ＳＭセレクト』といった黄金時代の雑誌に印象的なイラストを寄せていた。そのように視覚に関わる技能があったからこそ彼は映画界に進出することができたのである。

　二本とも主演は美しい杉本彩で、映画によって誇張されたＳＭの世界にのめり込んでいく妻の役を演じている。彼女の演技は本当にすばらしかったが、日本のファンは愛してやまない「女神」谷ナオミの座を敢えて奪おうとする女優は、誰であっても許しがたいのだった。二作とも緊縛シーンがふんだんにある。なかには日活時代と同じように実現するのが難しい緊縛もあったが、縛師有末剛が、見事なスタイルでやり遂げていた。一作目の方が興行的には成功し、だからこそ二作目もつくられたのだが、アーティスティックな点から言えば二作目の『花と蛇2――パリ 静子』の方が満足のいく出来映えである。その理由は、二作目は心に葛藤を抱えたモデルを演じる杉本彩が、SM美術の創作に関わるという関心をそそる筋書きなのだが、そのSM作品が、あのずばぬけた才能の持ち主の鏡堂《きょうどう》みやびの見事な作品を下敷にしているからである。鏡堂は、今日活躍している責め絵師で最も若く、また最も豊かな才能の持ち主の一人である。

一般映画の世界を不意打ちした一番最近の映画は、『縛師』（二〇〇七）という題名の、やはり廣木隆一が監督した質の高いドキュメンタリーである。今回は、世界レベルの縛師数人の人生と仕事を探究することが目的となっている。選ばれた面々は、師範として活躍したりビデオや書籍や雑誌の製作者《プロデューサー》や「緊縛指導」を生業としている縛師《ロープ・アーティスト》の濡木痴夢男、雪村春樹、有末剛の三人で、早乙女宏美、すみれ、卯月妙子《うづきたえこ》という各人のお気に入りのモデルも出演している。映画は三人それぞれが仕事をしている姿と、自身の経歴について語っている場面とで構成され、またモデルたちも同じように思うところを語っている。

三人の縄師は皆とても歯切れが良く、画面のなかで引き立って見える。とくに優雅な和室でモデルを縛っている有末剛の場面は、とても私的な感じがして美しく視覚的に最も興味深い。もう一つ良いところは、濡木が写真師杉浦則夫に協力して早乙女宏美を縛っている撮影現場の舞台裏を覗けることである。これは、長年のあいだどちらの男とも何度も仕事をしてきた早乙女のたっての願いで、「二度とない」機会として実現した組合せなのである。

ＡＶビデオの分野は全体的には雌伏期間と言えるが、それでもなかにはキラリと閃く作品がいくつか生み出されてきた。たとえばシネマジックは通常はＳＭポルノ作品で大きな成功を収めてきた会社であるが、もっと興味深いシリーズもいくつか出している。たとえばあるシリーズは専ら緊縛のみを映し（どぎつい内容、暴力的な内容は排されている）、しかも濡木、雪村、故明智伝鬼といった当代随一の緊縛の実践者を登場させて魅力的なプロのモデルを縛らせているのだ。ほかには、アメリカでは「イッツ・オンリー・ボンデージ」と但し書きを付けて売られている「縄《じょう》」というシリーズがあって、かつての辻村隆のコラム「カメラ・ハント」のテーマを受け継いでいる。つまりそこでは「素人」「一般人」とされる志願者が熟練の縛師から緊縛を施される体験をして、どんなふうに妄想していたか、どんなふうに感じたかを語るところまでカメラで記録するという趣向になっている。さらに興味深いシリーズとしては、江戸時代のテクニックをテーマとした歴史的な作品がいくつか、やはりシネマジックからリリースされている。だが何と言っても最も感動的なのは、美濃村晃が脳溢血に倒れたすぐ後に彼を讃えるべくつくられた、言わば「表彰状」のような作品である『縄炎――美濃村晃の世界』（一九八九）だ。このビデオは雪村春樹が監督し、昨今のＳＭ界の主要な人物がこぞって参加して（団鬼六や有末剛、濡木痴夢男等々）、美濃村晃について語りその芸術を礼賛している。

縛師たちが時折それぞれの緊縛パフォーマンス自体を作品としてリリースすることが可能になったので、見る人はかつてに比べればそのテクニックを学びやすくはなっている。ただし一言注意を述べておきたくなるのは、こうした「パフォーマンス」作品は、本当の「ハウツー」ものとは違って、往々にして見せているテクニックと同じくらい隠しているテクニックも多いということである。

伝説的な明智伝鬼は何年にもわたって、東京にあった自身の有名な「スタジオファントム」で実演した緊縛のなかから印象的なものを選んでビデオ化していた。雪村春樹はおそらく縛師のなかで最も多作と思われるが、自身の会社であるサンセットカラーや大洋グループから、その種のビデオを数百本もリリースしてきた。縛師が大手のポルノ製作会社に雇われた場合でも、ときには注目に値する作品を生み出すことは可能である。たとえば若手のたいへんな才能の持ち主である緊縛師奈加《なか》あきらは、長年アートビデオという、どぎついポルノ作品ばかりつくっている製作会社のために仕事をしてきたが、最近この会社から、「縄悦《なわえつ》」と題した緊縛中心の自身のソフトコアＤＶＤシリーズを出す機会を与えられている。そのなかで奈加は、単なる古き江戸情緒以上の雰囲気を湛えたパフォーマンスを美しい照明を当てて撮影し、印象的な技倆によって見る者を魅了する。

一九世紀江戸時代末期の責め絵を集めた美術書があるように、今日の技巧を凝らした縛りを描いたグラフィックアートや写真のなかでも最も興味深く、最も衝撃的なものは、大胆な出版社が刊行する美術書によってもたらされる。ここ二〇年ぐらい、ほぼ毎年少なくとも一冊は、「アダルト」産業の商業主義を超越した真の宝と言うべき作品が出ているのだ。

写真集のなかでとくに印象的だったのは、石垣章の『奇妙な果実』（縛り、六本木薫《かおる》）、濡木痴夢男と不二秋夫の共著『Ｂｉｎｄ――不二秋夫写真集』（一九九二年にギャラリーＭｏｌｅ《モール》で開催された不二の印象的な写真展のカタログ小冊子）、『雪村春樹の緊縛――Trans body bondage』（写真、高橋ジュンコ、一九九八）、雪村春樹『縛 第一章』（全三冊、写真、岡克己、日暮圭介、渡辺辰巳、一九九八）などである。最後のこのすばらしい三冊本は、興味深いことに写真集としては比較的小さな判型である。これはかつて、江戸土産として旅人が買い求めた錦絵（浮世絵）画集に使われていたサイズである。つまりこの写真集がわざわざ小さなサイズでつくられているのは、近代になるまで大名でないかぎり旅と言えば徒歩かあるいは小さな駕籠に押しこめられて移動するしかなく、もしも荷物を運んでもらおうと思えば別料金がかかる、したがって何でも小さい方が良かったという日本の歴史から受け継がれてきた嗜好なのである。

日本では大判で出版される美人芸能人のエロティックなアート写真集に、軽いボンデージがちょくちょく使われると知ったら、読者は驚くかもしれない。その場合、緊縛がその写真集の主要テーマになっている場合も、テーマとしてはほとんど重要性を持っていない場合もある。写真家や縛師のなかには、この種の出版物に特化している者もいる。有末剛のスタイルは他と比べてもいくぶん上品なので、とりわけこうした写真集にあっていると言える。だから彼は、とよた真帆、秋吉久美子、荻野目慶子といった有名な女優のたいへん魅力的なソフトコア・エロティック写真集で、何度も縛りを担当してきた。過去にはやはり同じような写真集をつくるということで、女子プロレスラーを縛ったことさえある。有末剛のこの種の仕事のなかで最も印象的であるのは、元日活女優の小川美那子を縛って河合孝雄が写真を撮った美しい『堕楽』であろう。より実験的なスタイルで注目されるのは、ファッション写真やアート写真を撮っている五味彬の『緊縛寫眞——YELLOWS THE REVENGE』(ミリオン出版、一九九三)である。この作品は、再び伊藤晴雨の世界をデジタル技術を駆使して採り上げたものであり、ビデオキャプチャーを始めとする現代的な写真技法を用いて、古典的な緊縛や責め絵に新たな外観を与えている。

以上に挙げた作品はどれもとても魅力的ではあるが、『朝吹ケイト緊縛写真集——浮世草子』と比べると、それらがかすんでしまうほどである。これはこの種の書物のなかではたぶん最も美しい写真集である。モデルは女優の朝吹ケイト、写真は田中欣一、そして緊縛は明智伝鬼が担当している。この労作がほかのあらゆる作品を引き離しているのは、あらゆる要素、すなわち照明、セット、着物、朝吹ケイトの表情、明智伝鬼先生による時にシンプルで時に複雑な、それでいて常に美しいロープワークなどが、互いに相乗効果を及ぼしながら一体となり、神秘的でエロティックでドラマティックな力を備えた魔法のような映像を創りあげているという点である。もしも洗練された美しい緊縛写真に興味があるなら、この作品こそ本当に黄金のスタンダードとなるだろう。

　西洋人の消費者にとって一番なじみ深い日本の「ボンデージ」本と言えば、おそらく一九五〇年代以降ずっと出され続けているアダルト「ロープブック」であろう。そのほとんどは簡単なペーパーバック本で、毎ページ毎ページ、さまざまなシチュエーションで玉石混淆のモデルたちに施した緊縛が登場するのだが、その完成度もこれまたさまざまで、多くの場合は質が低い。それを弱小ポルノ出版社から大手出版社までが、何年にもわたって莫大な量を生産し輸出してきたのである。どの本がどれだったか、どの出版社がどれだったか、わからなくなるぐらい互いに似通っていてうんざりするほどなのに、このスタイルが廃れるということはないらしいのだ。

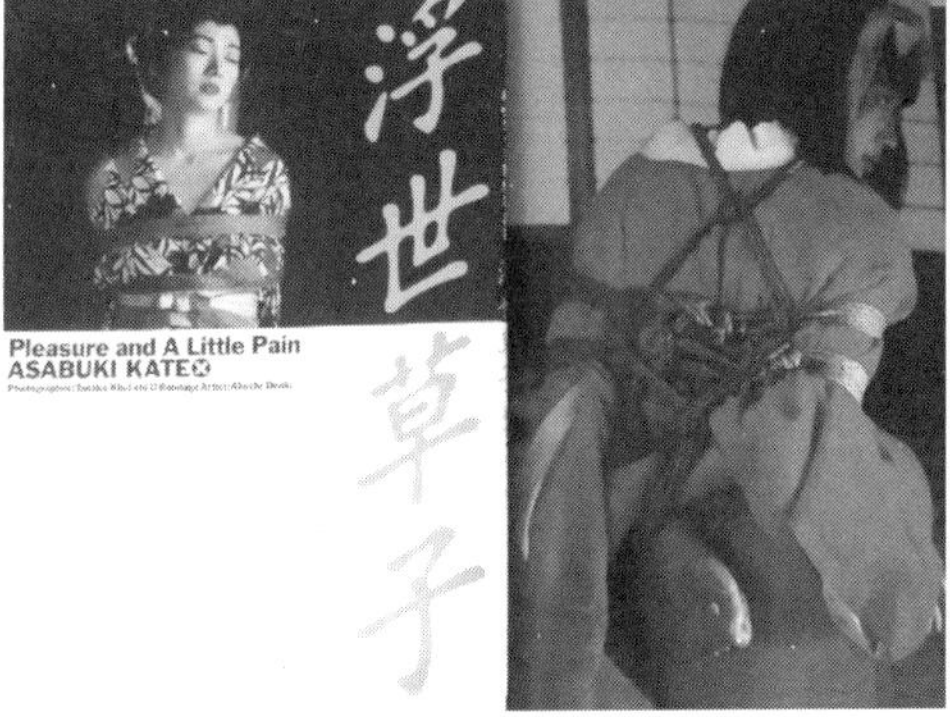

明智伝鬼の傑作（1995）

　この手の刊行物のなかでは、最初期のものが最もユニークであり、また完全に緊縛の写真だけに特化した商業出版の名誉ある第一号という意味でも最も重要であるのは言をまたない。それが伊藤晴雨の協力者の一人である上田青柿郎《せいしろう》が編集して一九五二年七月二日付で発行された『読切ロマンス』臨時増刊号「ヌード風俗アルバム」で、どちらかと言えば簡単な縛りの写真が掲載されている。基本的にはパンフレットに毛が生えたようなもので、書籍とはとても言えないものの、それでもSM出版における草分けであることに変わりはない。

それよりはるかに完成度が高かったのが一九五三年七月一日付で五〇〇部だけ、一冊五〇〇円で（当時の日本の書籍としては非常に高い［同年七月号の『奇譚クラブ』は一部一〇〇円］）発行された限定出版である。この本は一冊一冊が手作りで全三六ページ、ヌードモデルが緊縛されている生写真が一六枚、それぞれ注意深く台紙に糊付けされ、写真とそこに映っている縛りについての印象を綴った説明書が印刷された薄葉紙が付されているという非常に質の高いアルバム仕立てになっている。この美しい本を作ったのは日本SM界でも注目すべき人物である賀山《かやま》茂で、彼はその後すぐに団鬼六の仲間として信頼を受けるようになった。この本は『美しき縛《いま》しめ――縛られた女ばかりのアルバム』と題され、緊縛は熟練の美濃村晃が担当している。この美しいアルバムに収録されている緊縛が非常に興味深いのは、それが、古い捕縄術の各流派のものと、より現代的な緊縛の中間に位置する縛りを示しているからである。そういう意味でこの本は、武芸や縛りの研究者にとってはある種の失われた環《ミッシング・リンク》と言えるのだ。このなかで古い本縄の縛り方に属するのが、「高手小手」、「雁字搦め」、歴史的な「海老責」やいくつかの吊りであり、むしろ新種の縛りに属するのが「芋虫」である（これらの緊縛パターンの説明は、「用語集」を参照されたい）。このアルバムから「床の置物」とだけ題されたエレガントな写真を転載しておく。首と手首の縄に、明らかに捕縄術の技法が使われていることに注目されたい。

『美しき縛しめ』は途方もない成功をもたらしたので、わずか数ヶ月後には続篇が産み落とされた。今回の緊縛は辻村隆が担当した。そして同じような趣向の出版物が氾濫し始め、何年も続いた。その数は数千冊にも及んだが、惜しむらくは質の方が必ずしも保たれなかったことである。だがなかにはかなり興味深いものもあった。たとえば芳賀書店が団鬼六監修で刊行した質の高いシリーズや、黄金時代のＳＭ雑誌のさまざまな「写真特集号」、そして最も最近の例としては三和出版が刊行した多くの本がある。こうした現代的な部類のなかでも最良のものは、写真を杉浦則夫が撮り、縛りを

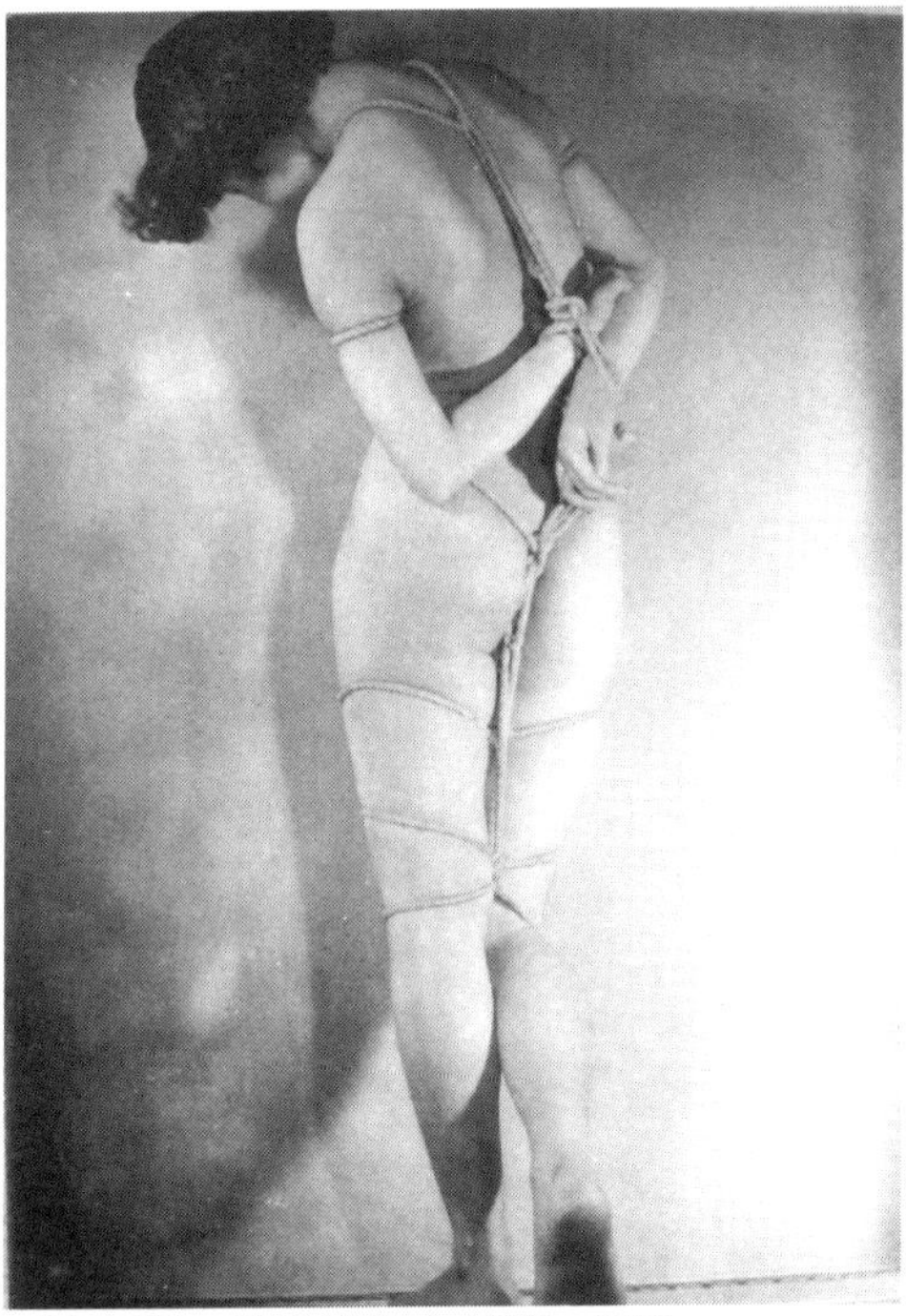

「床の置物」（美濃村晃による縛り、1953）

彼の長年の協力者である濡木痴夢男が担当した作品が多い。あるいはまた、麻来《まらい》雅人のようなもっと若手で才能に満ち溢れた縛師が担当したものにも良いものがある。現在のこうした「ロープブック」に収録されている写真は確かに人目を引くのだが、一つだけ注意していただきたいのは、確かに創意には富んでいるものの、きわめてどぎつい、人によっては不快を感じ得るような写真もなかにはあるという点である。

長年のあいだには、もちろんもっと軽い作品も世に出されている。筆者が思い出して思わず笑ってしまうのは、一九七〇年代に出ていた「立体」本である。3D用の色眼鏡を掛けて見ると、縛られたモデルが目の前に飛び出してくるのだ。漫画本も大量に出版されてきた。時にはオモチャもあった。読者はご存知かもしれないが、日本は美しい人形やオモチャのフィギュアの天国でもある。侍やポピュラー音楽の最近のスターたち、『スター・ウォーズ』の登場人物、TV番組のキャラクターのミニチュアレプリカから始まって豪華な着物を着飾ったためでたい人形まで、あらゆるものが熱心な蒐集家のためにつくられ続けてきた。そして緊縛フィギュアも現につくられているのだ。数年前にリリースされた、たいへん美しい仕上げの緊縛アート・フィギュアのエロポン〔アルフレックス社が「大人向け」に発売したガチャポン（数十円から数百円を入れてハンドルを回すとカプセル入りのオモチャが出てくる小さな自動販売機）〕がそれである。これまでのところ三つのシリーズが出ていて、一つ目は、伊藤晴雨の絵やイラストから取った場面をかたどっている。そのなかには、ミニチュアの伊藤が縛られたモデルを写生しているフィギュアもある〔エロポンの正式名称としては「原田雨情」と名付けられていたようである〕。二番目のシリーズは、最近の本や雑誌から取ったもっと現代的な縛りで、三番目は鉛筆スケッチに長けた絵師椋陽児のたいへん緻密なデッサンを再現したものである。それらは箱入りのものと、自動販売機で販売されるカプセル入りのものがあると聞く。まさに日本にしかあり得ない《オンリー・イン・ジャパン》。

最後に、英語だとうまい言葉が見当らないので緊縛美術集としか呼べないものがある。この伝統の創始者は伊藤晴雨だ。彼が一九二〇年代に刊行していた責め絵の絵やデッサンが、現在まで受け継がれているのである。一九五二年に、古典的な絵画の修養を積んだ画家柴谷宰二郎が、歴史や伝説上の出来事に基づく美しい責め絵や緊縛絵を限定版で刊行した。伊藤晴雨が一九五三年に刊行した美しい『十二カ月行事奇態刑罰図譜』もこれに似たものだった。共通しているのは、鮮やかに刷られている絵の一枚一枚に、描かれている出来事や物語の解説が印刷された薄葉紙が掛けられているというエレガントな作りである。今日の日本では、伊藤晴雨自身が伝説的なアーティストの一人と見なされているから、最近の二冊の分厚い責め絵美術集は、おそらく彼にふさわしい刊行物であろう。『伊藤晴雨画集』のほうは新潮社が一九九七年に刊行したものであり、『晴雨秘帖』は二見書房が二〇〇二年に出版したものである。どちらも彼の遺した絵、スケッチ、写真、注釈のなかから最も美しく、最もドラマティックな比類のない作品の多くを収めている。

伊藤とそのモデル。エロポンのフィギュア

　SM雑誌の黄金時代には、本当にすばらしい挿絵が創作されていた。残念なことに当時の出版社は、これが金鉱になる可能性に気づいていなかったから、これまで寄せ集めの小冊子が二、三出ただけである。ベストはおそらく一九七〇年の『縄と女』であろう。これは小日向一夢、鬼頭暁《きとうあきら》、山田彬弘《あきひろ》、沖渉二《おきしょうじ》、石塚芳幸《いしづかよしゆき》といった作家のイラストからモノクロの作品をたくさん集めた目録的な本である。二番目に注目すべきは、芳賀書店の「SM耽美文学」シリーズの別巻として刊行された『耽美の発見——SM画集』（一九六九）である。この控え目な薄手の本には、美濃村晃（喜多玲子）や曽我部泰《そがべやすし》、春日章といった大家の作品を数点ずつ収録している。

ここ数年は、より多くの出版社が、初期の雑誌を飾った挿絵の価値を悟り、現代的な責め絵師《マスター》の大判画集もいろいろと登場するようになってきている。それでも美濃村晃（喜多玲子）や小日向一夢といった誰もが天才と認める画家が、責め絵作品集を一冊も持っていない一方で、それよりかなり劣る人物が自分の作品集を出しているのは残念ながらずいぶんいい加減だと言わざるを得ない。それでもたとえば有名なシュルレアリストの画家で、中川彩子の名前でSMアートを物した藤野一友《かずとも》や、幻想画や寓話画の作家で黄金時代のSM雑誌の表紙を数多く飾った秋吉巒《らん》といった大家は、豪華版の作品集を入手できる。またそれほど豪華なものではないが、エレガントな画風の春日章にも作品集がある。彼は団鬼六にとても可愛がられ、団の最も有名な小説のいくつかが、春日の描いたカ

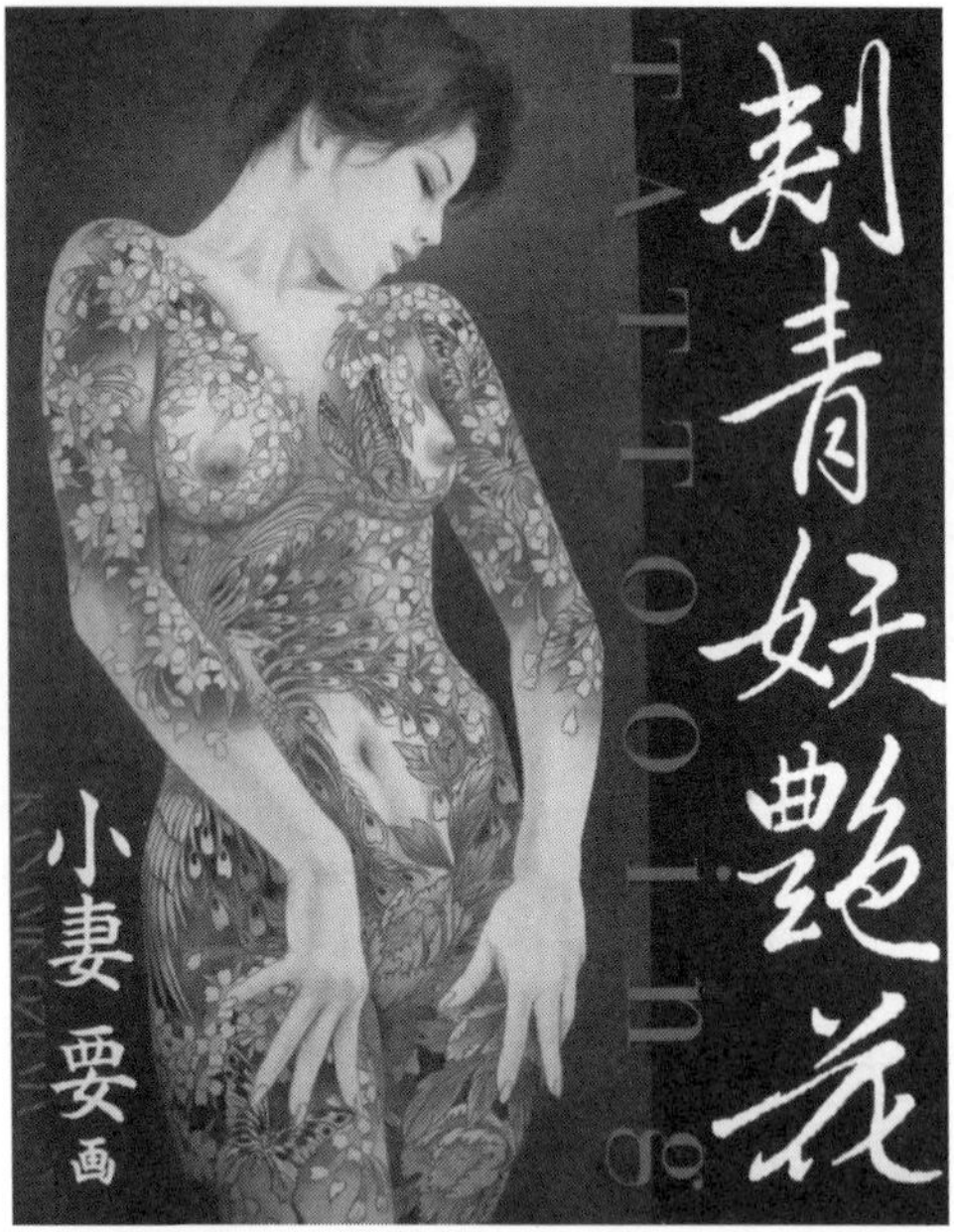

小妻要の豪華大判画集

バーを巻かれている。黄金時代の画家で最も幸運なのは、おそらく椋陽児と小妻要の二人であろう。すばらしい職人であるこの二人は、自身の責め絵アート画集をこれまで何冊も出版してきた。全身に刺青を入れた小妻の緊縛絵や緊縛版画は、彼の作品を扱っている東京のヴァニラ画廊で非常に高い値を付けられている。

これを書いている現在、SMや緊縛にテーマやインスピレーションを求める若い世代の有名なアーティストが、日本のみならず海外でも出てきている。イギリス人のトレヴァー・ブラウンは、最近イタリアで開催した個展で大評判になった。それは「ジャパポン」と題された美しいシリーズ作品で、濡木痴夢男の緊縛の現場を何回か訪れたことから触発されて描いた色鉛筆デッサンである。日本国内では、幻想美術やアニメや漫画の巨匠として高く評価されている天野喜孝《よしたか》が、最近の団鬼六原作の映画『花と蛇』公開を記念した水彩と墨絵の画集を出版した。鳴り物の入らないもっとひっそりとした例としては、エディシオン・トレヴィルが国際的に有名なアーティスト山本タカトの豪華画集を刊行した。若者を繊細に描くその画風は、浮世絵にインスピレーションを得ながらエロティックな空気を充満させた習作である。歴史的観点から見て、おそらく何よりも一番興味深いのは、ハイパーリアリズムのアーティスト鏡堂みやびが登場し、緊縛アートのなかで目立った存在となったことである。一九八〇年代にSM雑誌の編集長を務めていた鏡堂みやびは、当時すでに老齢を迎えつつあった美濃村晃と親交を深め、その作品について本人と論じる機会を得た。だから彼は喜多玲子（美濃村晃）の「最後の弟子」を自称しているのである。もしそう名乗りたいなら、彼は確かにその称号に価する。なぜなら鏡堂みやびのどぎつく強力なイメージは、確かにあの偉大なる師《マスター》の巨大な遺産を受け継ぐものだからだ。

縄文土器から始まって、古代日本の神道の注連縄《しめなわ》から今日の現代的な緊縛アートまで、ずいぶん長い道のりだったとお感じかもしれないが、それでもすべてと言うにはほど遠いのだ。アーティスト鏡堂みやびとの書簡のやり取りのなかで、私は彼にとって縛りとは何かと尋ねたことがある。彼の答はこうだ。

縛りは学校や何かで学んで習得できるようなものではありません。それは親から子へと受け継がれてきた日本文化の基礎にあるものの一部なのです。神道の国日本では、縄で縛ることは神聖な行為です。それは神道の神社で用いられる「注連縄」の例を見てもおわかりになるでしょう。神が宿っていると感じられる何か神聖なものを日本人は縄で縛ったり、囲ったりするのです。縛ることで日本人は敬意を表わしているのです。縄の背後にあるものは神聖であり、だから縄で縛ることは神と人間を結ぶことなのです。だから縛りは本当はアートでもなければパフォーマンスでもない。本当は神聖な行為なのです。神道を信じる者だけが、縛ることによって神聖なものにすることができるのです。かく言う私は神道の信仰者です。

風俗研究家にして音楽家でもある秋田昌美が「世界に冠たるＳＭ王国」と呼んだ土地の技芸《アート》である緊縛の世界は、冒瀆的でありながらこの上なく神聖なのである。

よくある質問

〈問い〉緊縛の起源は何ですか。

〈答え〉三〇年間研究を続けて私が達した結論は、現代の緊縛にはいくつもの異なる歴史的な、またアーティスティックな先祖がいるということである。順不同で挙げるなら、捕縄術という武芸《マーシャル・アート》、一七四二年に発布された「御触書百箇条」と呼ばれる徳川幕府の司法制度、江戸時代の日本における浮世絵（木版画）の興隆と歌舞伎の人気などである。このような野蛮と、司法制度と、芸術の組合せは調和しないのではないかと思われるかもしれないが、これらはみな小さな流れのようなもので、ほかと出会って合流した結果、日本式のSMという川の流れを形成するに至ったのであり、現在その川から流れ出したイメージとテクニックが世界を魅了しているのである。

〈問い〉緊縛の起源が一部は捕縄術にあると言うのなら、現代のある特定の緊縛の師匠《マスター》が、歴史的に見てどの武芸流派のどの指導者たちの系譜に連なるか遡ることができないのはどういうわけですか。

〈答え〉ある程度はそれは可能である。しかし一八六八年の明治維新とその後の近代化への猛進によって侍階級は廃止され、それに伴って侍に教授していた捕縄術の流派のほとんども消え去ったのだ。二〇世紀初頭までに、封建時代の遺物はほぼすべて消滅した。しかし伊藤晴雨が責めの探究を始めたとき、彼が捕縄術の技術を江戸時代の実践者から習い、それを自身の探究にも応用したことは、伊藤の仲間のいくつもの証言や、彼が製作して遺した数多くの写真やスケッチの習作から明らかである。今度は伊藤がそのテクニックやデザインの多くを他の者たちに伝えたのだ。そのなかにはたとえば、伊藤のサークルの一員だった美濃村晃（喜多玲子）がいたのである。そしてさらに今度は美濃村が濡木痴夢男や団鬼六に影響を与え、そのまた彼らがもっともっと多くの人びとに影響を及ぼす。そんなふうに進んできたのである。

〈問い〉日本の武芸《マーシャル・アート》はいかにしてエロティック・アートとなったのですか。

〈答え〉これまでのページでその答が示されているように願う。それは多くのアーティスト、出来事、文化的な要素が関連したゆっくりとしたプロセスだった。緊縛が進化してきたのは、宗教に対する日本の寛容、性に対する日本人の態度、日本の歴史、日本の武芸、日本が二五〇年間鎖国をして西洋世界から隔絶したこと、美や技術《アート》、フォルム、型に対する日本人の愛、そしてそれらをすべて結び合わせる神秘的な秘法の御蔭である。

幕間——フォトギャラリー

この控え目なフォトギャラリーの目的は二つある。

日本式ボンデージ・アートにどれほど馴染みがあるかにかかわらず、とにかく興味を抱いた人が、ここに掲げた緊縛の習作を見てそのおもしろさを確かめていただきたい、ということが一つ。

ここに掲げた写真は、キャプションおよび「用語集」と併せて見てもらうことを意図している。それによって緊縛の多くの縛り方を指す日本語の名前に「生気が宿った」と感じていただきたい、ということが二つ目の目的である。このために敢えてこのフォトギャラリーでは、緊縛の限られた数の基本要素をさまざまなやり方で用いるように努めた。それを見れば、技法、パートナー、意図の組み合わせ次第でほぼ無限のバリエーションが可能であることが、読者におわかりいただけると考えたからである。

このギャラリーの一つの特長は、正統的な捕縄術の縛りを収録していることである。それらに付けたキャプションには、型の名前と同時にそれを生み出した歴史的な武芸流派の名前も記してある。

フォトギャラリーの写真は元はさまざまな機会に撮影したものである。あるものは撮影会で撮ったものだし、またあるものは指導の一環で撮ったものだ。個人的なプレイの際に撮影したものもある。選択基準はまず第一に、モデルの表情の背後に偽物でない気持ちが見て取れること、第二にイメージの美しさである。

写真家としては、作品を褒めてもらえればいつでも嬉しい。とくに女性が私の写真を気に入ってくれたなら、男性の場合に劣らず、いやそれ以上に私は喜んでしまう。だが正直に言えば、私はそんな褒め言葉にちょっぴりお世辞を感じ取ってしまう。なぜなら私よりも上手な写真家はいくらでもいるし、写真撮影会で私を目撃した人なら、私が最小限の機材しか使わず自然光が好きなことを誰でも知っているからだ。

だからもしも私の写真に何らかの技芸《アート》が見出せるのなら、それは私のモデルたちの美しさ、その真実の表情に宿るものなのであり、またそれを的確な瞬間に捕らえることのできた私の幸運に宿るものである、というのが本当のところなのだ。

モデルの半分以上は熱心な素人である。このことは私の信条にもぴったりと合致する。すなわち、緊縛に何らかのアート、何らかの美が見出せるとするなら、それは愛情深い実践を通じて生まれる正直な気持ちが肉体の表現となって現われるところにこそある、という信条である。

私は以下に掲げる愛らしいモデルたちに深い感謝の意を表したい。その気品と美、理解と忍耐に。またこれらの写真を創り上げるに当たって経験させてくれた純粋な楽しさに。そしてエロティックなもののなかにアーティスティックなものを見出したいという彼女たちの本物の欲望に。

Ali Rose, DL, Janine Phan, Jessica S, Lady Borgia, Madison Young, Martini, Nichole W, RC, Shanna, Soma, subgirl.

「波」

「ダブルV字後手」

片足吊り

机縛り「縄の檻」バージョン

飾り菱縄ボディハーネスおよび菱股縄
正面は前手縄縛り

蜘蛛の巣を被せた自愛縛り

〈左頁〉飾り後ろ手合掌縛り（仏教徒バージョン）

〈右〉「逃げられない」M字開脚吊り
〈下右〉「幅広の帯」〈下左〉「餅」（写真、Demonsix group）

左頁
〈上右〉素早い対応を求められた江戸時代の警察官の縛り。一八七〇年頃の写真（下岡蓮杖撮影？）に見られる捕縄術
〈上左〉「捕縄術からのインスピレーションによる」（背面）
〈下〉桔梗縄。大正流捕縄術。（写真、Demonsix group）

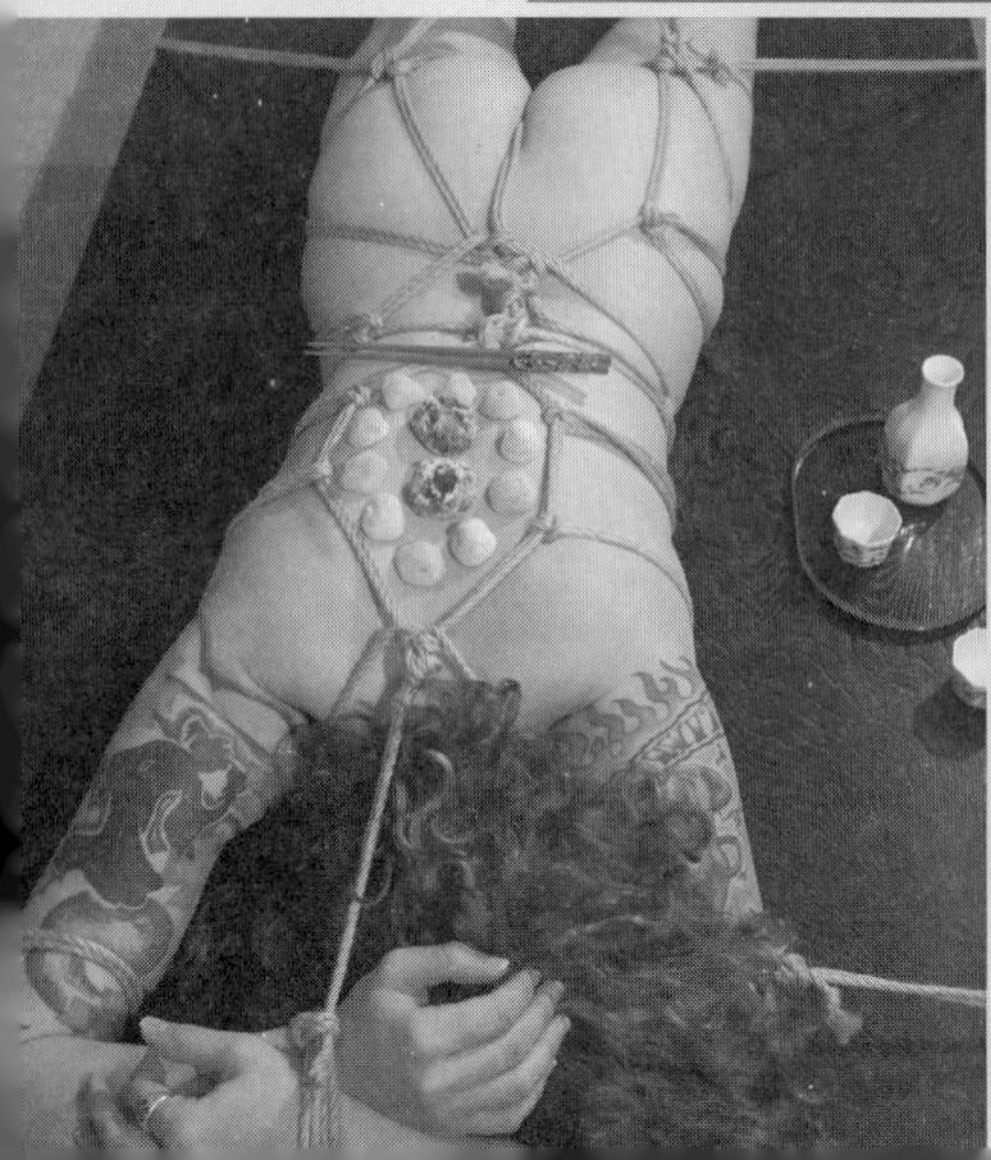

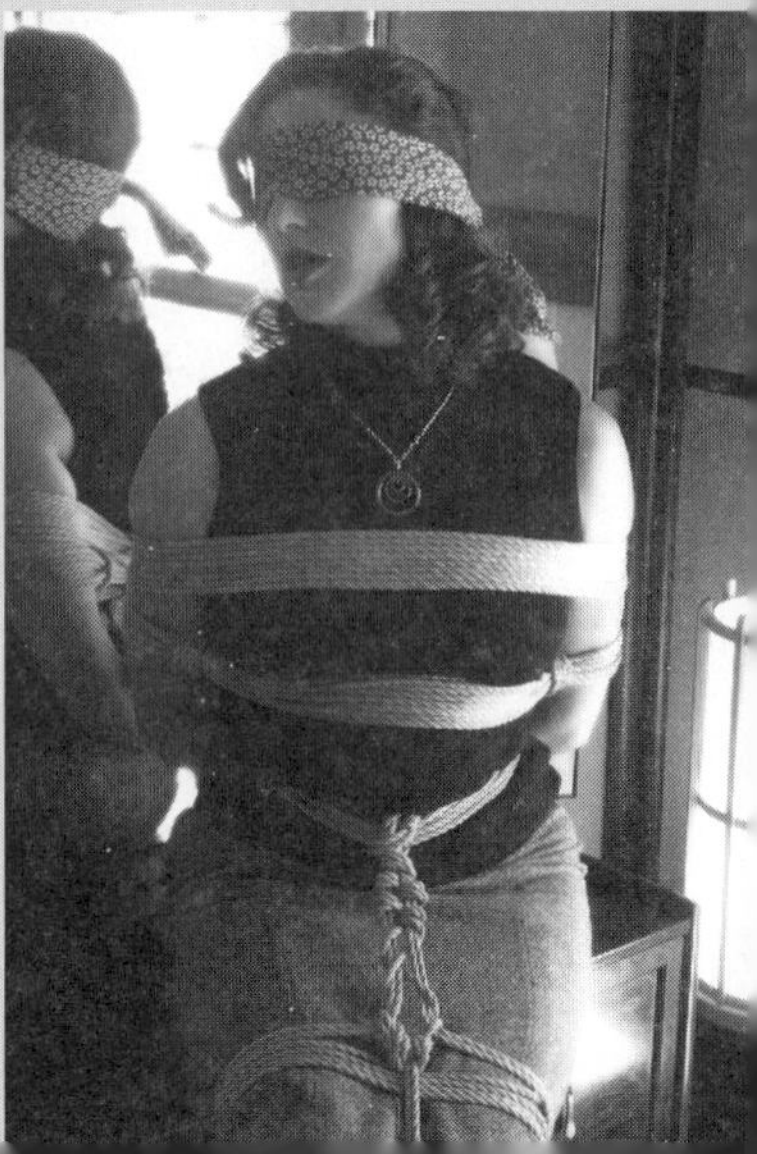

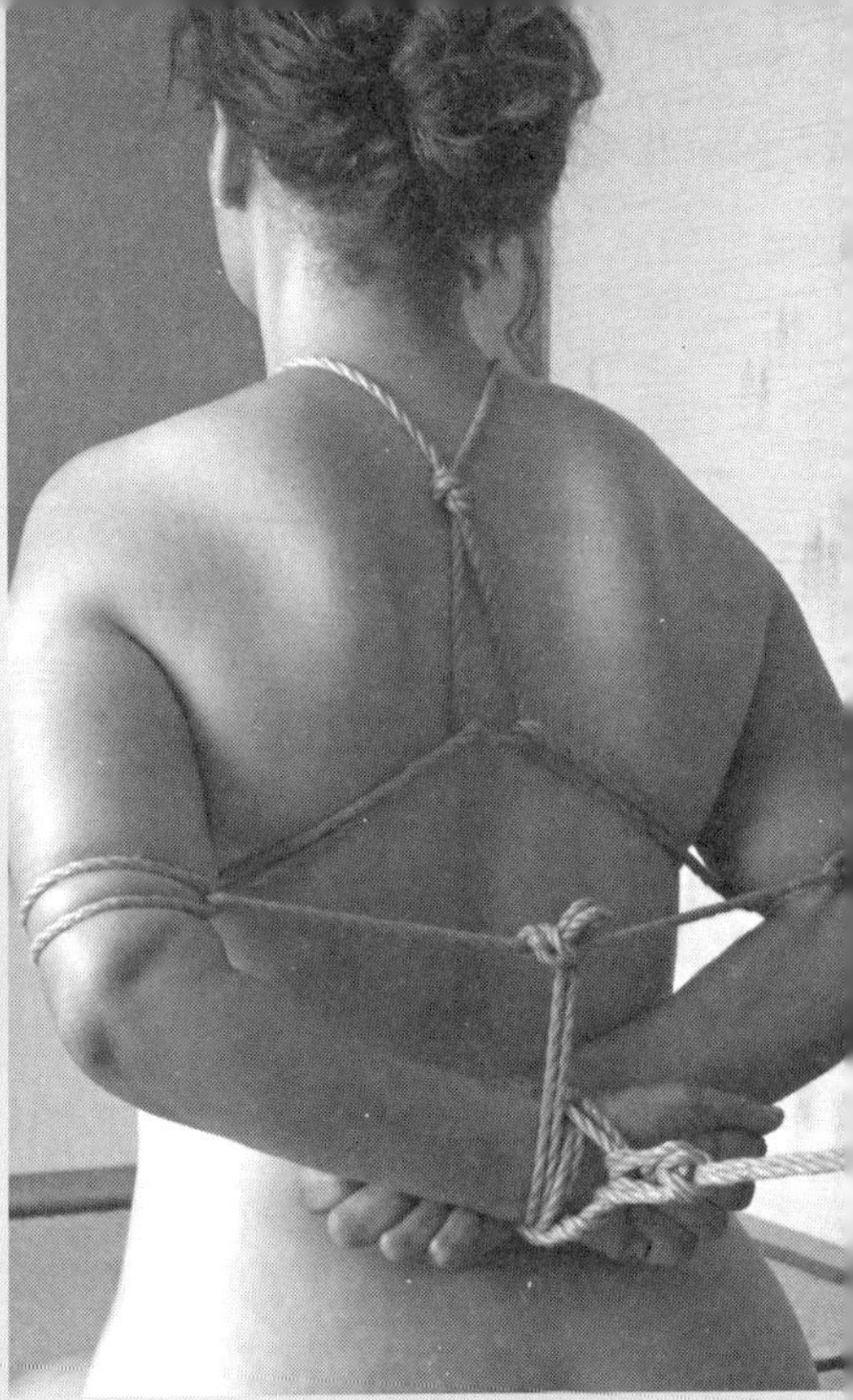
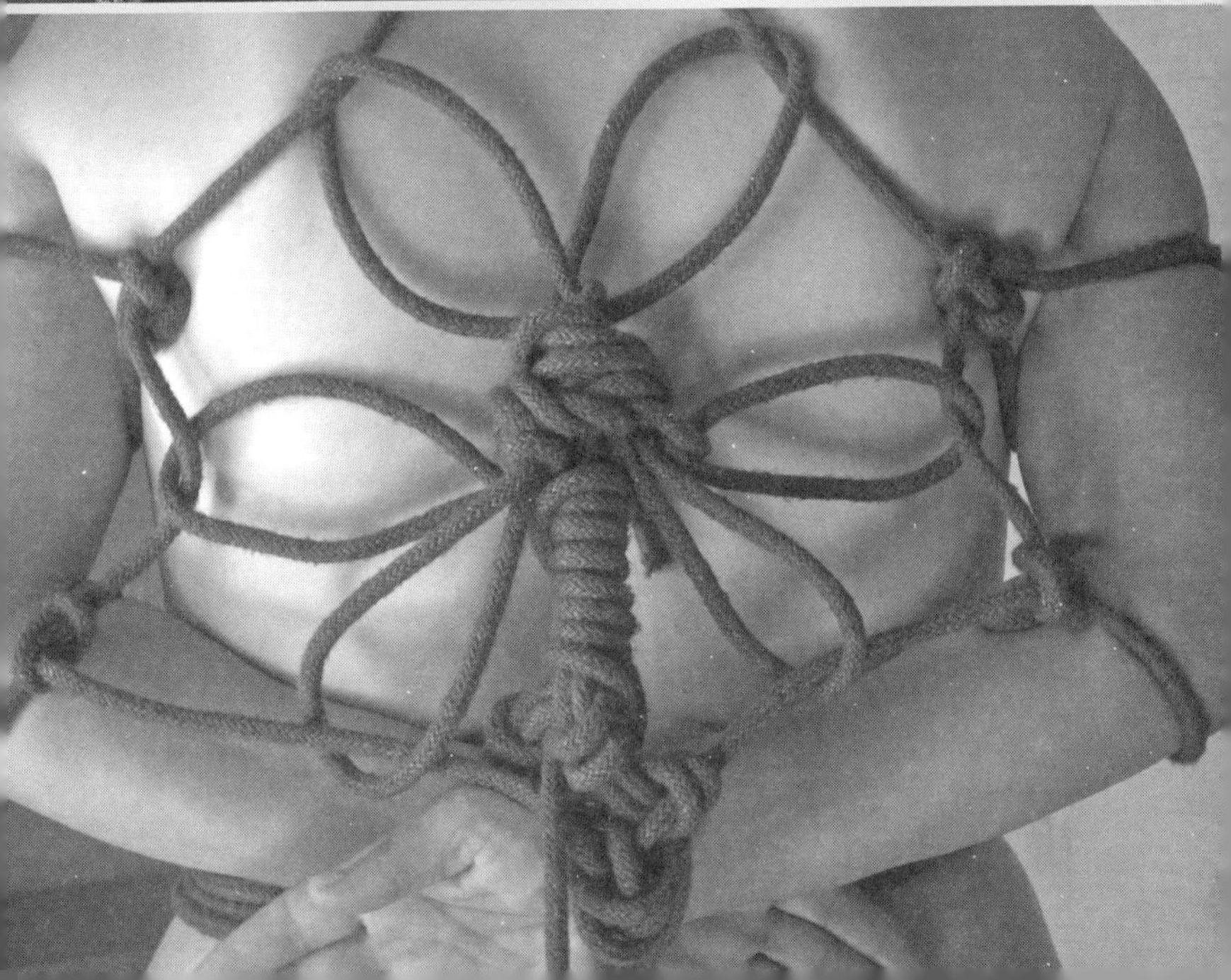

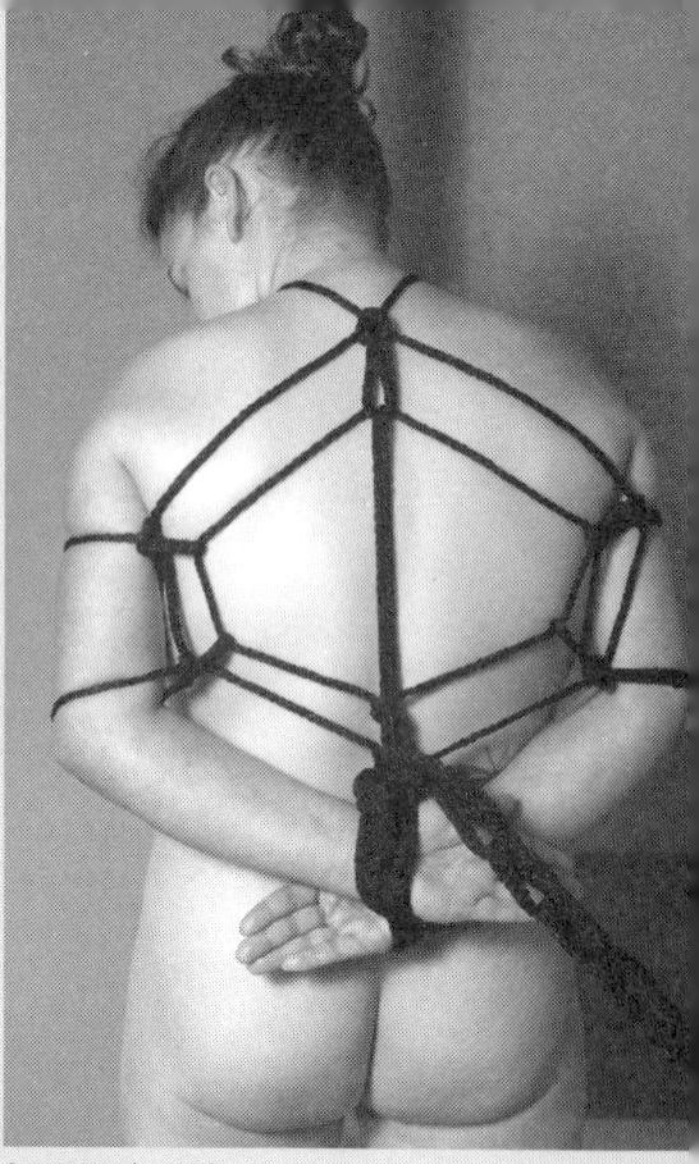

〈上左〉十文字縄。農民に対して用いられた捕縄術。江戸町十手流
〈上右〉真亀甲。侍階級に対して用いられた捕縄術。一達流
〈下右〉二重菱縄。侍階級に対して用いられた捕縄術。一達流
〈下左〉亀甲。大正流。一達流の亀甲との違いに注目されたい
（いずれも写真、Demonsix group）

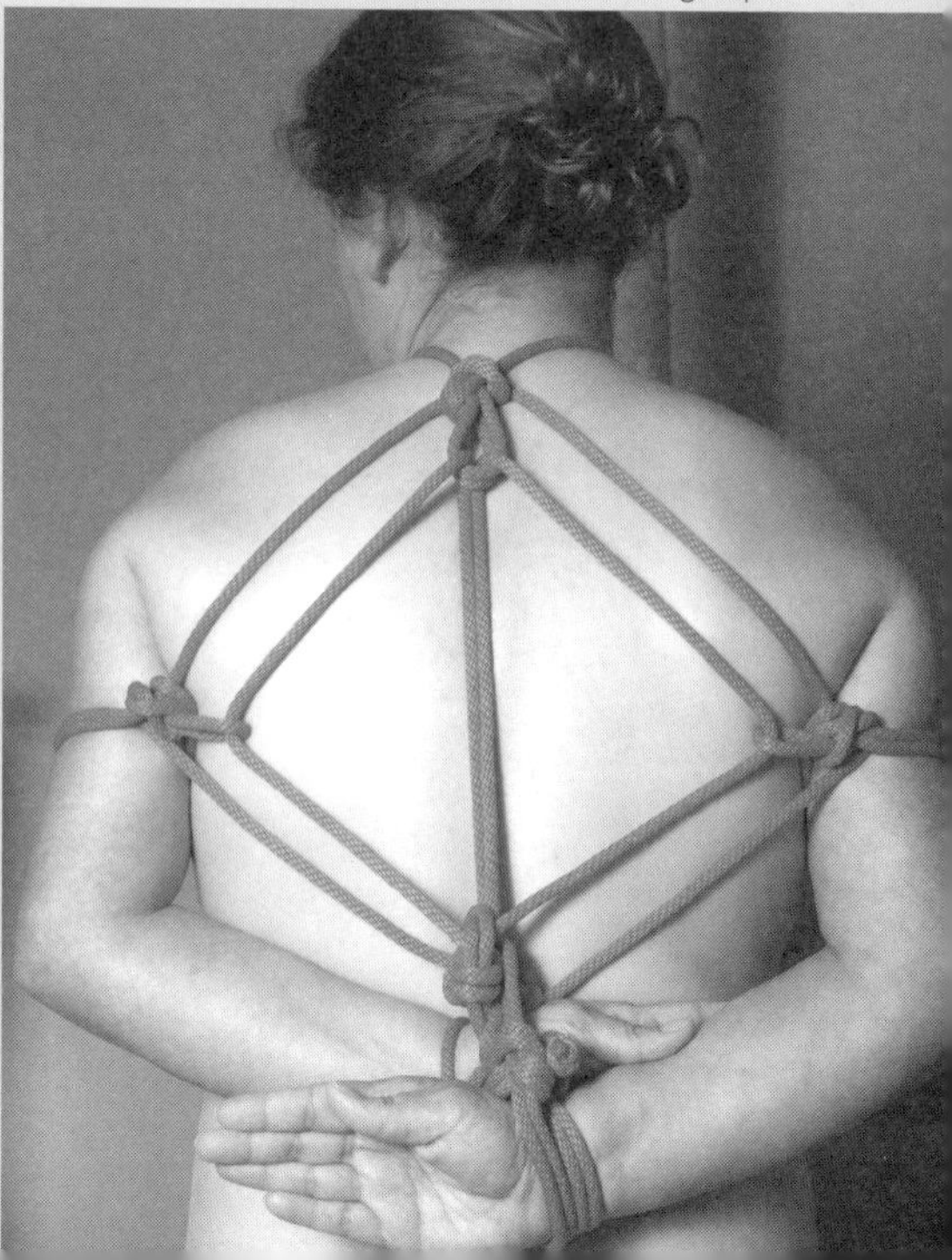

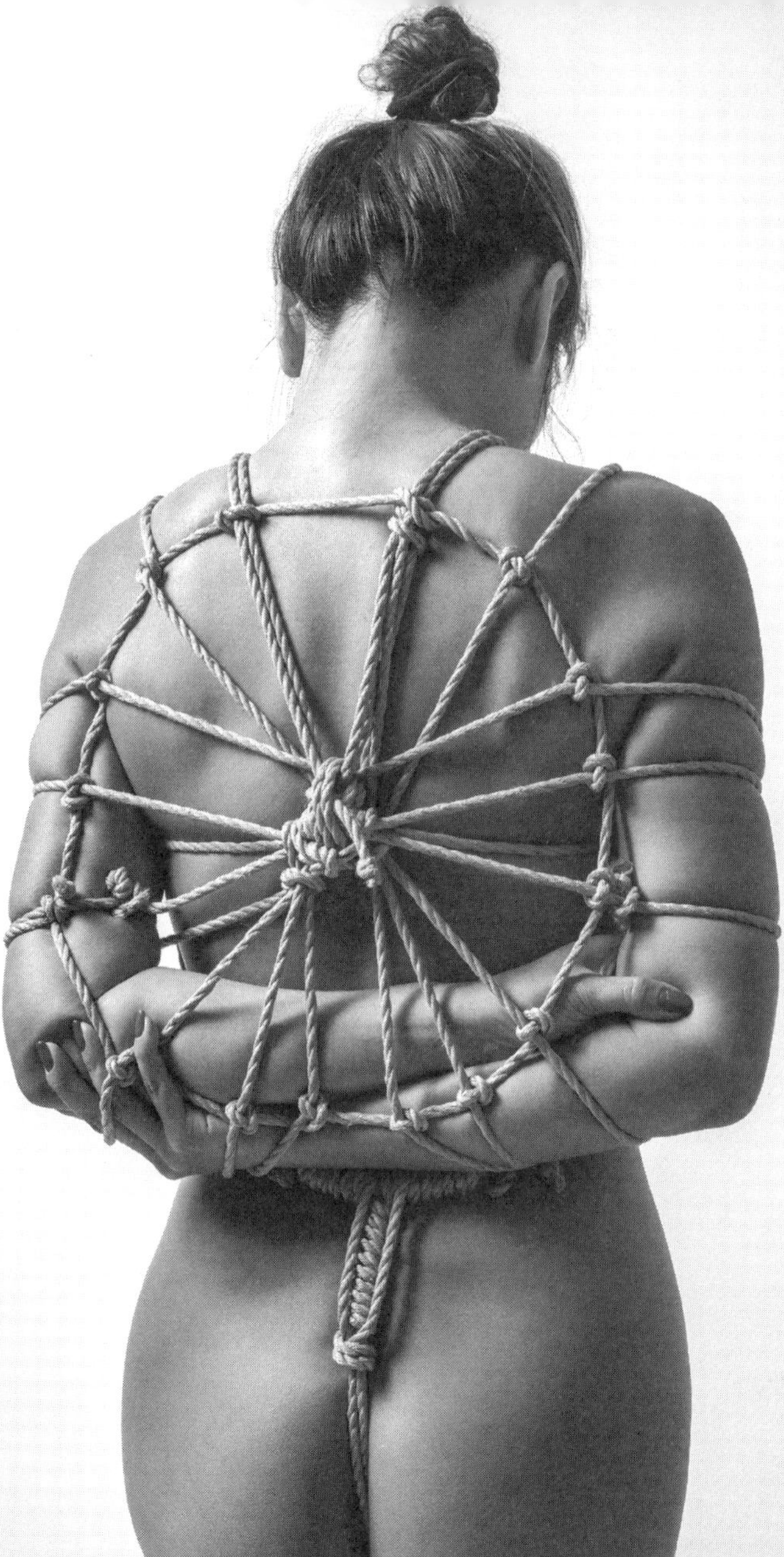

「車型背面」

〈上〉タイトな胡座（座禅）縛り

〈下〉「平和／緊縛美」。着物を伴う横吊り（強化した布でできた帯の上に胴縄を巻いて体重を支える点を増やしていることに注目されたい）

第2章

緊縛の歴史における26人の重要人物たち

以下に掲げるのは、さまざまな分野から選んだアーティストたちのリストであるが、その取捨選択はけっして簡単ではなかった。緊縛の長年にわたる歴史とそのアートに対する影響や貢献を果たした、または果たしているクリエイターは、かなり大勢いるからだ。とは言え、ここに暫定的に掲げるリストに名前の挙がっている人物は、次の二つの条件の少なくとも一方は満たしている。すなわち、西洋では無名か、または不当にも無視されていること、あるいは緊縛の進化にとって重要な役割を果たし、その作品が何らかの形で日本国外でも研究・鑑賞できることである。

ここで簡単な伝記を紹介するのは、作家、画家、製作者《プロデューサー》、映画監督、モデル、俳優、雑誌のイラストレーター、武芸家、歴史家、雑誌編集長、そしてもちろん縛師《ロープ・マスター》といった人物たちである。つまりここに掲げた人びとは、職業や専門分野もいろいろなら、完全に商業主義の人から異端の反逆児まで実にさまざまであるということだ。ここではどのようなタイプに属するかに関わりなく、歴史的な順序すなわち最も古い過去から最も新しい現代へという順番に並べてある。

月岡芳年――浮世絵師《マスター》

月岡芳年《つきおかよしとし》は一一歳という幼さで浮世絵（日本の伝統的木版画）師《マスター》歌川国芳に入門し、一四歳のときにはもう最初の色刷り版画を公にしている。二〇歳になるまでに完全に独立し、当時の浮世絵画家番付でも一〇位になっている。先に詳しく述べた『英名二十八衆句』は一八六六年に完成され、これによって芳年は有名になった。彼はこの連作のような暴力的なイメージで知られているが、それは芳年作品のなかのほんの一部に過ぎない。また当時の美術作品にはそのようなイメージが実は多かったのである。時は徳川幕府崩壊（一八六八）の時期であり、恐怖と残酷は当時の日本の大衆文化にありふれたテーマだった。政治の激変に直接関わっていない人びとは、芳年やその他のアーティストの暴力的な版画をとおして時代の動きを我が事のように感じることができた。この時代には暑い夏になると、わざわざ恐ろしい題材を扱った歌舞伎を上演して、観客を恐怖で身震いさせる伝統があったくらいである。

月岡芳年（1839〜92）

一八七五年に新聞の挿絵画家となった彼は、より広範でより多様な読者に向けて自身の能力を発揮するようになり、その作品が新聞附録や土産物として売れるようになっていった。そのなかには同時代の庶民の日常生活における特定の出来事を描いて新境地を示した作品もあった。また彼は弟子を取るようにもなったが、師匠《マスター》としては誠意があり、献身的、良心的で鷹揚であったことが知られている。近代化が進んでいくにつれ、芳年（や伝統的な版画家たち）は厳しい時代に突き当たった。彼はしばしば病に陥り、あるときなどは自分の家の床板をはぎ取って薪にしなければならないほどにまでなった。齢を重ね、さまざまな経験を積んだ芳年は、若い時分の血塗られた作品からは遠く離れ、心理的な深みと詩情を湛えた作品の製作に専念するようになる。その代表作が一八八六年に着手した見事な連作「月百姿」である。

芳年は最後の偉大なる浮世絵師《マスター》として広く認められているが、それと同時に表現形式の革新者としても随一であったことが知られている。その経歴は江戸時代末期と明治時代初期という二つの時代にまたがっていて、彼は死ぬまで近代的なものに関心を持ち続けた（たとえば西洋式の遠近法を見事に自分のものとしていた）が、日本の伝統文化から価値あるものが多く失われようとしていることにも、次第に憂慮を深めるようになっていった。自身の過去にきっぱりと背を向けた日本という国にあって、芳年は自身が死ねば浮世絵は実質的に滅びるであろうと感じ、その前に何とかこの日本の伝統的な木版画を新たな創造の高みにまで押し上げなければならないと、ほとんど孤立無援で奮闘したのである。

緊縛アートに対する芳年の影響は、よく知られているような天才的な暴力描写に由来するのではなく、責めのイメージを美しくエロティックなものにしたことによるのである。その手の作品のなかで有名なものと言えば、やはり血なまぐさい『英名二十八衆句』ということになるかもしれない。しかし彼は生涯に傑出した「拘束《ボンデージ》」作品を五枚描いているが、そのうち四枚は、暴力よりもはるかに性に重点が置かれているのである。一例をここに掲載した。これは一八八七年の大判新聞錦絵である。

この艶っぽい若い女性は村岡局（一七八六〜一八七三）［近衛忠煕に仕えた津崎矩子のこと］といい、徳川幕府の政策に異を

『やまと新聞』附録連作「近世人物誌」より『近衛家の老女村岡』（1887）

唱え一八五八年の安政の大獄の際に捕らえられ幾度も拷問を受けた人物である。芳年はこの版画を、一八八七年に製作した。近代日本を形づくった人びとを描いた『やまと新聞』の附録連作のうちの一枚だった。画中の女性を縛る捕縄術、美しい着物、口にくわえた一房のほつれ髪（日本美術において性的挑発を示す典型的記号）によって芳年が創りあげたイメージは「サドマゾヒスティックな妄想と隣り合わせである。絵のなかの女は捕らえられたとき七十余歳であったはずだがそれよりはるかに若く、縄で縛られているその姿がきわめて魅力的に見える」と語るのは、優れた芳年研究者である瀬木慎一である。芳年が主題の女性の年齢を差し引いて、エロティックな魅力を水増ししていることは明らかである。

　同じ性質の作品はほかにもある。新聞錦絵としてはほぼ同時期の作品で、縛られたまま水に浸けられ溺《おぼ》れているところを助けられた少女が、救い主の腕のなかで恍惚となっている姿を描いたもの〔『郵便報知新聞』附録〕や、一八八三年発行の『絵本西遊全伝』〔法木書屋発行〕第四編の口絵として描かれた、若い女性が松の木から吊るされ性的エクスタシーのために爪先が反りかえっている様を描いた優雅なイメージがある〔陥空山無底洞の妖女を描いたもの〕。

　最後に、芳年の作品のなかで最も衝撃的なイメージを紹介しよう。『奥州安達がはらひとつ家の図』である。この作品は一八八五年の発表以来ずっと批評家たちを困惑させてきた。一般的には芳年作品のなかでは最も挑発的なイメージであると見なされている。これは能の演目にもなっている〔『黒塚』、別名『安達原』〕、旅人を襲う吸血鬼タイプの鬼女の物語を題材とした版画で、縦二つ折りの判型であり、その縦長の空間が存分に活用されている。多くの批評家から芳年の代表作と認められている作品はどれもこの判型である。この絵の主題はもちろん逆さ吊りにされている妊婦である。煙が妊婦の髪に絡まりながらうねっている。恐ろしい鬼女は包丁を研いでいる。この衝撃的な画面が、長年にわたって見る者を、震えあがらせると同時に魅了してきた。この作品はあまりにも不穏当であると見なされたため、印刷されはしたが明治政府から禁じられた。芳年の作品のなかで発禁処分になったのは、この作品を含めて二点しかない。この絵の微妙なエロティシズムとあからさまな残虐性は、その後何年にもわたって日本のＳＭアーティストたちを夢中にさせてきた。このイメージは今でも刺戟的であることに変わりはない。二〇〇七年にサンフランシスコ・アジア美術館で前後二回に分けて開催されたすばらしい芳年回顧展のときにも、この作品は彼の代表作のなかで唯一展示されなかった。

『奥州安達がはらひとつ家の図』（一八八五）

伊藤晴雨――アーティスト、現代的緊縛の父

伊藤晴雨《せいう》（一八八二〜一九六一）、本名伊藤一《はじめ》は、挑発的な責め研究家、責め絵師《マスター》、伝説的アーティストとして、日本の緊縛およびSMの歴史における最重要人物の一人であると言ってよい。明治維新の仕上げの時期に生まれた伊藤による絵画、木版画、写真、文章などの作品は、封建時代におけるサドマゾヒスティックな行為への日本人の関心と、現代におけるそれとをつなぐ環の役割を演じている。彼はアーティストとしては傑出していたし、数世代にわたる日本の最も偉大な緊縛師《マスター》やSMアーティストに彼が与えたインスピレーションは類稀なものだった。

伊藤のサドマゾヒスティックな性向は生まれつきのものだったらしい。彼自身の書いているところによると、一〇歳にしてすでに、母親や祖母が語って聞かせる日本の民話のなかでも、とくに囚われのお姫様の話に夢中になっていたことを、よく覚えているという。また彼は生涯にわたって、黒々として乱れている女性の髪に魅了された（これぞまさしく彼のフェティッシュであった）が、それが始まったのもこの時期であった。祖母から読んでもらった柳亭種彦《りゅうていたねひこ》（一七八三〜一八四二）の読本《よみほん》の挿絵がそのきっかけとなったという。

一八歳のときに責め絵画家になる決心をし、それ以後死ぬまでその道からぶれることはなかった。ただし暮らしのためには歌舞伎の書割を描いたり、新聞や書籍の挿絵を描いたりなど、さまざまな職に就いた。芳年や国貞といった（この二人はともに責め絵に手を出している）浮世絵作家に影響を受け

て責め絵師《マスター》となった伊藤は、想像力、多様性、技倆の点でずば抜けていた。

伊藤が写真を撮り始めたのは大正時代（一九一二～二六）である。それは二〇世紀初めの日本では珍しい趣味だった。一九二三年に、彼は最も有名な作品の一つで先にも述べた『雪責め』を製作する。四一歳だった。彼の着想の源は中将姫の物語のほかに、拷問技術に関するかつての教本『責方心得書《せめかたこころえがき》』や、女性の雪責めの場面が彼にとってとりわけエロティックに感じられた『明烏夢泡雪《あけがらすゆめのあわゆき》』の芝居などだったようだ。彼はまた、かつて捕縄術を実際に用いていた年輩の人物からテクニックを学んでいて、カメラでその技を記録してもいた。だから冬景色のなかでモデルの女性を拘束して何枚も写真を撮影したこのときも、捕縄術の縛りや釣責《つるしぜめ》の実例をいくつもコピーしているのである。

自分で撮影した縛りの写真を絵画や素描の習作として用いるというやり方が、彼の基本的な技法となっていった。『雪責め』と同じように悪名高いのは、晴雨が自らの身重の妻を逆吊りのモデルにしたことである。これは、芳年の有名な傑作で衝撃的な浮世絵『奥州安達がはらひとつ家の図』をコピーするためだった。妊娠した女性が縛られて逆吊りにされているという震え上がるような光景を描くために、彼は滑車を使ったり助手を大勢配置したりなどの安全策を講じて慎重にこれを成し

伊藤晴雨（1882～1961）

遂げ、その成果に大いに満足したのである。このような無謀な振る舞いによって伊藤晴雨は物議を醸すという点でも最大級の人物になった。それだけに名も知られ、事実一九二四年六月には、たいへん「ノーマル」で部数も多い『サンデー毎日』という雑誌が、伊藤晴雨のスタジオ訪問を特集しているのである。

長年のあいだに伊藤は責めに関する、あるいはその他のテーマに関するさまざまな書籍の形で、絵画や素描のほか写真や実録的な文章を数多く発表し、美術界に大きな反響を巻き起した。また伊藤は、とくに江戸時代の風俗や習慣を描いたすばらしいイラストでも注目されるべきである。これは封建制度下の看板やオモチャ、見世物小屋、行商人、神仏にまつわるもの、灯り、食べ物等々、要するに明治時代になって急速な西洋化に突き進んでいた日本にあって、近いうちに消えてなくなってしまうことが必定だった往時の独特な事物と人びとを網羅するものだった。

彼の著わした著作の主なものは、以下のとおりである。

『いろは引　江戸と東京風俗野史』全六巻、一九二七〜三二

『責の研究』(日本初のボンデージ写真集)、一九二八、検閲により発禁

『責の話』温故書屋、一九二九

『論語通解』(伊藤の最初の責め絵集)、一九三〇、検閲により発禁

『画家生活内幕ばなし』天守閣、一九三〇

『女三十六気意』粋古堂、一九三〇

『美人乱舞』粋古堂、一九三二

『江戸の盛り場』富士書房、一九四七

『枕』粋古堂、一九四八
『黒縄記　全』一九五一
『十二カ月行事奇態刑罰図譜』睦書房、一九五三

伊藤は名は通っていたが、必ずしも高く評価されてばかりではなかった。しばしば批難を浴びたし、自分自身でも責め絵に才能を浪費してきたことを悔やむことがしばしばあった。一九五三年には雑誌『あまとりあ』誌上〔一二月号〕で、それまで生涯にわたって創作活動をしてきたが、「明治四〇年代から被縛研究をしつづけてきた私への報酬は『変態性慾者』の名称だった」と述懐している。

伊藤晴雨は、さまざまな分野に芸術的な才能を持っていたから、二〇世紀半ばまでには、緊縛やSMのエロティックでアーティスティックな力に関心を持つ新世代の緊縛師《マスター》や編集者、グラフィック・アーティストたち、その他のさまざまな才能の持ち主たちすべてに影響を与えるようになっていた。たとえばアーティストとしても編集者としても才能が輝いていた喜多玲子（別名美濃村晃）や、伝説的な縛り師《マスター》濡木痴夢男といった人たち、あるいはもう少し最近の面々では縛り師《マスター》長田英吉や作家団鬼六、不二秋夫や五味彬といった写真師《マスター》などが、伊藤晴雨の影響を受けていると認めている。しかし伊藤晴雨の絵や素描や、写真による習作がいまだに出版され続けているのは、ほかの何物でもない、作品自体に価値があるからだ。最近でも、藤沢衛彦《もりひこ》との共著で一九四六年から五二年にかけて三巻本で出版した江戸時代の日本の犯罪刑罰史に関する美しい『日本刑罰風俗史』が、一九八二年に伊藤晴雨の挿絵だけを集めた合本として復刻されている。

二〇世紀初めに責めや責め絵に興味を持っていたアーティストや研究者は伊藤だけではなかったが、最も有名なのが彼である。伊藤の伝記は五冊あり（そのほかに彼の最初のモデルお葉の伝記もある）、彼の

作品を集めた上等な画集も何冊もある。また彼は色々な映画の作中人物にもなっていて、あるときは気の狂った自己中心主義者として、またあるときは天才的アーティストとして描かれている。

アーティストとしての伊藤の強みはその偉大な視覚的才能とセンスに由来し、また「苦しさのなかの美」を捉えんとする彼の断固たる姿勢にある。彼自身の言葉である「苦しさのなかの美」とは、サドマゾヒズムの体験のなかで感じる痛みと快感の瀬戸際でしか捉えることのできない本当の欲望、本当のドラマを前にしたときの感動である。この点については伊藤とは同時代の西洋人でやはり偉大な人物であるジョン・ウィリー（本名ジョン・アレグザンダー・スコット・クーツ。一九〇二〜六二）も同じであるが、伊藤晴雨は自身の情熱のために、そのアーティストとしての天賦の才を用いたのである。インターネットに溢れかえっている「ボンデージ」やとくに拷問のイメージの多くが、フェティッシュ・アートを装いながら単なる未熟な女性蔑視のポルノに過ぎないこの時代にあって、「苦しみ」のなかで快感と欲望を味わっている美しい女性たちを描いた伊藤の繊細で鋭敏な習作は、今なお人びとに感動とインスピレーションを与える力を失っていないのである。

美濃村晃――アーティスト、作家、雑誌編集長、縛師、天才

美濃村晃《みのむらこう》（一九二〇〜八四）は本名を須磨利之《すまとしゆき》といい、画家としては主に喜多玲子《きたれいこ》の筆名を使った（自身の妻の独身時代の名前から付けた）。しかしその実体はまったくの同一人物であり、かつて日本のS

M界で仕事をしたなかで最も多芸多才で、最も熟練した一人なのである。伝説的な雑誌『奇譚クラブ』の初期の編集者の一人であり、その後、一九五〇年代のSM関連出版物の第一次黄金時代に雑誌『裏窓』を創刊したことで名高いが、彼は同時に小説家でもあり、短篇読物作家でもあり、映画批評やエッセー、コラムもこなしたし、縛師であり写真家でもあり、そして画家、書籍の装画家、雑誌の挿絵画家でもあった。一九七〇年代のSM出版物の第二次ブームのときには、『SM奇譚』（『S&Mアブハンター』の後身）、『SMセレクト』、『SMコレクター』などの雑誌の「監修者」だった。また彼は、伊藤晴雨を中心とする戦後日本のごく内輪のアーティスト・グループの一員でもあった。

美濃村晃は京都に生まれた。早熟で想像力に富んだ子どもだったという。彼はある驚くべき事件をきっかけに、縛りおよびSMの世界に足を踏み入れることになるが、それも元をただせば彼の幼少期の性質が遠因であり、さらにこの性質は、のちの彼の生涯、とくにアーティストとしての経歴にとってはなおさら重要な役割を演じることになる。

伝えられるところによれば美濃村の父親は彼が非常に幼いうちに亡くなり、彼の母親は二九歳にしてすでに寡婦となったという。母親はヒステリックな気性の持ち主で口やかましい人だったようだ。幼い美濃村を、何かの罰として祖父の蔵に閉じ込めるということもしばしばあったらしい。あるとき、やはりそんなふうに蔵に閉じ込められた美濃村は、そこで「責め絵」の載っている古書が隠されているのを発見する。七歳のときのことだった。このときはまだ、その手の絵を何と呼ぶかも知らなかったが、とにかくお姫様や殿様の絵や、木に縛られて苦しんでいる女性の絵に釘付けになった。この絵の発見こそが美濃村晃の誕生の瞬間だった、それから後は蔵に閉じ込められるのが苦にならなくなったと、彼は何度も語っている。のちに彼は、そのコレクションが自分の祖父の所蔵していたものであることを知り、自分のサディスティックな傾向は祖父から受け継いだものだと考えるようになる。美濃村が大人になってもその絵のことを細部までよく想起できていることを考えると、今日の心理学者が「刷り込み」と呼んでいるケースには当てはまらないだろう。

それからしばらくして、運命の日がやって来る。その日も彼は、例の絵を見ようと、いつものように蔵のなかに入って行った。二階に上っていくと物音が聞こえる。差込む陽の光に埃《ほこり》が揺らめくなか、目をこらした彼が見たのは柱に縛り付けられている一人の裸の女性であった。最初彼は、あの絵のなかの女性が魔法でも使ってこの世に現われたかと思った。まさか自分の母親であるとは、にわかに信じられなかったのだ。しかし実際にそれは母親であった。母親は裸にされて、着物の帯と布きれで縛られていたのである。手は背中で縛り合わされ、布きれでつくった縄の先は柱に結び付けられていた。そうしてなすすべもなく、床の上にうずくまっていたのである。

のちに彼は、母親が父の遺産の多くを役者遊びに費やしていたことを知る。現にある若い歌舞伎役者と関係を持ち、家族を捨ててその役者と駆け落ちをする計画があったという。それを美濃村の父方の伯父が噂に聞きつけて、美濃村の母親を懲らしめていたというわけである。町のどこかで彼女を待っている役者に会いに行けないように縛り上げ、独りでその罪をよく考えるようそこに放置したのだ。

少年はひどいショックを受け、泣き始めた。母親は彼に気づくや否や「あっちへお行き!」と叫ぶ。そんな姿をわが息子に見られるよりは、身動きできないままでいるほうがよいと思ったのだろう。だが彼は縛りを解こうとする。母は出て行かないと伯父さんに叱られると叫ぶ。息子は母親に抱きつく。そして母の白い肌、美しい身体の線にうっとりし、生まれて初めて官能的なもの、エロ

喜多玲子の挿絵画

ティックなものを感じて興奮を覚えていた。その三年後の昭和六（一九三一）年、彼はある雑誌の挿絵でこの光景を再び見る。その挿絵に描かれた女性は、このときの母親とまったく同じ目に遭っていて、しかも名前まで母親と同じだったという。

美濃村はかつて有名な心理学者の高橋鐵に、蔵のなかで母親が縛られているところを見てしまったこの体験について話したことがあった。高橋は「美濃村晃は、母に対するうらみが潜在的にあって、それが高じてアブノーマルな世界に入った」と書いた。過去に母に対する潜在的な呪いがあって、だからこそ、女性を虐げて悦に入るような性格がかたち作られるというのだが、その定義を聞いたとき、「何かしら失望した」と美濃村は言っている。彼が母親を見たときに思ったことは、「他に比べるもののないほど凄艶で美しかった」ということだった。彼は続けて次のように書いている。「私は高橋先生の、性心理学者としての業績は高く評価しているが、アブノーマルの世界については、まだ高橋氏は研究半ばだったのではなかろうかと思っている」と。

この話をここに再掲したのは、単に緊縛界の巨人をつくりあげた人生の経験を垣間見たいからというだけではない。この事件が美濃村のアーティストとしての経歴を通じて止むことなく鳴り響いているからである。ストーリーとしては嘘っぽく見えるところもあるかもしれないが、少なくともいくつかの要素はたぶん真実である。美濃村が長年のあいだにこの話を何度も繰り返しているということもある（ここに紹介したのは『SMコレクター』一九七五年五月号に彼が書いたエッセー「春縄少年記」のバージョンである）。だがそれ以上に、この話が本当らしく思われるのは、無数に描かれてきた格調高いデッサンや写真という証拠があるからだ。絵師としての喜多玲子、縛師としての美濃村晃は、柱に縛られた美女という主題に、繰り返し繰り返し回帰するのである。

美濃村は戦争中海軍に従軍していた。彼がＳＭ作品で用いている数多くの引き解け結びやその他のロープ・テクニックは、このときに習得したものだと美濃村は言っている。戦後になると辻村隆、団鬼六、濡木痴夢男を始め数多くの者たちが彼と親交を結び、そのほとんどが自らの経歴を左右する影響を美濃村から受けている。それは美濃村が、いち早く傑出した才能を発揮していたからであり、またいち早く、ＳＭに関する出版物の世界で最も有名で最も尊敬される一人となったからである。商業的なロープブック・アルバムとしては日本で最初に出版された『美しき縛《いま》しめ——縛

『ＳＭ奇譚』1975年12月号に掲載された喜多玲子の作品

られた女ばかりのアルバム』の縛り師《マスター》が彼だったし、一九五二年に『奇譚クラブ』がSM中心路線に舵を切ったのも、彼のスケッチ「縛られた裸女十態」が人気を博したことがその主要な理由の一つだったとしばしば語られてきた。今日まで続いているSM出版物の伝統は、そうやって始まったのだ。彼は一九八〇年代の初めに脳溢血に倒れ、膨大な創作活動を大幅に縮小せざるを得なくなり、一九八四年に東京で亡くなった。

縛師としての美濃村は、風変わりなスタイルだったと言われている。縛りに使う縄は五本だけで、相手が羞恥を催すような体位を創ることを好んだ。SMのパフォーマンスとしての見た目よりも、その微妙な心理的側面に彼が関心を持っていたことは明らかである。もしかするとこれも、あの七歳のときの母との出来事の反映なのであろうか。縛りの歴史の研究家としての彼は、数多くの緊縛技法を発見し、また名付けてもいて、それらは今でも使われている。写真作品のためには麻縄も使ったが、モデルが不快に感じないように、途中で柔らかい木綿の縄に取り換えることもしばしばあった。とくに敏感なモデルの場合はそうした。また彼は吊りをひどく嫌っていたようである。モデルを吊り上げることは一度もなかった。このことは筆者が請け合う。なぜなら筆者はわかっている資料のすべてに隈無く目をとおして、美濃村の全作品のなかで吊りが描かれているのはたったの三点しかないらしいという結論に達したからだ。インタビューや書いたものから察するに、物言いは率直ながら美濃村は良きユーモアのセンスと性に対する健全な姿勢を備えていたように思われる。友人に対しては誠実かつ鷹揚だった。またSMプレイにおける妄想と現実のけじめに関しては、きわめて常識的な分別の持ち主であったことが見て取れる。そして緊縛のパートナーやモデルに対して常に最大限の敬意を払っていた。

残念なのは、責め絵師《マスター》喜多玲子（美濃村）の美術作品が、二冊の例外を除くと、まとまった画集としては一度も出版されていないことである。しかもその二冊は慎ましやかな体裁の限定版画集で、ずいぶん前からずっと絶版なのである。その死の直前、シネマジックが雪村春樹を監督にして彼を讃える記念碑的ビデオ作品『縄炎――美濃村晃の世界』をリリースした。しかし彼のすばらしい挿絵の多くは、黄金時代のＳＭ雑誌や小説の単行本のなかにしか存在せず、今やそれらとともに失われようとしているのだ。熱心な蒐集家は、それらの雑誌や書籍を手に入れるためであれば、しばしば元の定価の何百倍もの値を付けるのである。簡単に言ってしまえば、美濃村晃の芸術性、熱意、天才がなかったなら、日本のＳＭは今日われわれが知っているようなものとしては存在していなかったであろう、ということだ。

辻村隆――ロマンティックな縛師

ＳＭ出版物の草創期からこれに携わり、緊縛の近代化に関わった大物のなかで、辻村隆（一九二一～八七？）は今日では顧みられることの最も少ない人物である。これは恥ずべきことでは済まされない事態だ。なぜなら辻村は、当時は最も影響力のある縛師の一人だったのだし、物書きとしての才能も豊かだった。それに彼は、今日でも通用している緊縛スタイルの多くを練り上げ、ＳＭに対する考え方を確立した立役者の一人なのである。

辻村隆は、一九二一年に日本の堺市に生まれた。大阪市の近くである。彼がSMに興味を抱いたのは、小学校三年か四年のとき、神社の祭礼で境内に掛けられた小屋で、「残酷ショー」と称するどぎつい責め場の見世物を見たことに遡るという。「残酷ショー」の演し物はさまざまで、なかにはボンデージも含む責めの場面が演じられることもあり、全体としては恐怖劇で有名なフランスの「グラン・ギニョル」によく似ていた。辻村が縄への恋に落ちたのは、このショーのせいだったと本人が語っている。

一四歳のときに彼は童貞を失った。相手は親戚の女の子で、のちに彼女は自らを縛ることを辻村に許した最初の女性となっただけではなく、やがては彼の妻にもなった。高校を卒業すると、辻村は働くために満州に行くことになった。出発の前日に、彼は初めてこの少女を縛ったのである。当時の彼はこれをロマンティックな別離と受けとめた。その後すぐに彼は召集されて従軍したが、生き延びて戦争を終えると日本に帰り、奈良県に居を構えて金物屋を始めた。

その金物屋の店番をしながら雑誌を読む時間が辻村にはたっぷりあった。当時の彼が出会った雑誌の一つが『奇譚クラブ』だったのである。そして自分でも少なくとも同じくらい上手く書けると考えた彼は、自身の原稿を送った。それが採用となり、わずかばかりの稿料も受け取ったのである。一九四八年夏に掲載されたこの読物こそ、彼と『奇譚クラブ』とのその後の二五年にわたる付き合いの始まりだったのだ。彼は『奇譚クラブ』誌上で三つのペンネームを使い分けた。ユーモア読物は信土寒郎［読み不詳］、歴史小説には緑猛《みどりたけ》比古《ひこ》、エッセーや現代物の読物には辻村隆の名前を使った。また彼はほかのSM雑誌にも寄稿していた。

一九四八年か四九年、辻村は『奇譚クラブ』編集長の吉田稔を訪ねたときに初めて美濃村晃と会っている。当時の『奇譚クラブ』はまだ一般的な大衆誌だったが、それがSM路線に進むことが決定したとき、辻村に原稿依頼が舞いこむことになる。一九五一年九月号の『奇譚クラブ』に、辻村隆の名前が初めて登場する。

当時は、女性のヌード写真が『奇譚クラブ』だけでなくほかにもさまざまな雑誌に登場し始めた頃であった。しかしながらそのときまでに女性を拘束《ボンデージ》した写真はほとんどない。『奇譚クラブ』が意を決してそれに挑戦したのである。一九五二年五・六月号で、美濃村晃の求めに応じて辻村隆が川端多奈子《たなこ》というモデルを使ってボンデージを敢行した。こうして彼は最初の雑誌縛師となったのである。辻村によれば、「緊縛」という言葉を初めて雑誌で使ったのも、「緊縛モデル」という言葉が初めて登場したのもこの号だった。一九六四年に辻村は「SMカメラ・ハント」というコラムの連載を開始している。この連載は一九七三年まで続いた。『奇譚クラブ』誌上、最も人気のあるページの一つであった。このコラムで辻村は服従好きの女性やプロのモデル、素人のモデルを相手にSMプレイを実行し、それを文章と写真で読者に解説した。一九七〇年代半ばには、彼は『SMキング』に移ってこのコラムを続けた。

「SMカメラ・ハント」のコラムからは、辻村の人となりが感じ取れる。彼は責め手を演じてはいたが、けっして暴力的ではない。実はモデルの気持ちや居心地や安全に心底気を遣う本当にロマンティックな人物だった。だからこそ受け手の女性は彼を信頼することができたのである。まただか

辻村隆（1921〜87?）

らこそ、彼のこのコラムはあれほど人気を博し、またあれほど長く続いたのである。

一九六八年、辻村は映画会社の東映に招かれて、ある映画の「緊縛指導」（すなわち緊縛を監修し、教授し、指導する役割）を務めた。これは友人の団鬼六の勧めに応えたもので、辻村はそののちも団鬼六の雑誌『SMキング』に協力することになる。このときの映画は石井輝男監督の『徳川女刑罰史』で、その後も同じ石井輝男監督の東映作品『残酷・異常・虐待物語――元禄女系図』（一九六八）と『徳川いれずみ師――責め地獄』（一九六九）の二本で、ロープワークを担当している。同じ一九六八年には、辻村は『11（イレブン）PM』というテレビの深夜放送のゲストに呼ばれている。これが言わば彼の「カミングアウト」だった。なぜなら家族や友人は、彼がSMについて語っているところを、このテレビの生出演で初めて見たからである。それ以後彼は、専門的な縛師として、この番組に何度も出演することになった。彼はまた、自身の演出する「残酷ショー」でパフォーマンスを演じることもあった。そのとき彼は、少年のように興奮したものだった。

一九七〇年代初頭までには、SMに対する社会の態度も変化し、以前に比べれば幾分開放的になっていた。これは部分的には石井輝男の映画やSM雑誌、『11PM』の成功によるものであった。この番組はSMを始めとする公式的にはタブーとされているテーマをしばしば取り上げたのである。「SM」という言葉がよく知られるようになり、その実践ももはや秘密の文化ではなくなり広く理解を得たものとなった。こうした事態を見て、辻村は自身のコラム「SMカメラ・ハント」を止める決心をする。かつてのようにSMについて一般の人びとがほとんど何も情報源を持っていなかった頃とは違い、今ではもうそのようなコラムは的外れになってきていると感じたし、また「新しい読者」は、以前に比べてもっと狂暴で暴力的なSMプレイを求めているが、その期待にはついていけないと思ったのである。『ＳＭキング』が終刊した一九七五年に辻村もまた基本的には引退し、ゆっくりと視界から遠ざかっていった。

辻村隆の重要性は、彼が完成させたテクニックと、緊縛やＳＭプレイに対する彼の考え方にある。テクニックの面では、彼は古《いにしえ》の捕縄術の形態を改良することによって自分流の「早縄」的緊縛スタイルを開発した革新者であった。団鬼六は、一九六七年に大阪で初めて辻村に会ったとき、その縛りのスピードに目を瞠った。彼はまた、モデルを安全に吊るテクニックを編み出すことでも大いに貢献した。彼の直接の後継者である長田英吉、濡木痴夢男、明智伝鬼（かつて辻村と一緒に緊縛の練習をしたことがあった）、志摩紫光《しましこう》のほか、辻村が編み出した「飛ぶように」素早いスタイルを広め、さらに洗練した者たちはみんな、辻村先生の御蔭を被っているのである。

しかしながら辻村が、たいへん人気のあったその雑誌コラムで一貫して、はっきりと訴え続けたのは、緊縛のパートナーに対する愛情と感謝に満ちた態度であろう。現代のエロティックな緊縛の歴史に対して彼が与えた影響のなかでも、最も長きにわたって受け継がれていくことになるのがこれである。すなわち相対尽で愛し合う行為としてのＳＭプレイだ。最もロマンティックな縛師であった辻村にとって、これほどふさわしい伝説はないであろう。

かつてＳＭ雑誌の編集人を務めていた鏡堂みやびに、辻村隆についてどう思うか尋ねたことがある。彼は詩のような回答をくれた。

辻村隆氏は日本の緊縛界における輝かしい巨星でした。しかし今日では、彼について語る者はもはや誰もいません。彼の縛り技法もほとんど失われてしまいました。彼の縛りは一級品でした。水がどんな器にもフィットするように、彼の縛りも魔法のように柔軟自在で、万華鏡のように千変万化しました。私は彼の作品に最大限の敬意を払っています。彼こそは、日本の緊縛シーンにおける最高位を占める人物であることは疑い得ません。

名和弓雄——作家、歴史家、江戸武芸専門家

名和弓雄（一九一二〜二〇〇六）は、江戸時代の日本の捕縄術（縄で捕らえ拘束する技）や法の執行取締、尋問などの方法と歴史といったテーマの権威であり第一人者である。彼は一九一二年一月三日、美濃大垣藩家臣の家柄に生まれた。幼少時より武芸の鍛錬を始めすぐに頭角を現わし、やがて正木流武術（古くからある武芸の一流派）と江戸町方十手術（江戸時代の警察部隊の警棒を用いた武芸）両方の宗家となった。彼は七〇年以上を費やして捕物に使われる伝統的な武器と技術を蒐集・研究した。彼の個人コレクションは、現在では東京の明治大学の有名な刑事博物館に収蔵されている。

名和は数多くの書物を著わし、非常に高く評価されている。たとえば『拷問刑罰史』、『必勝の兵法忍術の研究』などのほか、最近では『十手・捕縄事典——江戸町奉行所の装備と逮捕術』が出版されている。

彼はテレビや映画の時代考証の任にも当たり、テレビドラマのなかの江戸時代の描かれ方を批判する『間違いだらけの時代劇』という一般向けの本も書いている。一九六四年には新東宝が彼の著

作を原作にして、映画『日本拷問刑罰史』（小森白《きよし》監督、吉田義昭脚本）をリリースした。最近も同じ江戸時代をテーマにした二部作の時代劇映画の原作を提供した。『おんな犯科帳』の１（一九九四）と２（一九九五）である（キングレコード）。

名和弓雄が影響を与えたのは日本の武芸界だけではない。彼は、ほぼ一世紀にわたって、ＳＭと緊縛の世界に多大な影響を及ぼした。ＳＭ雑誌の第一次黄金時代の初期に、捕縄術や江戸時代の拷問その他のテーマについて『裏窓』に合計一一本の記事を寄せている。ＳＭ雑誌の読者が緊縛の歴史的な側面について知るようになったのは、大部分は須磨利之（美濃村晃）が創刊したこの雑誌の御蔭である。その後も名和は、長年にわたって『サスペンスマガジン』や『ＳＭファン』などの雑誌に確かな記事を寄稿し続けた。武芸としての捕縄術が緊縛へと進化するに当たっては、名和の存在が中心的かつ明白な重要性を持ったのである。歴史に関する彼の幅広い学識と深い理解、専門的な技術があったればこそ、作り手のプロも一般の受け手も、どちらも捕縄術という古《いにしえ》の武芸を現代に応用することをすんなり受け容れたのである。名和弓雄は早乙女宏美の一九九八年の著作『性の仕事師たち』でも、傑出した人物として紹介されている。

椋陽児――鉛筆デッサンの大家《マスター》

日本のＳＭ雑誌の黄金時代には、読者は数多くの才能あふれる挿絵画家に恵まれていた。彼らはまた、草創期の漫画の創り手でもあった。その挿絵の御蔭で作り話に生命が宿った。美しく人目を惹く表紙の絵も、時には綴じ込み附録の二つ折りの緊縛・SMアートの絵も、彼らの手になるものだった。ごく初期の写真印刷の再現性が低かった頃には、エロティックな想像の世界を現出するために利用できるのはこうした絵画作品だけだったのだ。また喜多玲子の場合がそうであったように、特定の挿絵画家に人気が集まり、読物の書き手が誰であるかということと同じくらい、誰が挿絵を描いているかが雑誌の売れ行きを左右するようになっていた。そんな挿絵画家のなかでも最も多作で、最も多くの賞賛を集めたのが椋陽児《むくようじ》（一九二八〜二〇〇一）である。彼は同時期に複数の雑誌に寄稿することもあり、彼の作品を掲載したことのないSM雑誌はないように思われる。たぶん当時の画家のなかでは最も多くの挿絵を描いたのではないだろうか。

椋陽児は一九二八年一一月一一日、大阪に生まれた。農家の両親の下で幼少期は取り立てて何事もなく過ぎ、戦時中はそのほとんどを田舎の親戚の家に疎開して過ごした。第二次世界大戦が終わると、すぐに彼は大阪に戻り、ホテルの喫茶室やパチンコ店で短期間店員をするなどさまざまな職を転々とする（著者注、パチンコというのは娯楽兼賞品目当てのゲームマシンで、アメリカのピンボールの親戚のようなものである）。短命だった雑誌『SMグラフティ』誌上で一九八〇年に彼自身が書いたいくつかの告白自伝的な記事によれば、彼の最初の緊縛体験はだいたいこの頃で、縛った相手を写真に撮ったのだという。

やがて彼は東京に引越し美術学校の生徒となったあと、広告代理店に就職した。そのあいだもずっと緊縛の探究という「課外活動」は続けていたという。一九六〇年代半ばにとうとう椋は、一枚のスケッチを美濃村晃の雑誌『裏窓』に送り、この雑誌の編集スタッフとして採用されたのである。初めは落合竜二というペンネームを使ったが、その後、挿絵画家としては椋陽児に落ち着き、定期的にその挿絵が『裏窓』に掲載されると同時に表紙にも名前が登場するようになった。豊中夢夫という名で小説も書いた。その才能はある種のオールラウンドで、彼はプロの写真術も学び、雑誌『裏窓』に関することなら何でも引き受ける何でも屋となった。

『裏窓』のための仕事を五年間堅実に続けたのち、彼は独立する決心を固め、一九七〇年代初めの当時発行されていたほとんどのＳＭ雑誌からフリーランスで仕事を受注するようになった。彼はま

『ＳＭコレクター』1977年２月号に掲載された椋陽児の作品

た、巧みな漫画や単行本の挿絵を物し、一九七一年には緊縛写真集である『緊縛の肌』（譚奇会発行、三崎書房発売）を刊行してさえいる。

椋陽児をほとんどの同業者から隔てる特徴は三つある。第一に、著しく具象主義のアーティストだったこと。彼はHBの鉛筆しか使わずに、まるで生命があって息をしているかのような人物を現出させる。それほどリアリスティックなのだ。第二に、彼は洗練された緊縛に目が利いた。彼は絵で縛りを再現するとき、その末端の細部に至るまで綿密に描いた。着想を得るために自身が撮った写真を利用したのは伊藤晴雨と同じ手法であるが、椋はそれだけでなく、濡木痴夢男のような縄師から注意深くその技法を学んだのである。こうして椋は、どんなに委曲を尽くした結びや紋様でも、完璧な忠実さで再現することができたのである。第三に、このアーティストはドラマとユーモアの両方に溢れんばかりのセンスを発揮した。彼の描く挿絵は、たとえそれが読物に添えられたものでなくとも、その周りに常に物語と人生とがひっそりと息づいている。また彼が描く漫画は（彼は漫画で有名になった）、実に楽しいのである。

椋が初期SM雑誌のために描いた漫画は、一九八〇年代初めからサン出版によって単行本の形で復刻が開始された。一九九〇年代にはマイウェイ出版発行の雑誌『SM秘小説』や『SMマニア』に挿絵を描いた。椋陽児は黄金時代のアーティストのなかでは幸運な方である。出版社からの需要が途絶えることはなかったし、一九九〇年代のSMファンから「再発見」されもした。それによって彼の漫画はさらにもっと復刻されるようになり、またよりエロティックな素材を扱った限定豪華版の作品集も二〇〇〇年に出版されたのである。その上、彼の数百点にものぼる画像がインターネットを介して世界中に送信できるようになったので、ファンは彼の作品のほとんどを手に入れることができるようになった。
椋陽児は最も有名で、最も尊敬されているSM画家の一人として、二〇〇一年七月三〇日に亡くなった。七三歳だった。

長田英吉——SMステージショーの父

伝説的存在である長田英吉《おさだえいきち》(一九二五〜二〇〇一)は、SM界および緊縛界における本当の意味での革新者の一人だった。彼こそは現代的なSMクラブ・ショーを創りあげた人物である。一九二五年に栃木県に生まれた彼は、二〇代でマルキ・ド・サドに関心をいだくようになる。何かと議論の的になりやすいこの作家の作品が、初めて日本で翻訳されたのがちょうど一九四七年であった。一九五二年に長田は『奇譚クラブ』に、またその後すぐ『裏窓』に出会っている。辻村隆のコラム「SMカメラ・ハント」や喜多玲子の挿絵、伊藤晴雨の拘束写真《ボンデージ》など、すべてが若き長田にとって、自分もそれらのアーティストたちについていきたいと確信させるに足るものであった。

残念ながら一九五〇年代の日本は、ちょうど禁欲的な時期に当たっていて、長田にはどうやってこの世界に入っていけばよいかわからなかった。代わりの生計の手段として彼は印刷会社を起こすが、日本が一九六〇年代に高度経済成長を迎えたこともあって大成功する。しかし長田はなお満たされない思いを抱えていた。責め場をソフトに表現したショーをたまたま見たことで、新しいクリエイティブな人生の扉を開く好機がついに訪れた。それは向井一也という人が制作、監督、出演を務めるショーで、控え目ながらボンデージの場面があったのだ。感動した長田英吉は可能な限りこのショーに通い、いつの間にか向井を手伝うようになり、やがて縛りの役をすべて引き受けるようになる。

しかしそれでもなお長田は、このショーの性質としてそれほどハードなことはできないという制約があるため、焦れったく感じていた。そしていつの日か、想像力を思うさま羽ばたかせて自分自身のパフォーマンスを創りあげたいと願うようになっていた。そしてついにその日が訪れる。長田の印刷会社の顧客で、ポスターなどの印刷を発注してくれていた映画のプロデューサーが縛られ役のモデルを紹介してくれることになり、また別の友人が、バレエ教室のスタジオを劇場として借りられるという情報をもたらしたのである。

長田英吉が独自のスタイルで初めてパフォーマンスをしたのは、一九六五年、東京のアルス・ノーヴァ・バレエスタジオでのことだった。観客は多くても二〇人集まれば良い方だろうと思っていたので、一〇〇人以上が小さなスタジオにすし詰めになっているのを見たときには心底驚いた。長田とその最初のモデルを務めた笹森ルミは、その状況に興奮すると同時に大いに緊張して舞台に立った。飛ぶように素早く縛り上げる縄と鞭を用いたショーで、長田は奔放自在に振舞った。観客はあっけにとられ、長田がステージから退場するとようやくどっと拍手が湧き起こり、あとはパフォーマーの二人に対するスタンディング・オヴェーションだった。

最初のこのパフォーマンス以来、長田英吉は日本中のさまざまなＳＭグループに知られ始め、また尊敬も集めるようになる。ショーを上演し、プライベートで「会員制の」集いを催し、教室を開いて教えもした。評判はどんどん高くなる一方、彼のショーは独特で他に類を見なかったため、入場料は一〇万円にまで跳ねあがった。長田はストリップ劇場も含めてさまざまな場所で熱狂的な観客を前に演じた。彼はそれをほぼ三五年間やり続けたのである。だがもちろん時の経過とともに、SMショーやSM演劇がほかにも出現したこともあり、長田の人気と健康は下り坂になる。それでも彼は情熱を失わなかった。晩年彼は次のように語ったことがある。「縄を操ることさえできれば、俺は心も体も元気なんだよ」。

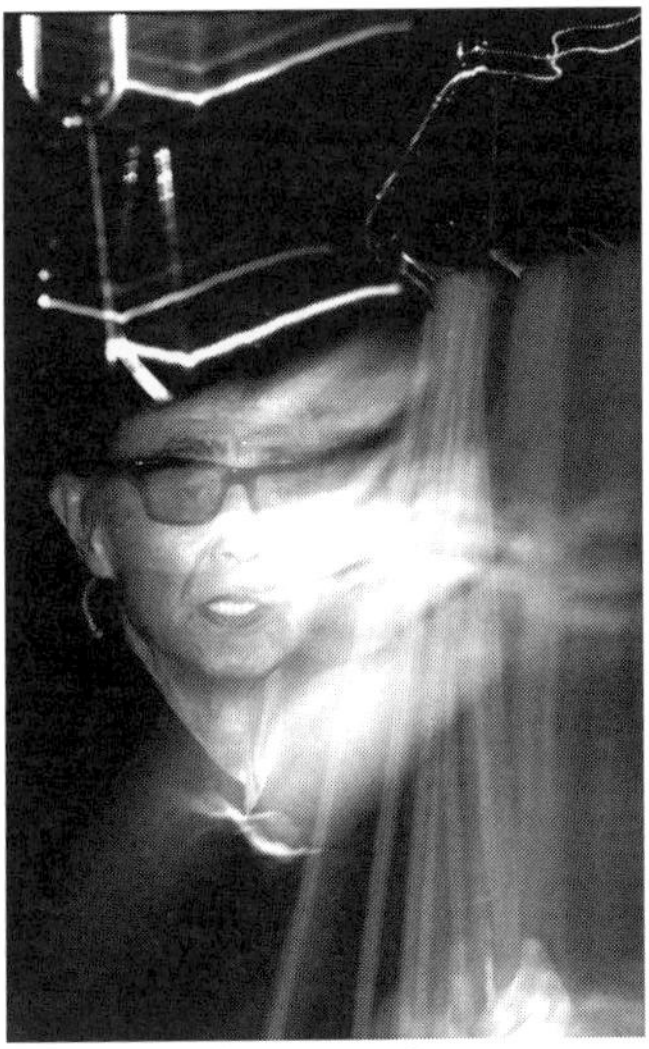
長田英吉（1925〜2001）

ステージ・パフォーマンスについて語ろうとすると、どうしても記憶を頼りにすることが多いが、記憶は時に人を欺くものだ。ステージショーは束の間の体験であり、若い頃の記憶と同じで歳を取れば取るほど美化されるきらいがある。高校のときのあのフットボールの試合はそれほどすごかったのか。あの日のデートはそれほどすばらしかったのか。当時は本当にあんなに早く走れたのか。だが幸いにも筆者のコレクションのなかに、長田英吉の舞台の記録が二本のビデオとして遺されている。一本は一九八〇年代のパフォーマンスを撮影したもの、もう一本はショーの準備をする長田を記録したものである。どちらもびっくりするほど見事だ。

正直に言って筆者は、SMショーまたは緊縛ショーで、長田英吉の半分もインパクトのあるものを見たことがない。彼こそは真の「早縄師」である。ステージの上でパフォーマンスする彼は、モデルからモデルへと駆けまわり絶えず縄に動きを与えている。それを見ていると、SM好きの道化たる小鬼が現実世界に出現した姿を目の当たりにしているかのようだ。ショーのなかで長田はほんの数秒でモデルを水平に吊ってしまう。そうしておいてモデルの背中に飛び乗るとブランコのようにこれを揺り動かし、二人の身体は舞台をはみ出して観客の頭上にまで振り上がる。彼はパフォーマーとしての演劇的本能を備えたエネルギーの権化である。記録ビデオには彼の秘密が映っている。引き解け結びを使用していたり、バランスに対する本能的感覚が垣間見えたり、とにかく革新を重視したらしいといったことである。しかし彼のあれほどのエネルギーは、誰も稽古で身につけられるものではない。

長田英吉は、現代的なSMステージショーを創りあげただけではなく、安全な吊りの技法を練り上げることに貢献した縛師の一人としても重要である。それによって吊りは、徳川時代の拷問という影の世界から解放されたのである。彼についてさらに注目すべき点は、モデル兼作家の早乙女宏美と、彼の後継者である長田スティーブとに影響を与えたことである。

今日のわれわれからすると、大胆な「パフォーマンス・アート」の舞台もありふれたものに見えるかもしれないが、一九六〇年代に長田のようなSMショーを上演することは、途方もない勇気を要することだったはずだ。長田の活動と技法は、当時の趨勢の最先端だった。後からそれは、日本のSMコミュニティのなかに受け容れられ真似されていくという類のものだった。だからステージで多少なりとも長田の衣鉢を受け継ぐパフォーマンスを演じる者は、彼の庇護の下にあるのであり、彼の御蔭を被っているのである。

団鬼六――小説家、雑誌編集長、映画製作者

団鬼六とは、おそらく日本で最も有名なＳＭ・フェチ作家のペンネームである。本名は黒岩幸彦《くろいわゆきひと》、一九三一年佐賀県生まれである。ペンネームの読み方は、彼自身が「だんおにろく」でも「だんきろく」でもどちらでも良いと言っているが、一般には前者で通っている。関西《かんせい》学院大学法学部を卒業するが、一九五七年に短篇小説で新人賞を受賞したことをきっかけに、プロの物書きとして歩み始める。ＳＭ雑誌『奇譚クラブ』に「花と蛇」を寄稿したことによって官能《エロティック》小説家として有名になり、やがて彼はそれを職業とするようになる。今日までのところで、彼が執筆、編集した文学作品は少なくとも一五九編にのぼる。

彼が花巻京太郎《はなまききょうたろう》というペンネームで「花と蛇」を『奇譚クラブ』に書き始めたのは一九六二年［八・九月合併号］のことである。だが三回連載したところでこの小説への関心をいっさい失ってしまう。その後、美濃村晃や辻村隆に出会って再開への意欲をかきたてられ、六四年に第一部を『奇譚クラブ』誌上で完結させる［九月号］。これが大評判となった。この小説が描いているＳＭの心理的側面というテーマは、当時としては文学の常識から逸脱する衝撃的なものであった。そしてこれが、団が小説家としてその後も取り組む主要なテーマの一つとなったのである。『花と蛇』は長年にわたって続篇が書かれ、また何度も再刊された。これを原作とする映画も数多く、そのうち少なくとも三本が興行的成功を収めた。現在でもこれが団鬼六の最も有名な文学作品である。

一九六九年、団鬼六は自身の製作会社鬼プロを設立し、芳賀書店と共同で緊縛の豪華写真集を刊行、これは多彩なテーマ設定でシリーズ化し、縛師兼カメラマンとして戸塚栄作や賀山茂らを採用した。一九七一年には自身で監督した映画『肉地獄』を製作、一九七二年以降は日活と協力関係に入り、「ロマンポルノ」シリーズで成功を収める。団鬼六原作作品の多くは伝説的女優谷ナオミを主演に迎えた。この二人のコンビは谷ナオミが引退する一九七八年まで続き、この間に一五本の映画が製作された。

一九七二年に団は、自身の雑誌『SMキング』を創刊してもいる。これは当時最良の作家やアーティストを集めた質の高い雑誌で、創刊時には「編集スタッフには女性しか雇わない」といった噂が飛びかって大いに注目を集めた。一九七三年には辻村隆を「緊縛指導」に迎え、辻村は『SMキング』誌上で「SMカメラ・ハント」のコラムを続けることになった。

一九八九年、団鬼六は作家業から引退して雑誌『将棋ジャーナル』に専念すると宣言した（著者注、団はアマチュアながら将棋すなわち日本版チェスの名手である）が、この雑誌はその後数年で廃刊に追いこまれ、団は復筆宣言をする。一九九五年には正統派の小説『真剣師小池重明』を刊行。その他の主な作品は、『阿修羅』『肉の顔役』『夕顔夫人』『檻の中の妖精』などのほか、伊藤晴雨の生涯を描いたフィクションの作品が何作かある。二〇〇〇年には軽妙洒脱でありながら熟慮に満ちた半自伝的小説『美少年』が、廣木隆一監督によって『不貞の季節』として映画化され成功を収めた。

団鬼六は長年にわたる創作活動に対して数多くの受賞歴があり、一九九九年には自伝『花は紅』も出版された。現代の日本式SMおよび緊縛の進化と実践に対して彼が多大な影響を与えたことは議論の余地がない。団は二〇一一年五月六日に亡くなった。

谷ナオミ——映画スター

　ピンク映画時代の日活が輩出した正真正銘のスターと言えば、美しく才能に満ちた女優の谷ナオミもその一人である。何百万人もいるファンにとって彼女は、日本の「ＳＭ映画の女王」だ。一九四八年に博多に生まれた彼女は、一八歳で上京して働き始める。人目を惹く美貌の持ち主であったから、すぐにモデルの仕事が舞い込んだ。たちまちのうちに、比較的小さな製作会社ではあったが、ピンク映画出演もオファーされた。最初はセックスをテーマにした映画に出るなど思いもよらないことで驚いたが、彼女は映画館に足を運んで作品をじっくり見てみることにした。その結果、脚本と映像製作の質《プロダクション・バリュー》さえ確保されれば出演する価値のある映画をつくることも不可能ではないと判断し、彼女は思い切ってやってみることにした。

　一九六六～六七年に映画に関わり始めた谷ナオミは、一九七二年に公開された『しなやかな獣たち』で日活のロマンポルノに初めて出演するまでに、すでに二〇〇本以上の映画に出演していた。『しなやかな獣たち』での役柄は取るに足らない小さなものであったが、製作陣の目に止まることになった。日活はありきたりの「売り出し中の新人女優」の一人として専属契約を結ぼうとしたが、谷ナオミは団鬼六の小説『花と蛇』を原作にした作品を製作して自身を出演させないかぎり契約しないと回答した。

このような大胆な申し出をしたのは、谷ナオミが自分には「何かふさわしい役どころがあるはずだ」と信じていたからであり、「SMこそが私の宿命だ」と考えたからだという。というのも彼女は、すでに親しくしていた団鬼六との会話のなかで、団の理想的ヒロイン像を演じる女優として、自分こそ完璧にぴったりだと確信していたのである。団の言うヒロインの条件とは、いささかユーモラスながら以下のとおりである。

(1) ヒロインは着物が似合わなければいけない。
(2) ヒロインは長くて真っ黒な髪でなければいけない。
(3) ヒロインはある程度豊満な肉体の持ち主でなければいけない。そうであればこそ拘束《ボンデージ》の縄が肌に食い込んで明瞭な印象を与えるのである。
(4) ヒロインは毅然とした表情ができなければいけない。そうでなければ責めを受けたときに気品を保てない。

以上の条件のほかに、谷ナオミが役を演じるに当たってシリアスな演技の才能を発揮したことを付け加えておかねばならない。それによって彼女のパフォーマンスは、単に性を売り物にしたものとは一線を画するものとなったのである。

谷ナオミが最初に出演した団鬼六原作映画は一九七四年公開の『花と蛇』だった。これが成功して、団の原作ではないが同じ七四年のうちに『生贄夫人』が後に続く。こちらは興行的に大当たりして、日活史上五指に入る総収益を記録し、その後の日活のSM重視路線に道を開いた。谷ナオミはすぐに日活ロマンポルノのSMシリーズのトップスターとなった。

役に取り組むに当たっての、きわめて真剣なその姿勢、その完璧なプロフェッショナリズムでも

谷ナオミ（『生贄夫人』©日活）

谷ナオミは注目されるべきである。彼女はしばしば代役無しで危ない離れ業に臨んだ。デジタル処理などなかった時代にしてみれば、それは重大な危険を冒すことになりかねなかった。彼女はまた、自身の見た目についても用心を怠らなかった。その美しい白い肌を損なってはいけないと、一二年の女優経歴のあいだは一度たりとも日焼けしたことがないという徹底ぶりだった。見た目の衰えに対する憂慮や、高く評価されていた質を下げるわけにはいかないとの思いから、彼女は三一歳の若さで映画から引退する。団鬼六とのコンビでつくったすばらしい映画はそれまでに一五本を数えていた。その最後の作品が一九七九年の『縄と肌』である。彼女はただ、ファンが自分の最良のときのまま記憶に留めてくれることを望んで引退し、その結果永遠に頂点に立ち続けているのである。

引退後彼女は日本の南部にある熊本に住み、さまざまなビジネスに関わってきた。そのうちの一つが「大谷」という名のクラブの経営である。ぴったりのネーミングだ。今では海水浴もゴルフも楽しんでいる。しかし日本では今でも彼女は有名人である。二〇〇四年には、彼女の日活作品のすべてを詳細に解説し、写真もふんだんに収録した記念出版物が刊行されている［二〇一三年八月に復刊］。

スクリーンで見せた彼女の衝撃的な映像は、時の経過をものともせずいつまでも新鮮さを失わない。彼女の大胆な、そして全身全霊を捧げたすばらしいパフォーマンスの御蔭で、少なくとも日活のSM映画の何本かは官能芸術《エロティカ》の枠組みをはるかに凌駕してもはや芸術《アート》の領域に達し、恋愛映画と言ってよいものにまで高められたのである。谷ナオミはSM映画に対する自身の傾倒について、かつてこのように語ったことがある。「愛し合うやり方はたくさんあるということを忘れてはならないと思うんです」。

濡木痴夢男——伝説の縛師

濡木痴夢男（本名、飯田豊一《いいだとよかず》）は、一九三〇年に東京に生まれた。彼は存命の緊縛師のなかでは最も偉大な人物であると広く認められているだけでなく、さまざまなSM関連の話題について書いている権威として尊敬を集めてもいる。誕生後すぐに彼の将来の経歴を暗示する徴候が現われていたという話がある。濡木曰く「ぼくはね、母親の体内から生まれ出るときに、すでに縄の束を手に握っていて、オギャアと泣いたんだ」（『「奇譚クラブ」の絵師たち』一〇六頁）。

若い頃には草創期の『奇譚クラブ』にしばしば読物を寄稿し、この雑誌の発行者兼編集長であった吉田稔ときわめて親しい関係を結んでいた。またこの時期に彼は美濃村晃とも親しくなり、美濃村の創刊した伝説的な雑誌『裏窓』の編集者になる。そのほかにも彼は黄金時代のさまざまな出版物に寄稿していて目立っていた。たとえば『風俗奇譚』『あぶめんと』『サスペンスマガジン』『SMセレクト』『SM奇譚』『SMコレクター』などである。

濡木は多産な書き手で、小説ないしフィクション作品を少なくとも三〇本書き、単行本の写真集や画集を編集し（藤見郁《ふじみいく》名義）、二〇種類以上のペンネームを使い分け、三〇種以上もの雑誌に二〇〇〇本以上の記事や読物を寄稿してきた。彼の最も最近の著作はどれもすばらしいがいくつか例を挙げるなら、『日本緊縛写真史1』（濡木痴夢男監修、秋田昌美著、不二秋夫写真監修、一九九六）、『緊縛の美・緊縛の悦楽』（一九九九）、『実録縛りと責め』（二〇〇一）、『「奇譚クラブ」の絵師たち』（二〇〇四）、

『奇譚クラブ』とその周辺』（二〇〇六）、『緊縛・命あるかぎり』（二〇〇八）などがある。

物書きとしての実績を別にすれば、西洋では彼はロープ・マスター（縛師、緊縛師、縄師）として最もよく知られている。この技芸《アート》に彼は若い頃から興味を持っていたが、プロとして注目されるようになるのは、一九七〇年代の第二次SM雑誌ブームに属する『SM奇譚』『SMセレクト』『SMコレクター』の三誌に掲載されていた写真ページのために、美濃村晃に代わって縛りを担当し始めてからのことである。彼はこの仕事をプロの縛師としての最初の名前である豊幹一郎《とよかんいちろう》名義で行なった。一九七〇年代終わりには、濡木は有名な「縛り方」シリーズを『SM奇譚』誌上で開始し、この雑誌が廃刊となった後は『SMコレクター』に移って連載を続けた。

濡木の緊縛スタイルは、彼の助言者であった美濃村晃と比べるとより複雑で、縄の数も多く紋様も豊かである。また同時により強制的でくずし縄を好む。「くずし」という言葉は日本の書道芸術によく使われるが、緊縛の一つのスタイルを指して使うこともできる。それは「計算された計算のなさ」と言えるような縄のデザインや、一見ランダムに見える不規則な紋様を持つ緊縛スタイルを表わしている。濡木はまた（辻村隆や長田英吉を初めとする幾人かの縛師とともに）、SMや緊縛プレイやパフォーマンスに吊りを安全に取り入れる技法を練り上げた縛師の一人として名を挙げるべき人物でもある。

一九八五年、濡木は有能な写真家である不二秋夫の協力を得て、緊縛美研究会、略して緊美研を設立した。このグループの目的はボンデージ・アートにかこつけた甚だしい儲け主義を排し、単なるボンデージ写真の延長ではない、その上をいく芸術《アート》をつくりだすことにあった。それは「縛られた女体の美しさを鑑賞し、その縛り方を研究し」、あくまでも「緊縛美」をめざす会であった。この会の特徴の一つは、モデルがみなボランティアであったことだ。濡木自身は、この会を始めた主な理由の一つに、縄を好む女性の役に立ちたい気持ちがあったと言う。「縄で縛られることを好む女は、縛られて犯されることを望んでいる変態女だ」と誤解されていたからである。一九九六年に活動を停止するまでに、この会は濡木の技法を収めた三〇〇本以上のビデオと独自の雑誌その他の出版物を製作した。

濡木は八〇歳を過ぎてもなお、物を書き、縛師として数々の映画、ビデオ、書籍、雑誌のために仕事をした。二〇〇七年には、ドキュメンタリー映画『縛師』で、縛師仲間の雪村春樹と有末剛とともに紹介されている。彼が縛ったのは、五〇〇〇人以上にのぼる。誰が見てもこれは途方もない数字だ。彼は生涯、ＳＭ出版産業における儲け主義に批判的であった。映画のなかでなぜ縛り続けるのかと問われた彼は、次のように答えている。「まだどこかに理想の女の子がいるんじゃないかと思うんですよね」。その彼も、二〇一三年の夏に亡くなった。濡木痴夢男先生は日本のＳＭ界の伝説である。

濡木痴夢男

浦戸宏——映画緊縛師、自称ロープマン

のちに浦戸宏を名乗るこの人物が生まれたのは、一九三三年の四国の高知県である。彼のこの職業上の名前は架空のもので、生まれ故郷の近くの地名に関連があるとして、彼自身が姓の読みを「うらど」としている。

初めて上京したのは、高校卒業直前の頃で、大学受験のためだった。わざわざ上京した理由は、単にこの巨大な都市を見てみたかったからで、まさか試験に通るとは思ってもみなかった。彼自身が驚いたことには、名の通ったある大学が彼の入学を認めたので、彼はそこの社会学部で学び始めた。いずれ緊縛師となる彼としては、東京で学生でいることの利点は、学生証さえ見せれば映画館が割引の学生料金で入れるということが一番だった。意義深いことに、彼の初期の野望は映画監督になることだったのだ。

卒業後は有名な子ども向け書籍出版社の編集部員として一九六一年まで働く。この年彼は、出版社の久保書店に面接に行く。当時久保書店はさまざまな雑誌を出版していたが、そのなかにはアメリカの通俗雑誌《パルプ・マガジン》『マンハント』の日本語版などというものもあった。またちょうど『裏窓』というSMをテーマとした小さな雑誌を創刊したばかりのところで、手伝ってくれる人材を求めていたのである。浦戸が断言するところによれば、彼はそのときまでおよそSMというものに対して、それが何であれ一切興味を持っていなかったそうである。しかし同時に、無意識に何かが存在してい

た可能性は彼も認めている。
『裏窓』の編集長は言わずと知れた須磨利之（別名、喜多玲子および美濃村晃）である。おそらくこれまで日本のＳＭ界で仕事をしてきたなかで最も才能豊かな人物だ。彼は浦戸の履歴書に注意深く目を通して言った。「もしよければ明日から来てもらってもいいです。ただ、うちは払いは良くないですよ」。実際、浦戸が須磨から聞いた条件は、彼が期待していたよりずっと低かった。しかし『裏窓』の編集部は彼の住まいから歩いて行ける距離にあったし、勤務時間も極端にいい加減なようだったので、浦戸はここに就職することを決めた。

浦戸がその会社に就職して約一ヶ月が過ぎた頃、須磨が〝京太郎さん〟のところへ行くよう勧めた。花巻京太郎というペンネームで書いている『裏窓』の著者の一人である。かくして浦戸はのちに日本で最も有名なＳＭ作家となるその男に会うことになる。団鬼六のことである。

一九六九年に団は会社（と言うよりもっとゆるやかな協力者の集まりだと言う者もいる）を設立して鬼プロと名付けた。そして出版を予定している書籍シリーズのために拘束写真《ボンデージ》を撮影しようと計画していた。団はそのために賀山茂《かやましげる》を雇った。賀山茂は美濃村晃の親しい仕事仲間の一人で、名の通った写

浦戸宏と美濃村晃（後ろ）。1961年久保書店編集部で

真家、SMプレイヤーであり、パートタイムで縛師《ロープ・マスター》もこなすという人物だった。残念ながら賀山のギャラは高かったので、団は内緒で浦戸に対し、賀山がすることをよく見ておくよう、またボンデージのやり方も独学で習得してはどうかと唆《そそのか》した。そうやってお金を節約しようとしたのである。

浦戸は試行錯誤を繰り返し、苦心して独学を進めた。須磨利之（美濃村晃）のボンデージも手本にした。この偉大なアーティストが喜多玲子という伝説的な名前で描いた数多くのスケッチと、自分の縛りの写真とを見比べてみるのである。興味深いことに、またそれが日本の師弟関係の典型的なあり方でもあるのだが、緊縛について須磨は浦戸に直接的には何一つ教えなかった。浦戸自身が何年も経ったあとに言っているように、「須磨は興味があるなら自分で勉強しろという人物」だった。それでも浦戸自身の緊縛スタイルは須磨（美濃村晃）に由来するのであり、完全に彼からインスピレーションを得ているのである。だから浦戸は最も影響を受けたのは須磨であることを喜んで認めているのだ。

団のためにさまざまな緊縛本の企画を進めていた浦戸は、この時期にあの美しい谷ナオミに出会っている。彼女はピンク映画の女優として名前がちょうど売れ始めたばかり、まだ日活のような大きな安定した映画会社の仕事を始めていない時分で、写真のモデルとして来ていたのだ。若き縛師と若きモデルはさまざまな機会にコンビを組んで仕事をし、互いに信頼し、互いのプロ根性と能力を認めあう仲になっていった。これが非常に運命的な出会いへと発展することになる。

それまでも写真集のことで浦戸と仕事をしたことのある谷ナオミのマネージャーが、一九七四年に浦戸を日活に紹介した。当時この会社は、「緊縛映画」という革新的な企画の可能性があるかどうか議論し始めていたところで、それが実現すれば初代主演女優は谷ナオミ、原作は団鬼六の物議を

浦戸宏が緊縛指導をした『花と蛇』の谷ナオミ（©日活）

醸したSM小説『花と蛇』とすることになっていた。

映画『花と蛇』は一九七四年に公開された。緊縛をやはり浦戸宏が担当したSM志向映画第二作目として『生贄夫人』がそのすぐ後に続いた。第一作目もかなりの成功だったが、『生贄夫人』の方は途方もなかった。それは後に日活史上五指に入る総収益をあげた映画となった。この成功の御蔭で浦戸は日活のSM志向映画の大部分で緊縛を担当するために雇われた。

そうした映画における浦戸の緊縛の特徴は大胆さである。彼はしばしば普通と違う吊りを多用し、道具も扱いが難しく潜在的に危険なものをよく使った。

浦戸宏が緊縛指導をした『生贄夫人』の谷ナオミ（©日活）

また彼が縛っていたのが映画俳優であって、単に興味を抱いたSMプレイヤーではなかったということも忘れてはならない。だから縛りは見栄え良く、本気で縛っているように見えなければならなかった（これはファンにとって必要条件だった）が、それでも谷ナオミやその他の俳優が演技ができるように縛らなければならなかったのだ。これは容易ならざる課題である。

実のところ浦戸は縛師であると同じくらい「緊縛デザイナー」であり「監督」ですらあった。彼はフィルムに収められる緊縛シーンのすべてについて、どんなボンデージがふさわしいか提案し、また創造した。人物の動きや衣裳についても助言し、時には自分でシナリオを書きもした。たとえば『生贄夫人』の有名な吊りの場面で谷ナオミが花嫁衣裳を着るのも浦戸が提案したのである。このきわめて大胆なアイディアによって、このシーンの象徴性とドラマティックな力とが大幅に増したのである。

現代的な緊縛の父伊藤晴雨にあれほどまでの影響を与えた一九世紀の芝居小屋の歌舞伎作品と同じように、日活の企画で緊縛を担当する浦戸もまた、観客から縄がはっきりと見えるようにし、見た目も雰囲気も女優がつねに最も魅力的であるように計らう必要があった。このために彼はよく、通常より幾分柔らかい縄を鮮やかな赤色に染めて使っていた。彼はこのように言っていた。「縄が衣裳のようにならなきゃいけないんだ。服のように柔らかくて気持ちよくて肌に優しくなきゃだめなんだ。衣裳の一部となって、モデルもその場の雰囲気も高まるようなものでなきゃいけないんだ」。

しかし彼がそう言っているからと言って、俳優がそれを簡単に手に入れられたということにはならない。浦戸の斬新な緊縛の例で有名なのは、映画『団鬼六「黒い鬼火」より――貴婦人縛り壺』(一九七七)における馬のシーンである。そこでは谷ナオミが鞍無しの馬の背の上で恋人役と背中合わせに縛り上げられ、そのまま馬が走るのである。

当時の雑誌が報じているところによれば、浦戸はこの場面に多大なエネルギーを注いで創造性を発揮した。そして物語のなかの男女は、罰を受ける前に公開で辱めを受けることにしようと決め、視覚的にもより劇的にするために背中合わせに縛り上げることにしたのだ。浦戸は祖父が騎手だったので馬の乗り方を知っていたが、俳優たちは誰一人馬に乗ったことのある者はなかった。俳優が落馬することを非常に心配した浦戸は、彼らを「見せるだけのために」縛った。すなわち俳優の両手は自由のままにしておいて、馬の腹にも一本縄を回して縛り、彼らがリハーサルのあいだはそれを摑んでおけるようにした。そして各テイクの本番直前になって初めて本当のボンデージを施すという具合にしたのである。それは皆にとって難しいシーンだったが、とりわけ谷にとってそうだった。

しかし彼女は真のプロとして、一度も文句を言わなかった。こういったことはすべて、CGなどなかった時代ならではのことだ。

映画俳優を縛るときに最も重要なのが安全性であることは言うまでもない。生身の人間として安全を確保しなければならないのはもちろんだが、金のかかった商業的な企画を遂行する上で鍵となる人物として安全でなければならないのだ。浦戸自身が言うように、「主演女優が撮影の途中で脱臼したりしたときのことを想像してごらんよ」。だから縛師は多大の努力を払って俳優を安心させるとともに、安全性最優先であることを約束するのである。浦戸であれば縛りについて俳優に説明し、俳優と一緒になって縛りを創り上げたことだろう。そうやって俳優たちが身も心も安心できるように気を配ったであろう。浦戸によれば、自分が現場にいたときには事故は一つも起きなかったそうだ。もしも一つでも事故が起きていれば、それ以降はプロとは言えなくなるだろうとも言う。

『黒薔薇夫人』の監督である西村昭五郎は、『サンアンドムーン』誌の一九七八年四月号のインタビューで、浦戸宏を賞賛して次のように語っている。

私、日活のポルノ映画は、ここ五、六年の間に、かれこれ三十数本作りましたが、このSMものというのは、今回が初めてなのです。

私は皆目分らないからと、プロデューサーのY氏に泣きを入れましたところ、その方の専門家を紹介するから、一度会ってみなさいということです。そこで早速、私達は、シナリオライターのK氏と共に専門家を訪ねました。

水道橋の駅で待合せ、近くの喫茶店で、私達は、U氏に紹介されました。U氏は、以前にも、

ＳＭものの縛りの指導で、二三回、撮影所に来られたことがあるそうで、プロデューサー氏とは知己なのだそうです。

私は自分が全くＳＭについて知識のないことを話し、色々Ｕ氏に質問してみました。たとえば、何故女を縛るか、という素朴な質問。それは男女が愛し合うことの一つのバリエーションなのですかと。

Ｕ氏はその通りだと、私の質問を理解して下さったようです。

話している内に、私はＵ氏が、非常にナイーブな学究肌の人物であることが分ってきて、Ｙ氏はいい人を紹介してくれた、今度の映画もこれで何とかなりそうだと、一安心したのです。

正直云って、ＳＭ雑誌をみても、縛りの写真をみても、私には映画を作る自信はありませんでした。

でも、Ｕ氏のごとく、一芸に通じている人は、何であれ、人を納得させるものを持っているものです。だから、私は撮影のＳＭ場面に関しては、全面的にＵ氏を信頼し、氏のアイディアをそのまま使わせてもらいました。

ずい分無責任な監督と思われるかも知れませんが、私には彼の表現方法が、全て非常にすぐれていると認めたからです。

そんなわけで、撮影に入ってみると、二人共いきが合って、「よし、それでいこう、決った」とどんどん撮影は捗りました。

浦戸宏が日活映画のために仕事をしたのは一九七四年から八八年までで、その数は約五〇本に上る。一本の映画を撮影するのに最低でも二、三週間はかかったのだが、その間彼は毎日現場に赴いた。作品によっては企画の段階から参画した。最初の頃、彼が受け取った謝礼は映画一本につきたったの五万円だったが、最後のほうでは一本二五万にまで上がった。日活映画で浦戸ほど多くの緊縛指導をしている緊縛師《マスター》は他にいない。

もしも浦戸宏が一九七〇年代、八〇年代の日活映画のために、ボンデージの一切を担当したというだけであれば、彼が日本の緊縛・SM史に名を残すに価するのは、ひとえに何十年にもわたってその映画を見てきた数百万のファンの御蔭ということになろう。彼が手がけた日活映画は今でも人気があるし、日本でも西洋でもDVDで再公開された御蔭で、今日ではかつて以上のファンを集めていることも確かだ。『花と蛇』(一九七四)と『生贄夫人』(一九七四)がどちらもリマスター版で、しかも英語字幕を付けて販売されているのである。

しかしながら浦戸は単なる独創性に富んだ緊縛担当者をはるかに超えた存在だった。彼は昔も今も優秀な文士であり、作家であり、学究の徒である。彼はその経歴の初期には『裏窓』に読物を書いていたし、後期には日活のシナリオも書いた。しかもその上、映画に携わりながら、彼は自身の出版社を設立して明治維新などをテーマとする書籍を出版しているのだ。

SMの分野では、彼はたいへん儲かるSM小説シリーズを生み出した。芳賀書店発行の「SM耽美文学」シリーズおよびその二冊の別巻である。二冊目の別巻は今まで出版されてきた緊縛教本のなかでも最も初期のものの一つである。このシリーズのために浦戸は企画開発から各巻の編集、シリーズのために書くよう団鬼六を説得すること、挿絵をあの才能溢れる椋陽児に依頼することなどすべてをこなした。さらにはまた、浦戸は長年のあいだにいくつかの品の良いSM雑誌を編集し、またさまざまな書籍の企画のために緊縛指導の役を務めもした。そうした書籍のなかには、初期の緊縛アートブックとして影響が大きかった『緊縛大全』（団鬼六監修、篠山紀信写真撮影、芳賀書店、一九七二）も含まれる。

だが、浦戸について最も永く記憶に残るのは、やはり彼が日活で手がけたすばらしい仕事であろう。彼以前には伊藤晴雨や美濃村晃がそうであったように、浦戸宏が緊縛史に比類ない位置を占めるのは、その観客が空前の数に上ったからである。それほど多くの観客たちが、彼が手がけた映画を見てその芸術性と技とに驚愕したのである。

小日向一夢、春日章、小妻要――三人の黄金時代の絵師たち

一九五〇年代、六〇年代、七〇年代というSM雑誌の黄金時代には、驚くほど多くの才能溢れるアーティストが寄稿していた。とりわけ挿絵画家について、このことがよく当てはまる。彼らは読物に添える挿絵だけでなく、雑誌の表紙絵も描いたしSM漫画も創った。販売数や定期購読登録数を増やす呼び水として時折雑誌に附録として挿み込まれる二つ折りの見事なSMアートも描いた。これなどは、明治時代の新聞が朝刊や夕刊に浮世絵を附録として付けたことを真似しているように見える。

そうしたSM雑誌の挿絵画家たちのなかでも最も抜きん出た人びとは、皆浮世絵の修練を十二分に

積んでいてその伝統を踏襲していたが、その作品には独自の感性が加えられていた。黄金時代の才能ある絵師《アーティスト》から十人余り選んで人物紹介することなど造作もないのだが、それはやめておいたほうがよかろう。その代わり、ここでは本当の意味でのベスト3を挙げた。彼らは皆、他の人とはまったく異なるスタイルを持ち、アーティストとしての想像力、スタイル、劇的な表現という点で、それぞれが皆個性的である。

小日向一夢（本名、木俣清史《きまたきよし》）はそのなかでもとくに日本的である。彼は伝統的な浮世絵のなかでも最良のものに一番近いからだ。確かに彼は西洋的な遠近法を見事に駆使して、しばしば人をはっとさせるような劇的な絵を描くが、色彩、フォルム、デザインに対する感性はきわめて伝統的なのである。ここに掲げた彼の絶品をご覧いただきたい。これは加賀の前田家の侍女にまつわる物語から取られた悪名高い（そしてもしかすると実話の）蛇責の場面を描いたもので、美しい着物やほとんど歌舞伎のような表現が見て取れるであろう。劇的な責め場に日本の伝統的な衣裳という組み合わせで、非常に美しい色彩と紋様を熟練の技で描き出すのがこのアーティストの典型的な画題である。

小日向があれほど古典的なスタイルに傾倒していたのも、たぶん驚くには価しない。なぜなら彼は、仏教関連のテーマを描く宗教画の絵師として修練を積んでいるからである。ここで興味深いのは、彼は宗教画に携わりながら、同時にSM雑誌の挿絵も描いていたことだ。神聖なものが冒瀆的なものと共存しているという日本人の寛容の例証として注目すべきである。

一九六〇年に美濃村晃の『裏窓』に描いたのが、小日向のSM雑誌の挿絵の最初である。その後『裏窓』には定期的に画稿を寄せ、一九六四年までそれが続く。一九七〇年代になると彼は数多くの雑誌に挿絵を描くようになる。たとえば『サスペンスマガジン』『SMキング』『SMコレクター』

『S&Mアブハンター』『別冊SMファン』『SMセレクト』などである。また同じ時期に出版されていた質の良いSM小説の単行本にも、目を瞠るような出来映えの絵を描いていた。木俣清史名義では、若者向けの読物や時代小説などを含む、さまざまなテーマの正統派の書物に挿絵を寄せた。

一九七〇年代半ばにSM雑誌の第二次ブームが頓挫すると、ほぼ同時期に小日向も創作活動をほとんど止めてしまったようである。一九八〇年代にSM雑誌ブームが再来したときには、写真が大方の絵師の仕事を駆逐してしまった。そうして小日向もSMシーンから消え去ったのである。

残念ながら、長いあいだ絶版になったままの『縄と女』と『耽美の発見――SM画集』に掲載されたごく少数の図版数点を除いて、小日向の膨大な作品はほとんどまったく蒐集されてもいなければ出版されても

小日向一夢『蛇責』(1970頃)

いない。これは二重の意味で悲しむべき事態である。なぜなら小日向一夢は、年輩のアーティストのなかでは最も想像力が豊かな絵師の一人であると同時に、古典的な浮世絵の伝統を踏襲しながら、現代的なＳＭをテーマにした挿絵を製作する技法を数多く編み出した人物でもあるからだ。

　もっと若い世代の春日章（別名、堂昌一《どうしょういち》、本名、堂前證一《どうまえしょういち》）が頭角を現わし始めたＳＭ雑誌黄金時代、彼はある意味で団鬼六の秘蔵っ子だった。この時期団は、春日をしきりに指名して、一九七〇年代の彼の雑誌『ＳＭキング』に掲載された数多くの読物や、さらに後の時代の団自身の小説のうちのいくつかに挿絵を依頼している。それによってこの腕のいい職人は、すぐに当時の主要なＳＭ出版物のほとんどに作品を提供するようになった。

　春日は美人画の伝統をくむ挿絵師《マスター》である。美人画は浮世絵に端を発し、日本の版画家にとっては主要なジャンルの一つである。江戸時代の日本では、美人画に描かれるのはファッショナブルで思わせぶりな遊女たちであった。そこに示されているのは女性美の理想であると同時に、豪華な呉服やファッションを陳列する目的を持っている場合もあった。当時は呉服や着物の商人が宣伝のためにそうした版画を用いていたのである。春日章は近代美人画の大家《マスター》である名高い岩田専太郎の弟子として、この分野を真面目に学んだのだ。ちなみに岩田は今日ではコレクターの垂涎の的となっているアーティストである。

　女性美を描き出すこの伝統を手中にした春日は、熟練の技によって、ＳＭの官能性をエロティックに吟味する作品を産み出すのだ。彼はいつもそれを女性の視点から、純粋な快感として描き出す。彼の作品で暴力が描かれることはほとんどない。仮に挿絵を付けている対象の物語がそのような内容を含んでいたとしてもだ。暴力の代わりに彼の愛らしい印象派的な水彩画が表現しているのは、いつでもロマンティックに縛られた美人のけだるい性的な満足感なのである。

一九七〇年代および八〇年代の春日章は、比較的良質なSM小説に挿絵を提供している。九〇年代には、団鬼六が自分好みの写真や絵を選んで編集したワニマガジン社発行の書物に名前を連ねている。また彼はグリーンドア文庫が刊行していた現代的なエロティックSM小説にも挿絵を描いていた。その成果として一九九三年には、彼の美しい緊縛・SMアート作品を集めた小さいながらエレガントな画集が、やはりグリーンドア社から刊行された。そのすぐ後、春日章はSM挿絵から引退する。

おそらくあらゆる「古典的」挿絵画家のなかで最も幸運だったのが、この上ない才能に恵まれ、かつ多産であった小妻要《おづまかなめ》（小妻要子という署名のときもある）だろう。長年のあいだに彼は、SM黄金時代のほかのどのアーティストよりも、たくさんの作品集を刊行している。だがそれもおそらくは驚く

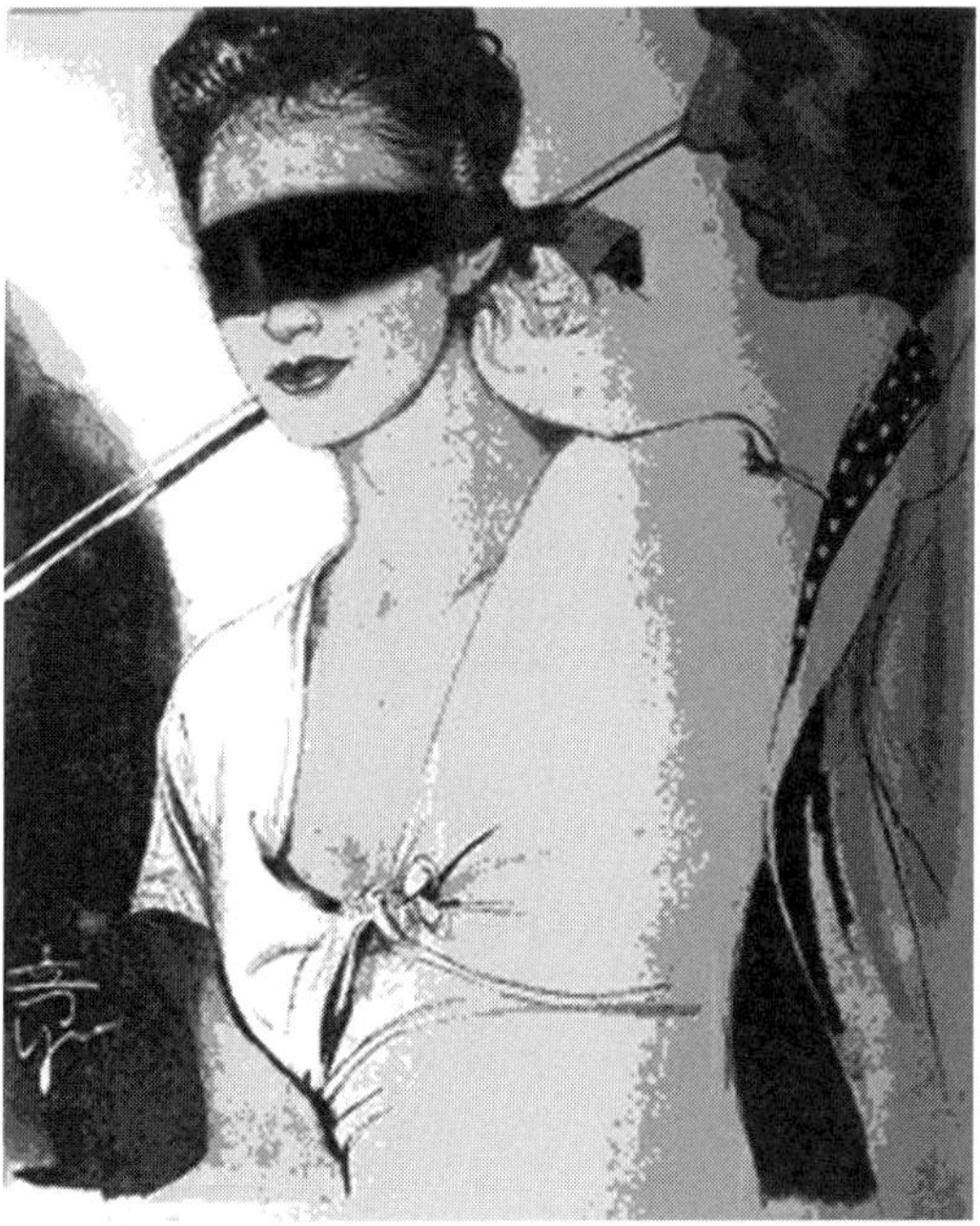

春日章の作品（『ＳＭコレクター』1979年9月号）

べきことではないかもしれない。なぜなら小妻の作品では、次の三つの異なる特色が一緒になって一つの美しいイメージを創り出しているからだ。(1)官能的な責め場、(2)美人画、(3)絶品の刺青の三つである。

一九三八年、日本海に面した新潟県に生まれた小妻要は、美術大学に入学するが、卒業前に中退しなければならなかった。生計を立てるためにどんな職にも就く必要があった彼は、一九七〇年代初頭にSM雑誌の挿絵描きを始めた。彼はすぐに当時の出版物のほとんどに定期的に寄稿するようになった。なかでもとくに『SMセレクト』『SMコレクター』『SMキング』には気に入られた。

その経歴の最初期において、小妻は数多くの異なるスタイルを試み、時としてそれは喜多玲子のような有名なアーティストの真似となった。しかし独自の技芸《アート》がどんどん磨かれていくにつれて、その創造性とドラマティックな想像力とで多くの支持者を集めるようになる。そして一九七〇年代の終わり頃に、彼は責め絵や刺青に熟練の技を発揮し始める。彼の特徴的なスタイルがここに開始されるのである。すなわち流れるような黒髪の、江戸時代の若き女性が、壮麗かつ色彩豊かな刺青を身にまとい、恍惚、羞恥、苦痛のいずれかの官能的な姿勢を取らされて太い麻縄で縛られているという画題である。

今日では、小妻要はSMアーティストであると同時に押しも押されぬタトゥー・デザイナーとして名高い。また彼は、一九世紀初頭の歌川国芳の直系の後継者であるとも見なされている。国芳はその「通俗水滸伝豪傑百八人の一個」という版画シリーズで、初めて刺青アートを大衆化した浮世絵師《マスター》である。小妻の壮麗な作品は世界中のタトゥー・マニアから賞賛を浴びているから、彫り師からも、また刺青を入れたいと思っている顧客からも、注文が殺到していた。

彼のSM作品は、その経歴の初期の頃からコレクションの対象になっていた。また大部の画集も過去に何度も刊行されている。ざっと挙げるだけでも一九七二年、七九年、二〇〇〇年、〇五年、〇七年という具合だ。このうち二〇〇〇年に二見書房から『刺青妖艶花――Tattooing』という題で刊行されたものが、彼の責め絵と刺青アートの画集としては最も豪華な一冊である。

高名であるのに小妻要はきわめて控え目な人物のままだった。『刺青妖艶花――Tattooing』の画集に収録されている最近の自伝的エッセーのなかで、彼は自身の作品集が出版されて「有り難い反面、気恥ずかしさも伴う」とコメントしている。彼は次のように結んでいる。

本書の刊行により、日本の風土と伝統に培われた「芸」と「技」の一片が、日本のみならず、世界のタトゥ・マニアの目にとまってより広く共感を得られれば、浮世絵師のはし

小妻要による縛りと刺青

くれとして、これに尽きる冥利はありません。

どちらについても心配は無用だ。彼は誉れ高い現代の大家《マスター》である。その小妻要も二〇一一年九月二七日に亡くなった。

名前が最もよく知られている人たち（喜多玲子や椋陽児など）を除いて、ＳＭ雑誌に寄稿していたアーティストのほとんどが、無名のまま創作にいそしんでいた。雑誌から注文があれば、即座にすばらしい絵を仕上げて提出するのが彼らの仕事だった。かつてＳＭ雑誌の編集に携わっていたアーティストの鏡堂みやびと話していたとき、彼は若い頃雑誌の世界で「使い走り」をしていたときに、締切りが迫るたびにアーティストの家に出向いてその作品を受け取っていたと語り、次のように言っていた。

四半世紀以上前ですよ。駆け出しの編集者として春日章、小日向一夢といった先生方の担当をしていました。当時先生方はすでに挿絵画家の大家で、ずば抜けて早描きでした。原稿をいただきにお宅に参上するとしばらく待っているように言われ、そのあいだにその場でまったくの白紙に注文通りの絵をさらさらと描くんです。

ここに紹介した才能溢れる三人を始めとする多くのアーティストたちが、締切りのプレッシャーをものともせずに、独自のスタイルと鋭い感性をＳＭ雑誌の挿絵作品に注ぎ込んだのだ。だからこそ、確かに彼らの最良の作品は、エロティック・アートの域にまで達することができたのである。

明智伝鬼——縄の天才

明智伝鬼《あけちでんき》（一九四〇〜二〇〇五）は、日本のプロの縛師《ロープ・アーティスト》のなかで、最も偉大な、また最も高名で最も評価が高く最も完成された技の持ち主の一人である。彼は一九四〇年九月一一日東京に生まれた。緊縛への関心は、小学生のときに縛られた女性の挿絵が掲載された一冊の『奇譚クラブ』を偶然見たことに遡ると、本人がしばしば語っている。その挿絵の美しさに魅了されたのだという。

不幸なことに明智は幼いうちに先天性の深刻な心臓疾患と診断され、この病が彼を終生苦しめることになる。二〇歳のときに一般住宅の内装業を始めるが、健康問題には相変わらず悩まされていた。彼は自分が早死にするものと諦めていたらしい。しかし三〇歳のときに、有名な外科医に手術をしてもらった御蔭で彼は奇跡的に健康を回復する。そのとき彼は、あとどれだけ生きられるのかわからないが、とにかく自分が一番興味のあることをしようと心に決めた。

一九七〇年代半ばまでに、明智伝鬼はＧＳＣ（劇団世界劇場の略）企画が上演する「アバンギャルドな」ＳＭショーに参加するようになっていた。縛りの場面を一手に引き受けていたのである。そのショーの終わりに、彼は自分自身で創った短いパフォーマンスも見せていた。この束の間の「余興」がやがて進化して、のちに自身が旗揚げしたスタジオファントム主催のＳＭショーへと完成されていくのである。また彼が辻村隆と親交を結ぶのもこの頃である。以後明智は、この年輩の高名な縛師と時折緊縛のセッションを共にすることになる。

一九八〇年代になるとＡＶ《アダルトビデオ》ブームが起こり、明智伝鬼は自身のステージショーのほかに、数多くのビデオや写真集、そしてテレビのバラエティ番組にまで登場し始める。それによって彼は、幅広い層からなる、きちんとした鑑識眼を備えた観客を集めるようになったのである。トレードマークのサングラスをかけた彼の顔は、同時に国際的にも知られた日本式緊縛の顔ともなった。彼は海外公演も何度か経験している。彼の傑出した技倆とショーマンシップ、それに興行主としての精力的な活動は、ＳＭや緊縛のマニアが市民権を獲得する一助となった。

明智伝鬼は、日本の封建時代に発展した伝統的武芸の一つで、縄による拘束術である捕縄術への関心をいつでも失わず、自身の緊縛スタイルに捕縄術の古典的テクニックをいくつも採り入れていた。彼のスタイルは非常に錯綜しているにもかかわらず、規則正しい縄目とエレガントな幾何学紋様を備え、見た目にいつでも驚くほど美しく、最良の質の日本のアートやデザインを思わせるほどのものだった。

明智伝鬼は生前から非常に評価が高く愛された。彼の濃い色のサングラスは、匿名でいるために掛けていたのではあるが、同時にあまりにも優しげな目を隠すためでもあり、また紳士的で思いやりに満ちたその心を見せないためでもあると言われてい

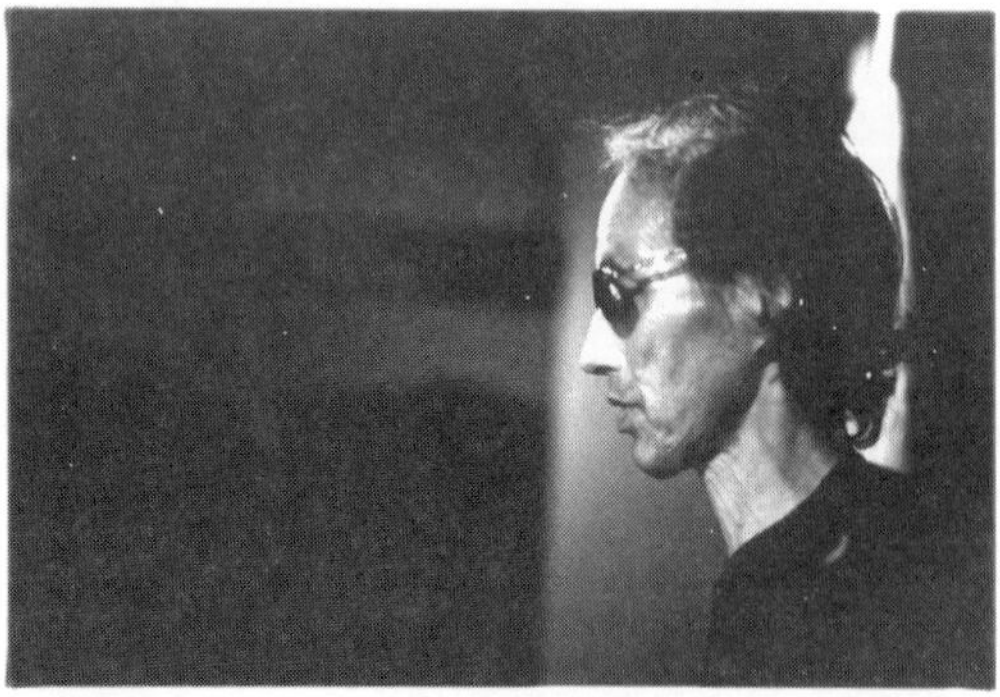
明智伝鬼（1940〜2005)。撮影、菅野秀明

た。かつて彼はインタビューに答えて、初めて女性が縛ってもよいと言ってくれたときには涙が出たと語った。またその死の数週間前に、あなたにとって縛りとは何を意味するのかと問われたときには、この偉大な大家《マスター》はこう答えた。「緊縛はあくまでも縄を通したコミュニケーションです。縛られる側が母親に抱かれた赤ちゃんのように全てを委ねてくれるといい縛りができるので、そういう状態に持っていくようにしています」。

幸いなことに彼のパフォーマンスの多くが撮影されてビデオやＤＶＤになっている。またこれま

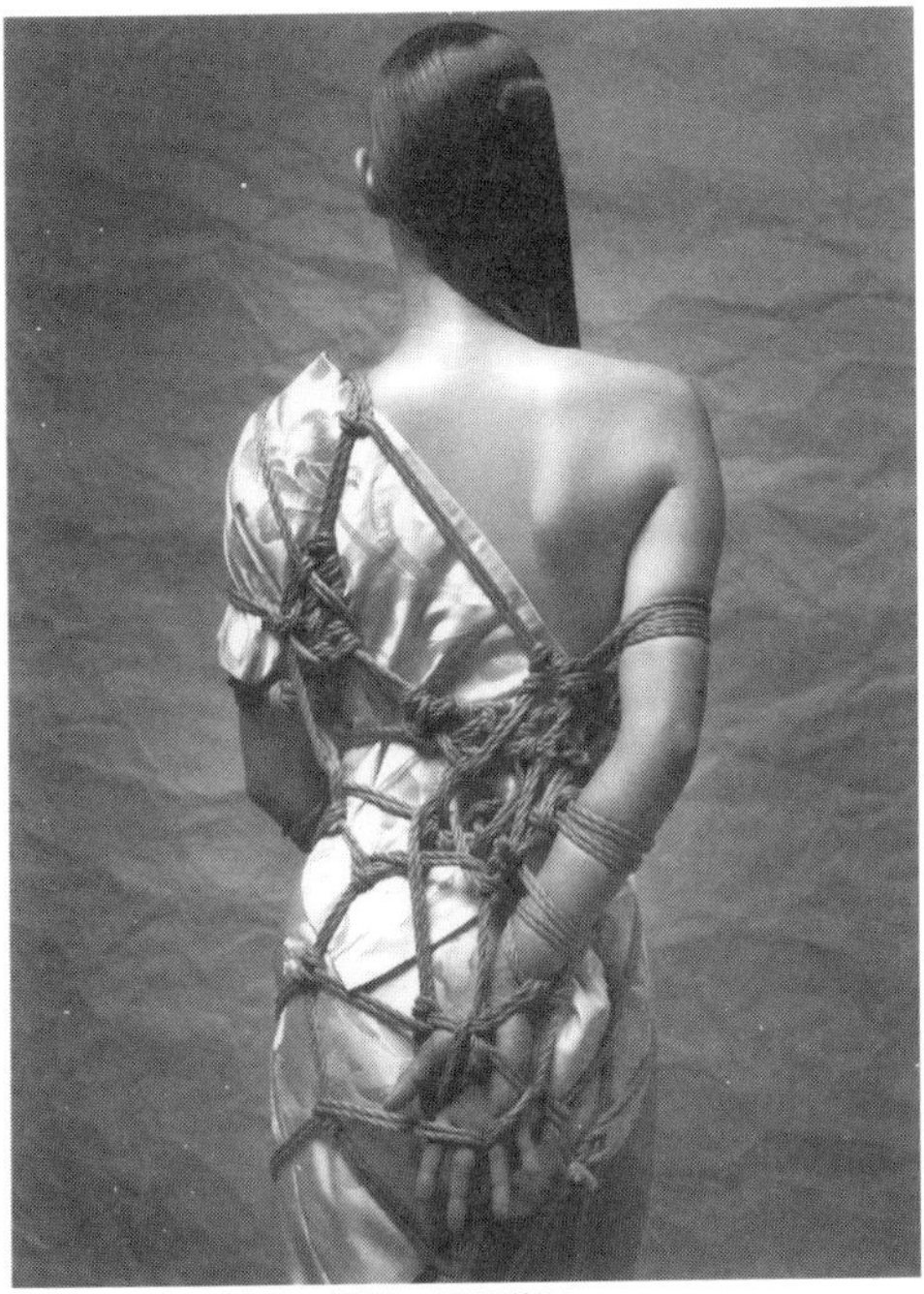

明智伝鬼の縛り。撮影、菅野秀明

で出版された緊縛写真集のなかで最も美しい『朝吹ケイト緊縛写真集――浮世草子』（田中欣一撮影）と、もっと最近の『Ａｋｅｃｈｉ』（斎藤芳樹《よしき》撮影、新風舎、二〇〇七）の二冊が、明智伝鬼の仕事を讃えている。これらのすべてを使って将来のマニアは研究することができるし、それによって彼の遺産は受け継がれ、彼の信じられないほどの縄の技倆も、いつまでも人びとにインスピレーションを与える存在であり続けることができる。しかしながら彼の才能の謎、すなわち緊縛のなかで「無となり」、人の胸を打つ美しさとともに再び現われる彼の流儀の秘密は永遠に失われてしまった。最良の緊縛を音楽に喩えることができるなら、明智伝鬼先生は緊縛界のモーツァルトであると言っても言い過ぎではない。

何より忘れてはならないのは彼の哲学である。すなわち縛りとは、縄を通した心のコミュニケーションを交わすための技芸《アート》でなければならない、という教えである。

杉浦則夫――写真家

写真こそが、今も昔も緊縛アートの評価を分ける重要な構成要素の一つであるとは、陳腐なほどよく聞く物言いである。伊藤晴雨の時代から、写真は緊縛の複雑さやそれが与える印象を、うっとりさせるほどエロティックな映像を通じて世界中に知らしめてきたのだ。写真というアートは、けばけばしいポルノに奉仕することも多いのだが、官能芸術《エロティカ》とポルノとの差はしばしば紙一重で、写真家の腕と映像の意図するところのバランスが崩れれば、すぐにポルノに堕するのだ。

　驚くほどの才能を備えたアーティストが長年のあいだに大勢出現して、緊縛アートの撮影に大きく貢献してきた。田中欣一や不二秋夫といった名前がすぐに思い浮かぶが、おそらくほかのどの写真家にも増して非凡な映像を創造してきたのが杉浦則夫師《マスター》である。

　杉浦は一九四二年四月九日、愛知県に位置し日本で四番目に大きな市である名古屋で生まれる。彼はデザイン専門学校に入学するが、すぐにそこに失望して生計を立てるために退学する。その後は大ざっぱにアートに関連があると言えるさまざまな職業に就いた。たとえばテレビの人形劇の大道具係とか、ストリップ劇場の照明係などである。

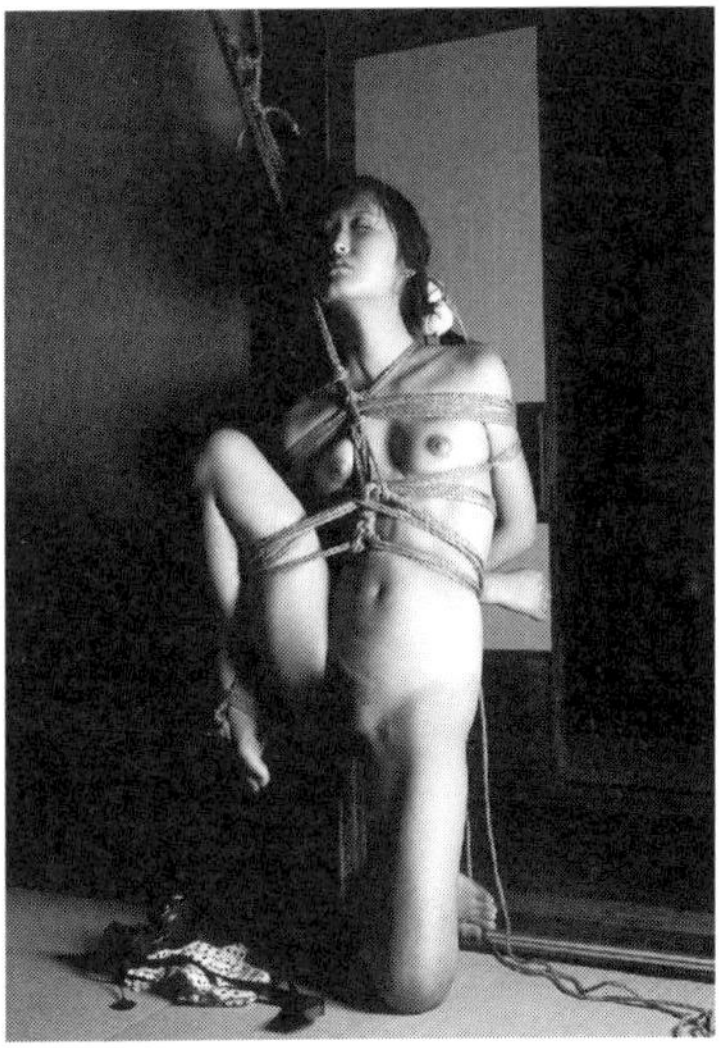
撮影、杉浦則夫

　一九七〇年代に杉浦が著名なＳＭ作家団鬼六に出会うのもストリップ劇場でのことだった。すぐに彼は団のために仕事をするようになる。最初は団が劇場で上演していたピンク実演の助監督を務め、その後団が大きな影響力を持っていた雑誌『ＳＭキング』を手伝うようになる。初めは編集部に属して写真撮影の準備や進行を担当した。彼曰く、そこで「カメラの操作方法を学んだ」。

　彼はさりげなく言っているが、その言葉は事実だ。よく知られているアーティストのなかで、「独学」で成功した最も顕著な実例が彼なのだ。というのもその後すぐに杉浦は、他に例がないほど豊かな表現力を備えた独自のスタイルを確立して完璧なプロとなったからである。彼のスタイルを支えているのは主に二つの要素である。一つは、単光源のドラマティックな使用法。これによって縛られた被写体は柔らかな光に包まれ、シャドー部とハイライト部のコントラストでそのフォルムがくっきりと浮かび上がるのだ。もう一つはけっして的を外さない彼の直感力である。被写体が最も劇的に見える表情やポーズをつねに見出し逃すことがないのである。

『SMキング』が発行を停止した後、杉浦は数年のあいだSMピンク映画の世界に身を置き、そののちフリーランスの写真家としての地位を確立した。そして一九八〇年代前半は、当時最も人気のあったSM雑誌『SMセレクト』と『SMファン』を主な舞台に活躍することになる。

それから八〇年代末頃、彼は『SMマニア』や『SM秘小説』などさまざまな雑誌の表紙を手がけ始め、やがてこの分野でも引く手あまた

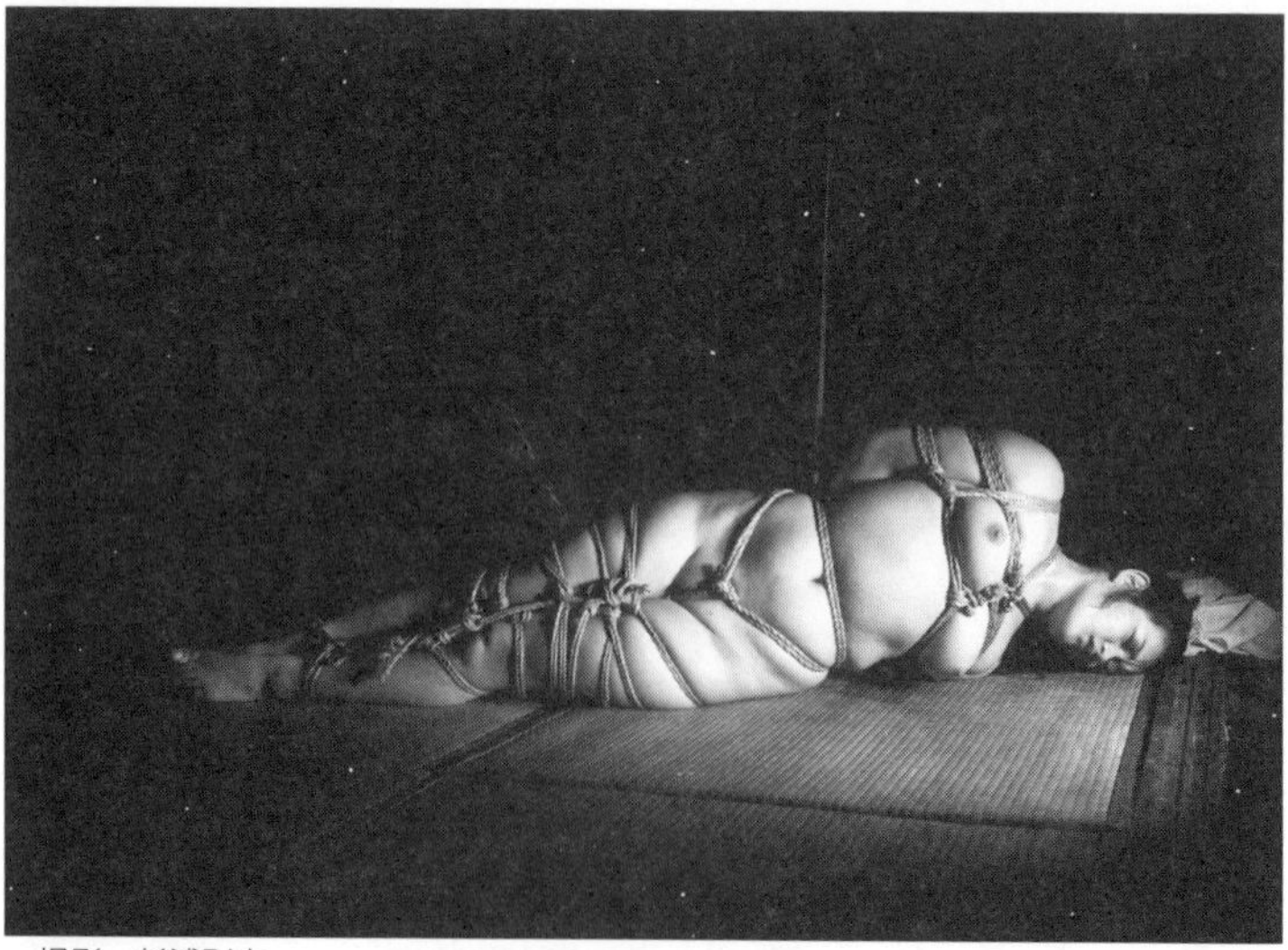
撮影、杉浦則夫

になった。雑誌にとって表紙写真は売れ行きを左右する重要な要素だった。

一九九〇年代以降、杉浦則夫は三和出版と組んで、目を奪われるような緊縛のグラビア写真集を数多く製作してきた。そのなかには、日本式ボンデージの歴史をテーマにしたものや、「緊縛図絵」シリーズなどがある。それらの作品で彼は濡木痴夢男や麻来雅人《まらいまさと》、長池士《たけし》その他多くの最良の縛師たちと仕事をしてきた。さまざまな出版社での仕事は現在も継続しているが、そのほかに彼はインターネット時代への対応として、自身の作品を掲載販売するウェブサイト「杉浦則夫緊縛桟敷」(www.sugiuranorio.jp/)を開設した。

現場での杉浦は一見の価値がある。助手やモデルに対して暴君のように振舞うのだ。指示を与えるのに怒鳴りつけ、どじを踏む者を我慢できない。濡木は「〔杉浦の〕掛ける声が、責めになってます」と言ったことがある。濡木が縄で責めるのとまったく同じなのだ。やり方はさておき、出来上がりは多くの場合見事なものである。確かに杉浦もポルノ映像で稼いでいる面があるのだが、それよりも芸術《アート》の高みに達している作品のほうがずっと多い。エロティックな写真を撮ってみようと試みたことが一度でもある者にとっては、彼は豊かなインスピレーションの源である。

雪村春樹――縛師、出版者、プロデューサー

ここまでに述べてきた他の縛師《ロープ・マスター》たちと同じように、雪村春樹(一九四八年生まれ)もまた、今日活

躍しているなかで最も活発で、最も熟練の度を極めた縛師の一人という名誉ある地位を守り続けている。彼は同時に、自身の名が入った緊縛ビデオないしDVDが実に二五〇〇という驚くべき本数にのぼる製作者《プロデューサー》でもある。そのせいで大量生産志向の人間であるように見えるかもしれないが、事実はまったく違っていて、雪村もまた、プロの緊縛界に属する名匠の一人として、本当の意味での優美さを失なったことはない。

雪村が縛りに興味を持ったのは子どもの頃であるが、エロティックな写真を撮影する際に縄を使い始めたときには、すでに職業写真家として働いていた。彼はしだいに、自分が写真自体より縛ることに多くの時間を費やしていることに気づいていき、四〇代の初めに縛りのプロになる。雪村が両方（縛師と写真家）の修練を積んだと聞くと、美しく入り組んだ縛りをいくつも組み合わせているのに、どうしていつもあれほど理想的な角度から写真に収めることができているのか、また彼の最良の作品の特徴でもあるのだが、どうしてあれほど魅力的な照明の当て方ができているのかがよくわかる。雪村は古典主義でもある。だから自身の写真集やビデオ作品の場合には、本物の日本家屋を舞台にしたり、本物の美しい着物を着せたりすることを好む。それによって彼の作品の芸術性は、ますます深まることになる。

主にシネマジックや大洋グループで、数多くの緊縛ビデオを製作したり、あるいはそれに出演したりという仕事を重ねた後で、彼は自身の会社であるサンセットカラーを立ち上げ、毎年二〇本程度の作品に取り組んでいる。なかでも「Y's Play Bondage」シリーズはとくに高く評価されている。また彼は写真集の縛り担当者として呼ばれることも多く、自身も緊縛写真の高級アートブックを二冊製作している。『雪村春樹の緊縛――Trans body bondage』（写真、高橋ジュンコ）と雪村春樹『縛　第一章』（全三冊、写真、岡克己、日暮圭介、渡辺辰巳、一九九八）である。これらは質の点で、この分野のほかのどんな写真集にも負けない出来である。

雪村はその経歴の初期に濡木に会っていて、彼から影響を受けてはいるものの、その緊縛スタイルは独特で、まったくの自己流である。「愛撫にも似たスタイル」と異名を取るだけあって、彼は吊りを好まず、通常は畳の上でパートナーのモデルを縛り、最良の表現を求めて奮闘する。彼の信念は「縛ることは女性に奉仕すること」だという。また自身にとって縛りは何を意味するかと問われたときの最近の彼の答はこうだ。

雪村春樹

男女間での感情の交換、というかやりとりですね。それが日本の面白いところで、縄で愛や感情を表現するんです。ですから縛りというのは、この縛り方がどう、とかではなく、縄を使っていかに女性と感情をやり取りするかだと思いますね。

二〇〇〇年に彼は団鬼六の小説を原作とする最高のフィクション娯楽映画『不貞の季節』で緊縛

指導を務め、二〇〇七年にはドキュメンタリー映画『縛師』で濡木痴夢男、有末剛とともに紹介された。日本の現役の縛師《ロープ・マスター》のなかで最も偉大な一人という彼の地位は、かくして安泰である。

有末剛——有名女優写真集やメジャー映画でも活躍する才気溢れる縛師

有末剛《ありすえごう》は日本で最も有名で最も多作の縛師の一人であり、その経歴は目覚ましくすでに三〇年以上になる。一九五四年生まれ。有末の緊縛への関心は子ども時代に遡る。まだ幼い頃に、「伝統的な日本式の縛りにエロスを感じていた」という。伊藤晴雨の責め絵や『奇譚クラブ』や『裏窓』といった伝説的ＳＭ雑誌を編集していた美濃村晃の作品に刺戟されて、彼は緊縛の伝統的な技法を独学で学び始めた。

有末が縛師の経歴を歩み始めたのは、東京の有名な大学である中央大学で文学を専攻し、そこを卒業した一九七〇年代のことである。その頃の日本はＳＭ出版物の黄金時代である。彼は『ＳＭセレクト』や『ＳＭファン』を始めとする名の通った雑誌で幅広い仕事をこなした。また映画での緊縛を担当したこともある。たとえばエロティックな恋愛物語『赤い縄——果てるまで』(監督、すずきじゅんいち、原作・脚本、石井隆、一九八七)がそれである。一九八〇年代にアダルトビデオがブームになると、有末はシネマジック、新東宝、大洋図書、芳友舎、三和出版など数多くのＡＶメーカーから雇われて縛師を務めるようになる。また彼は、自身のボンデージ・ビデオのレーベル麻布映画社も設立している。

日本では、美人セレブの写真集でも軽い拘束《ボンデージ》が飾りとして使われるということがよくあるのだが、有末も、とよた真帆、秋吉久美子、荻野目慶子といった有名女優のソフトコア写真集でボンデージを担当している。あるときなどは、やはり同じような写真集で女性プロレスラーを縛ったことさえあるのだ。有末は比較的優しくて流れるようなスタイルの持ち主であるから、この手の作品にとって理想的な縛師なのであり、出版者の引く手あまたなのだ。有末のこの分野における最高傑作は、お

有末剛

そらく『堕楽』（一九九八）という元日活女優小川美那子の大判写真集であろう。そこでの河合孝雄による写真と有末による緊縛は、どちらも模範的と言ってよい。

有末はSM・緊縛クラブでのショーも行なっているし、さまざまなメディアのアーティストと組んでパフォーマンスを披露することにも意欲的である。たとえば漫画家の卯月妙子《うづきたえこ》やボンデージ・スターの早乙女宏美とコラボしたパフォーマンスや数々のSMパフォーマンス・フェスティバルへの出演経験もある。名声が高まるにつれてゲストとして呼ばれるメディアも多様になり、二〇〇七年には生放送のラジオトーク番組のお笑いゲストコーナーでゲストのお笑い芸人を縛って吊ったこともある。

有末剛について最も有名なのは、『花と蛇』（二〇〇四）とその続篇『花と蛇2――パリ 静子』（二〇〇五）という、好成績を収めた大手映画会社の主力作品で緊縛指導を務め、また出演もしたことである。これは団鬼六のSM小説を原作とし、石井隆が監督した作品で、これによって有末は日本のSM界の外にも名前を知られ、彼の作品はそれまで以上に幅広く国際的な観衆を集めるようになった。

最近では、日本のメジャーな男性誌に有末を紹介する四ページの記事が掲載され、また一流出版社からは、自身の経験を幾分脚色した有名縛師の波乱に満ちた生涯を語るユーモア短篇小説集を刊行している。その他の出版事業としては、長年にわたってハウツー本を何冊か出していて、そのなかには注目すべき『実践緊縛　縛り方教室――日本緊縛伝統保存会　入信篇』（一九九七）や『有末剛の緊縛基礎理術』（二〇〇八）などが含まれている。

これほどまでに多様なボンデージ作品の真っ只中にいる有末剛だが、彼にはたった一つの基本的な目的がある。それは「自分独自のフォルムの限界を打ち破るために、伝統的な技法を学び、それを自身の緊縛に応用すること」である。今日までに彼は三五〇〇回以上も縛師として仕事をしている。

彼の緊縛の技倆と同じように重要なのは、緊縛の背後にある歴史や伝統や哲学に関する有末剛の知識豊富で思慮深い解説である。自身の技芸《アート》に対してさまざまな側面から深い考察を加えたエッセーが、一九九七年の『実践緊縛　縛り方教室』に収録されているが、非常によくまとまっていてすばらしい内容である。有末は、二〇〇七年のドキュメンタリー映画『縛師』で、濡木痴夢男と雪村春樹とともに紹介されている。類稀なこの二人と並び称せられる有末剛もまた、現役の縛師《ロープ・マスター》のなかで最も腕が立ち最も名を知られたプロフェッショナルの一人なのである。

早乙女宏美——緊縛モデル、作家

もしもモデルがいなかったら、緊縛アートの愛好者など存在するだろうか。こんな疑問はたぶん馬鹿げてはいるが、われわれが緊縛について話すとき、その技術や舞台、写真、またそれら相互の関係など、その道に通じていなければわからないような細部にわたって議論をしておきながら、肝腎のモデルがあからさまに無視されているということがきわめて多いのも事実である。これはなぜか。よく知らない人たちは、モデルが「積極的に」何かをするわけではなく、単に何かを「される」

対象としてそこに参加しているからだと思うかもしれない。あるいは縛師《ロープ・マスター》や絵師や写真家の技にばかり目が眩んでしまうからかもしれない。いずれにしてもこれはひどく不当なことだ。なぜならモデルがいなければ、普通は芸術《アート》が成り立たないからだ。何年にもわたって緊縛を写真に収めようとしてきた者として、筆者は自分のカメラの前に存在する勇気ある人の、気品と美しさと豊かな表情に自分がいかに頼り切っているかということがはっきりわかっている。

もちろん、いわゆる「モデル」と、見本という意味のモデルとが存在する。つまりどんな現場でもそれに合わせてポーズを決めてみせることで生計を立てている人たちと、緊縛を心から愛していて、それがたまたま写真に写されることもあるという人たちとがいるのだ。私見では、最良の緊縛アートが生み出されるのは、通常は後者の人たちの素直な心情からである。そんな例外的な人たちの一人が、愛らしく、また才気に溢れた早乙女宏美である。

早乙女宏美は一九六三年に東京に生まれた。かなり若い頃からSMに関心を持っていたように見える。プロとしての彼女の経歴は、一九八三年にモデルを、一九八四年に日活ロマンポルノ『縄姉妹——奇妙な果実』で端役の女優を務めたことで開始され、その後も東活や国映を始めとするさまざまな製作会社の映画に数多く出演する。主演を務めた「地獄の

早乙女宏美

ローパー」シリーズ（国映製作、新東宝配給）は興行的成功を収めた。

一九八六年から長田英吉と共演するようになる。この草分け的アーティストの長い経歴のうちの最後の数年を共にした。これによって早乙女にはライブステージ・パフォーマーの肩書きも加わることになる。スチール写真では、写真の杉浦則夫と緊縛の濡木痴夢男のコンビのパートナーを頻繁に、また継続的に務めたのもこの時期である。一九八八年、彼女は自分で自分を縛って吊るという、女性一人で演じるパフォーマンスを開始する。

早乙女宏美のパフォーマンス

その手のパフォーマンスは最近ではずいぶんありふれたものになり、そういった形態に魅力を感じる天分を持った女性アーティストたちも幾人か存在するが、早乙女宏美が独りでショーを始めた一九八〇年代後期には、彼女以外誰もそんなことをしていなかった。それらのパフォーマンスにおける彼女の目標は、つねに「サドマゾヒズムの感情の側面」を生き生きと表現することにある。エロティックなダンスと象徴的な表現、それに緊縛を組み合わせた彼女のパフォーマンスは、それらがうまく混ざりあって魅力を放ち、本当に忘れがたい。

これだけ述べても早乙女宏美がどこにでもいる「モデル」とは違うのだということが万が一通じないと言うのであれば、彼女が物書きだということにも触れておかねばならない。彼女がSMについて、豊富な知識と知性、思慮の深さに裏打ちされた記事を『S&Mスナイパー』や『SMマニア』といった雑誌に書き始めたのは一九八五年のことで、それは現在も続いている。さらにその上、日本のSMを歴史的に辿った書籍のなかでも最良の何冊かは彼女の筆によるものである。

彼女の著書を挙げると、『性の仕事師たち』（一九九八）、『ヒロミのこれがSMだ』（二〇〇〇）、『「奇譚クラブ」の人々』（北原童夢との共著、二〇〇三）、そして二〇〇六年には河出文庫で『ロマンポルノ女優』を刊行した。これはかつて本当に多くの人びとの想像力に火を点けた、美しく才能溢れる女優たち（そしてモデルたち）に捧げるにふさわしい書物である。

麻来雅人、奈加あきら、乱田舞――若い世代の縛師、ステージパフォーマー、プロデューサー

今日の日本で現役の縛師たちのなかでは、濡木痴夢男と雪村春樹が最も有名なベテランであるが、その一方でもっと若い世代の才能ある縛師《ロープ・マスター》たちも、注目を浴びるようになってきている。ここに挙げる三人の才能溢れる個性が登場してきたのは一九八〇年代、九〇年代で、彼らは皆、緊縛をめぐるさまざまな活動で見る者に印象を与えてきたのである。

麻来雅人《まらいまさと》はたぶん、西洋ではこの三人のなかで最も名を知られていないだろう。しかし彼の作品

には西洋でも出回っている多くの本や雑誌のなかでお目に掛っているはずである。実際彼のことを雑誌や写真集などのために上手に緊縛する専門家と呼んだ者もあったほどである。

一九五七年に東京に生まれた麻来雅人は大学で建築学を専攻した。同時に彼はＳＭへの興味にのめり込んでもいて、人気の雑誌であった『ＳＭファン』に、フィクション、ノンフィクション両方の記事を書いていた。また彼は、同じその雑誌の写真撮影会に何度か立ち会う機会を得て、その場で、その後彼が試みていくことに多大な影響を与えることになる二人の人物と出会う。杉浦則夫と濡木痴夢男である。

大学で資格を取った彼は卒業後、建築設計事務所に就職するが、その仕事がまったくつまらないものだと悟り、一年も経たないうちに退職、三和出版に転職してＳＭ関連の編集スタッフとなる。三和はＳＭという題材を扱っている出版社のなかではメジャーな方で、麻来はそこで、写真家としても縛師としてもどちらの腕も磨くという得がたいチャンスを与えられた。この会社で六年が過ぎたとき、彼はいくつかの企画で濡木痴夢男のすぐそばで働くという願ってもない機会を得る。古くからの日本のしきたりどおり、弟子は師匠《マスター》をとにかくよく観察することから始め、可能な限り師匠《マスター》から「盗んで」いくうちに、数年のうちには新米だった縛師が独自のスタイルの緊縛を創造し始めるようになった。

麻来雅人は非常にクリエイティブな縛師《ロープ・マスター》である。彼のデザインや構成は、安全であると同時に魅力的である。主に雑誌や写真撮影のために仕事をしている縛師のほとんどがそうであるように、彼も四ミリ径の麻縄を好んでいるようである。これを使うとたいへん複雑で細部に凝った紋様を創り上げることができるのである。

ここ二〇年あまり、麻来はフリーランスで縛師の仕事をしている。『SM秘小説』や『SMマニア』を始めとする雑誌、また有名AV（アダルトビデオ）女優のグラビア写真集で麻来が緊縛を担当しているものは多い。最近では杉浦則夫と組むことが多く、三和出版のとりわけ「緊縛図絵」シリーズでは、この写真師《マスター》の主要な協力者の一人となっている。彼の仕事は杉浦の写真ウェブサイト「緊縛桟敷」でも目立っている。さらに最近の数年間、麻来雅人はよく出来たハウツー教材DVDを何本か出し、また『マニア倶楽部』の主要な寄稿者にもなった。この雑誌の縛り方解説コラムでも彼は熟練の腕を発揮して高く評価されている。

読者はすでにお気づきかもしれないが、最も才能豊かな緊縛アーティストたちの多くが、この種の題材に非常に幼い頃から惹かれていたことを認めている。それが刷り込みのせいなのか、社会的慣習の影響なのか、あるいは単なる「条件反射」なのか、という点は議論の余地のあるところだ。しかし非常に有能な縛師である奈加《なか》あきらの場合は疑問の余地がない。なぜなら彼は、三〇歳になるまでSMや緊縛に一切興味がなかったからである。

その頃奈加あきら（一九五九年生まれ）はモデル斡旋業を営んでいて、AV作品のためにモデルや女優の世話をしていた。ある日、シネマジックからSMビデオのために女優を派遣するよう依頼を受けた彼は、女優を連れて撮影現場におもむいた。驚いたことに意識の上ではSMに「興味がない」はずだったのに、その場で見た光景に「完全に息を奪われた」と奈加は言う。

そのとき仕事をしていた縛師が濡木痴夢男であり、奈加はこの大家《マスター》の目を瞠るほどのロープワークに圧倒されたということもあったかもしれない。濡木は濡木で、この若者が夢中になっていることに気づくと、寛大にも有名な自身の緊美研（緊縛美研究会）の撮影会に来るよう誘ったのである。奈加によればその後五年のあいだ、彼は毎回撮影会に通うことになる。
奈加の力強いスタイルを見ると、そこに濡木の影響を見て取ることは容易《たやす》い。弟子の技法がどれほど師匠《マスター》の技法に似ているかと言うと、事実それは驚くほどである。最近のインタビューのなかで、濡木からきちんとしたレッスンを受けたのかという問いに対し、奈加は次のように答えている。

いいえ。私たちの関係はいわゆる日本の伝統的な師弟関係で、先生は私に何も教えませんでした。私が先生から学んだものは、全て先生を観察する事で私自身の力で学ばなければならなかったものです。私が一年以上緊美研に参加して初めて、先生は私に、先生が縛ったモデルの縄を解く事を許可してくれたのです。縛りを解くというのは、その縛りを学ぶ上でもちろん非常に効果的な方法です。〔…〕弟子が何かしら知識を得たければ、それを〝盗まなければならない〟のです。師がそれをただ手渡すという事はしません。この師弟関係は、それが伝統工芸であろうと料理法であろうと、日本の職人達が常にとってきたやり方なのです。

やがて濡木の緊美研の撮影会に参加していたことが、奈加あきらにとってこの上なく貴重なものであることが如実にわかる事態が訪れる。それによって彼の経歴は飛躍的に進展したのである。それはこういうことだった。あるとき、撮影会にシネマジックの社長の吉村彰一《しょういち》（本名、横畠《よこばたけ》邦彦）が立ち会っていたのである。彼は奈加を見ていてシネマジックのビデオで緊縛をやらせてみようと考えた。そこで奈加にオファーしたのだが一つ条件を付けた。出演もすること、というものだった。吉村の心を動かしたのは奈加の縄の腕前だけではなかったのである。彼はこの若い縛師の背中を覆っていた刺青も気に入ったのだ。吉村はその両方を画面に映したいと思ったのである。

奈加あきらにとって刺青は、彼が二番目に熱中しているものである。ただしこの情熱は幼少期にまで遡る。子どものときに彼は刺青に魅せられたのだ。しかし厳格な両親がうんとは言わないため、若者がその情熱を現実のものとするのは三〇歳になってからのことであり、この点ではSMや緊縛とまったく同じなのである。ひとたび取りかかると一年がかりだった。その間彼はタトゥー・アートの大家《マスター》彫徳《ほりとく》の許に通い詰め、ついに背中一面を飾る『鬼若丸《おにわかまる》鯉退治』の刺青を手に入れるのである。それは日本の伝説の有名な一場面で、主人公が巨大な鯉と闘う話だ。この美しいボディーアート作品の御蔭で、奈加は今日の日本で見てそれとわかる一番の縛師となった。

濡木はこの秘蔵っ子がシネマジックの仕事を得るのに一役買ったらしい。彼はプロとして推薦しただけでなく、弟子に名前を付けもした。それが奈加あきらという名だ。この別名は、若い縛師にとってはいささか戸惑わせるものだった。なぜなら「演歌歌手みたいですから」。アメリカで言えば、カントリー・ウェスタンの歌手に最も似つかわしいような派手な芸名ということだ。

名前はさておき、この最初のシネマジックでのビデオは成功した。こうして奈加は、AVビデオやアダルト映画を専門にする縛師としての多忙な経歴を歩み始めたのである。シネマジックの作品も多いが、もっと多いのはアートビデオの作品である。現在の奈加は年間二〇〇本から三〇〇本のビデオやDVDの台本を書き、製作し、監督しつつ時には出演までしている。たいへんな数だ。多くはポルノと称すべきものであるが、なかにはアートビデオの「縄悦《なわえつ》」シリーズのように、ポルノに典型的な要素は気が散るとして一切排し、完全に縄による拘束《ボンデージ》に徹して美しく仕上げられた作品もあり、それらは本当の意味で良質な緊縛美すなわち「伝統的な縛りアートの美」の実例となっている。
最近、奈加あきらはステージ・パフォーマンスの領域にも手を広げて緊縛を行なっている。なぜあえて新しい未知の領域に突き進むのかという問いに対して、彼はこう答えている。

ひとつは新しい観客と出会いたかったのと、ひとつは違う事に挑戦してみようという気持ちからです。最初の頃から、自分がしたいショーの構想というものは頭の中にありました。強そうな男が女性を縄でステージに引っ張り出して来る、といったような始め方のショーを自分がしたくないのは分っていました。モデルを連れてくるときは、僕はモデルを紳士のように優しくエスコートします。素早く、アクロバティックな緊縛をしない代わりに、感情を込めてゆっくりと縛り、男が女を縛る時の、男女間の愛や感情、そういったもの全てを伝えられるように努めます。ショーの中で僕は、鞭や蠟燭などのSMプレイは一切やりません。ショーの時間全てを、縄を以て僕が出来る全ての事に費やしたいからです。

ショーでもビデオでも、奈加あきらは自分自身の緊縛では古典主義的な感性を見せつける。使う道具も伝統的な正統派のもの、すなわち麻縄や竹、布だけで、金属製のカラビナさえ使わない。カラビナは吊りに便利なので多くの縛師がこれを用いる。そのように奈加あきらは若くして円熟を極め、またそれがはっきりと成功を収めているのに、人物としては控え目なままである。いずれは師匠の濡木痴夢男に匹敵する技を身につけることができると思うかという問いに対して彼はこう答えている。

僕にはそのような技量はありません。これを学ぶには一生を費やさなければいけないでしょうね。

日本の若い世代の縛師のなかで最もよく名前が知られているのは、間違いなくカリスマ乱田舞《らんだまい》である。トレードマークの濃いサングラスに無精髭をうっすら生やした乱田（一九五九年東京生まれ）は、現代の緊縛界におけるロックスターのような存在だ。その名前すらがカリスマ性と詩情を発散させている。なぜならそれは大ざっぱに「荒々しい《ワイルド》田園《フィールド》の踊り手《ダンサー》」と訳せるからだ。

高校生のときからガールフレンドを縛ることに興味を覚えていた若き乱田は、やがて大学でマニアを集めてＳＭサークルを結成する。エネルギッシュで野心に燃えたこの縛師は、すぐさまＡＶビデオを製作し、クラブでパフォーマンスを繰り広げ、数々の記事を執筆し、『トゥナイト』や『ギルガメッシュないと』といった日本の一般向けテレビ番組にＳＭのエキスパートとして出演するようになる。さらに他の注目すべき縛師たちと同じように、乱田も早い時期から自身のビデオ製作・配給会社を設立し、独自のＳＭビデオをつくっている。それらは長年にわたって矢継ぎ早に（シネマジックやアートビデオなどといった他のＡＶメーカーが立てた企画と並行しながら）リリースされた。その最も代表的と言えるのが、「ブラックシャワー」「乱舞館」のＲＤシリーズやＲＥシリーズといったレーベルで発表された作品である。今日では、乱田舞は年間一〇〇本以上のアダルトビデオを演出し、台本を書き、そして時には自分で出演もしている。

最近でこそ彼はステージ・パフォーマンスの数を減らしてＡＶ製作に一番時間を使っていると言わ

れているが、最盛期の乱田舞がＳＭクラブで行なっていたパフォーマンスは、その出来映えや一瞬の閃きという点でラスヴェガスのショーにも匹敵するものだった。パフォーマンスでは彼自身が注目に値する。乱田舞は熟練した軽業師のような美しいパートナーのまわりでダンスをしながら、持ち前の途方もないエネルギーと純粋なショーマンシップを存分に発揮し、色や光、鞭や縄、乱痴気騒ぎのような効果を駆使して本当に豪華絢爛なＳＭショーを創り上げるのだ。

以上のような仕事のいずれにも劣らぬほど注目すべきは、彼のもっと寡黙な役割すなわち緊縛教師としての乱田舞である。おそらく彼の最も感動的な業績はこれであろう。自身は独学だと言っているものの、単純化されていながら洗練の度を極めた彼の「システム」には、先行する緊縛師《マスター》からの影響が明らかに見て取れる。たとえば彼が吊りを行なう様を見れば、バランスを制するとはいかなることか学ぶことができる。それは経験のあるなしにかかわらずどんな縄愛好者にとっても価値あるレッスンとなるだろう。幸いにもＡＶビデオ作品のほかに、専門的で非常に役に立つ教本「完全緊縛マニュアル」シリーズ（第一作目は一九九七年に司書房から出版された）や、インターネット上のオンライン教室（彼は www.kikkou.com の目玉企画として登場してきた）や、ハウツー・ビデオやＤＶＤが、これまで何年ものあいだ着実に出続けている。最近彼がリリースした三本組のＤＶＤでは、自身の熟練の技の要点をかいつまんでわかりやすく解説していて印象深い。もちろんそれらの「ハウツー」ものはすべて慎重に、常識を駆使して読んだり見たりする必要がある。何と言っても授業は全部日本語なのだから。

麻来、奈加、乱田の三人は、今日の日本で現役の、若い世代に属する緊縛師として最も注目すべき人びとではあるかもしれないが、彼らですべてというわけではまったくない。数年かおきに、それまで目立たなかった人たちが才能を発揮して頭角を現わしたり、さらに若い世代の名前が新たに登場したりしているのだ。ミラ狂美《くるみ》、六本木薫、アラカワ・ヤスシ、風見蘭喜《らんき》、ダーティ工藤、神凪《かんな》、神浦匠《みうらたくみ》、女性縛師狩野《かのう》千秋、神秘的な北川玲《あきら》といった実にさまざまなパフォーマーの面々が、いずれも何らかの形で目に付くようになってきた。しかしその一方で長年のあいだには、登場したもののすぐに消え去った人たちもいる。今挙げた人たちのリストですら注を付けておく必要がある。すなわち彼らはパフォーマンスやポルノ、そして時には真に芸術的な試みといった、きわめて公然たる世界に登場した縛師に過ぎない。日本では、最良の縛師《ロープ・マスター》は時として目立たない存在であり続けるということが、長年にわたって認められた真理であることを忘れるべきではない、と。

廣木隆一と石井隆——映画監督

日活ロマンポルノの時代が始まったときから、日本映画はSMや緊縛を利用してきた。それは物語の要素としてであったり、エロティックな行為としてであったり、あるいはエロティックなニュアンスを添えるために使われてきたのである。時折は、そうした映画がエロティシズムを超えたところで面白いと思わせたこともあるが、ほとんどの場合は紛れもないハードコア・ポルノで、せいぜい良くてもピンク映画（ソフトコアの官能芸術《エロティカ》）の域を越えるものではなかった。しかし最近になって日本の若い映画監督たちは、過去の映画のステレオタイプを良しとせず、自分なりのこだわりやユーモアや視覚的スタイルを備えた作品を創り出していて、ＳＭという題材が現代性や成熟、心理的な深さを持つような、新たな時代を招きよせているのだ。要するに、言葉の最良の意味で本当の「アダルト」映画が創られるようになったのである。

比較的有名な日本の若手映画監督の何人か（二人だけ名前を挙げるとすれば『失楽園』の森田芳光と『Ｓｈａｌｌｗｅダンス？』の周防《すおう》正行）がそうであるように、一九五四年一月一日生まれの廣木隆一も最初はピンク映画・ＡＶ産業で働き始め、そこで仕事を覚えた。一九八二年の『性虐！——女を暴く』を皮切りに、一九九〇年代初期まで彼は着実に仕事をこなし、日活その他の製作会社できわめて典型的なエロ映画・ビデオを、バラエティ豊かに創り上げた。

その後彼は、同僚の何人かもそうであったが、もっと「一般向け」の作品を創りたいという野心に駆られるようになる。それが最初に結実したのが川島誠の小説を原作にした『８００ ＴＷＯ ＬＡＰ ＲＵＮＮＥＲＳ』で、この作品は一九九四年のキネマ旬報ベスト・テンの第七位にランクインした。この成功を足場に廣木は一般の観客向けの題材を作品に練り上げる仕事を継続していくのだが、

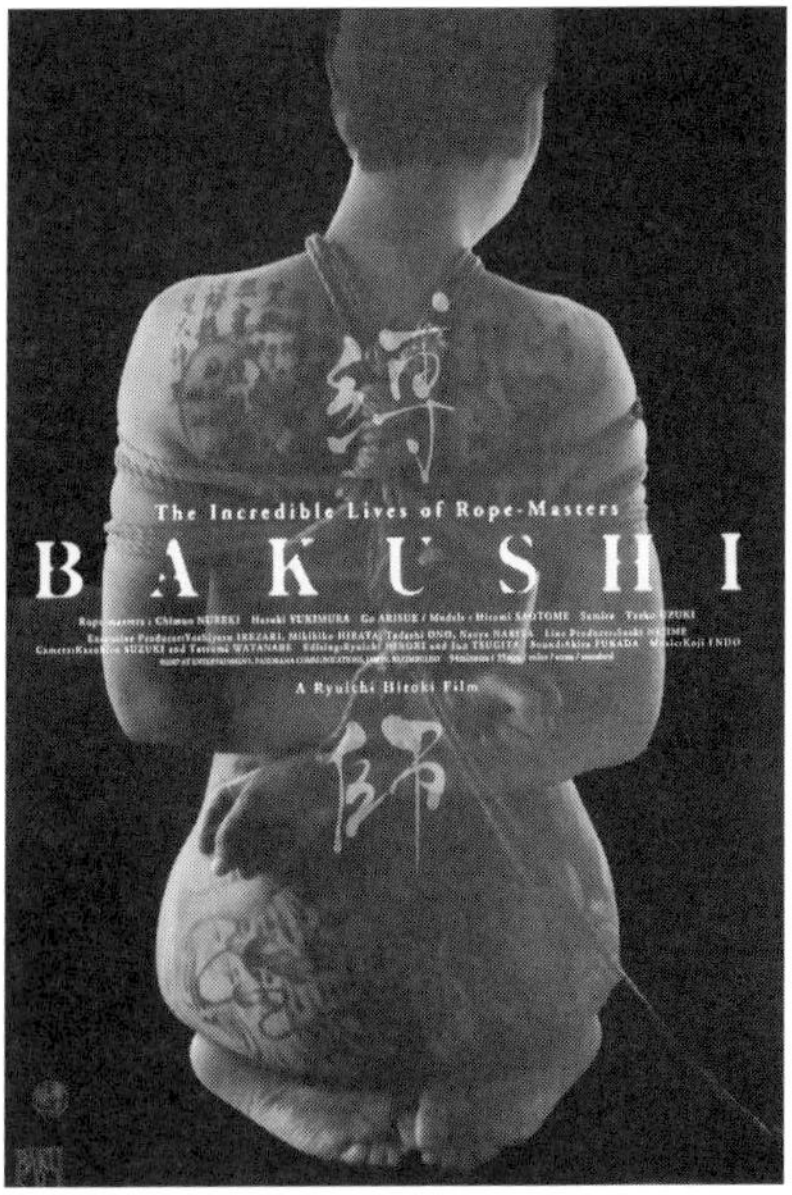

廣木隆一監督『縛師』（2007、©アット エンタテインメント、アドネス、ジャム・ティービー、アルチンボルド）

ただ一つ一般的でなかったのは、彼の企画では多くの場合、登場人物の生活におけるセックスの心理的側面に焦点が当たっていて、しかもそれが深い理解と共感に支えられているという点であった。『「物陰に足拍子」より──MIDORI』（一九九六）、『ヴァイブレータ』（二〇〇三）、シンガポール国際映画祭最優秀アジア映画賞を獲得した『やわらかい生活』（二〇〇六）といった作品は、どれもその登場人物（いつもは女性）が、自身の性的な傾向（しばしば少しSMっぽい）について悩み、また周囲の人と素直に正面からコミュニケーションを交わせないことに苦しむという作品である。

二〇〇〇年にはすばらしく愉快で同時に思慮深い作品『不貞の季節』（すでに詳しく述べた）が登場する。これこそ映画作家としての廣木の才能と、SM心理に対する彼の考え方と、SMや緊縛といったテーマに対する彼の上辺だけではない深い関心とが見事なまでに合体した成果である。彼のこの関心は、二〇〇七年のドキュメンタリー作品『縛師』（これについてもすでに詳しく述べた）でさらに追究されることになる。そこでは日本で最も名高く、最も熟練した縛師《ロープ・マスター》三人の人生と仕事とが描かれたのであった。

まとめとして言うならば、廣木隆一は豊かな才能と深い洞察を備えたすばらしい映画監督であり、これからどのように進化していくのか興味深く見守っていきたい人物なのである。

映画監督石井隆の経歴はさらに変化に富んでいる。彼は一九四六年に日本の東北地方にある宮城県の県庁所在地仙台で生まれた。大学は早稲田の商学部を卒業、早くに結婚し家計を稼ぐためにさまざまな分野で働いた。そのなかに漫画とSM雑誌の挿絵が含まれていたのである。

一九七〇年代は、『SMスピリッツ』『SMセレクト』『S&Mスナイパー』『SMキング』といった黄金時代のSM雑誌に陰鬱な挿絵を描いていた。またアダルト漫画『天使のはらわた』を生み出し、日活から注目される。日活は即座に若き石井を雇い入れて、その漫画を脚本化させた。それはなぜか。松島利行が『日活ロマンポルノ全史』で述べているように、「そもそも石井の劇画は映画だった」からだ。

一九七八年に公開された『女高生——天使のはらわた』は驚くほどのヒット作となり、日活はその後これをシリーズ化して合計七本もの作品を生み出すことになる。『日本映画百科』の著者からは、「天使のはらわた」シリーズは「がめつく作った暗く陰湿な作品」で、日活にとっては功を奏したという言い方をされているが、石井はこれによって映画界で仕事をしていく上での商業的な足がかりを得ることができた。彼は絵も継続的に描いていて、一九八三年には画集を刊行している。また一九八八年にはついに、自分の「天使」の脚本の一つを監督する機会に恵まれた。

石井隆監督『花と蛇』(2004、ⓒ 2003 東映ビデオ株式会社)

それから数年後には、石井隆は映画監督としてかなりの成功を味わっていた。たとえば『死んでもいい』は、一九九三年キネマ旬報ベスト・テンの脚本賞を獲得したし、一九九五年の『GONIN』はスイスの名高いロカルノ国際映画祭の金豹賞にノミネートされた。しかし彼の名前を海外に知らしめたのは、何と言っても大きな興行的成功を収めた『花と蛇』(二〇〇四)とその続篇『花と蛇2――パリ 静子』（二〇〇五）である。これは団鬼六の有名な小説の映画化としてはリメイクだが、石井隆は監督を務めただけでなく脚本も手がけたのである。

この二本の映画で石井は、団の原作のじめじめしたサドマゾヒズムの妄念をドラマ化するに当たって、視覚的にはまるでオペラを見るような大胆な創造性を発揮している。愛らしい杉本彩の勇気ある演技もすばらしいし、映像製作の質《プロダクション・バリュー》も誇るべき水準に達している。その上有末剛が良質の緊縛を見せている。これらが相まって『花と蛇』の二作は、真の映画アーティストの手にかかったときに、SMや緊縛を用いてどこまでやれるかということを、まざまざと見せつけているのだ。

廣木隆一と石井隆という才能豊かな二人の監督が創造する現代的な映画は、新時代の人びとのSMと緊縛に対する理解を促すという点でも賞賛に値するのだ。

長田スティーブ――西洋生まれの縛師、ステージパフォーマー

長田《おさだ》スティーブはこの章で名前を挙げる人たちのなかで唯一日本人でない。このユニークな違いが、彼の重要性を理解する鍵となるのだが、紹介の前に、長田スティーブは長年にわたる筆者の親友であることをお断りしておかなければならない。もちろんだからと言って、彼の仕事に対する筆者の判断や、彼が緊縛史を動かした二六人のリストに加えるに価するという筆者の確信が、友情によって影響を受けたなどということはあり得ない話だ。だが最終的な判断は読者の皆さんに委ねよ

う。

長田スティーブはドイツ生まれで、日本にはほぼ三〇年も住んでいる。その前に彼はインドやタイや香港に滞在したり、アジア中のその他のほとんどの国をまわって旅していた。彼はほとんど武芸家と言ってよく、空手、合気道、テコンドーの心得があって、聞くところによればテコンドーにはとくに堪能で、一九七〇年代初期にはタイ空軍の軍人相手に手ほどきすることが彼の仕事だったほどだそうだ。

一九七〇年代後期に日本へやって来ると、いくつかの職を転々としたあと、出版界で成功する。そして一九九八年には運命の出会いがあった。英語の季刊雑誌『Ｔｏｋｙｏ Ｊｏｕｒｎａｌ』の写真取材で、今は亡き長田英吉（ＳＭクラブショーの父）に初めて会うのである。長田のアートとエネルギーに魅せられた彼は、そのショーを繰り返し見に行き、しまいにはこの巨匠の手伝いをして予約業務や舞台裏の雑務を引き受けるようになるのである。これは長田英吉自身が、その最初の指導者であった向井一也に引き寄せられていったときにしたこととまったく同じだ。

長田スティーブ

長田英吉のひたむきな弟子であることをスティーブは身をもって示した。英吉先生が亡くなる二〇〇一年までの数年のあいだ、スティーブは長田のあらゆる動きを観察し、その緊縛のスタイルを学んだ。指導者の姓を正式に授かったスティーブは、自身のＳＭクラブショーで演じ始め、現在では日本中で年間四〇〇本以上のパフォーマンスを上演している。

緊縛アートへのスティーブの関心には嘘偽りがない。だから彼は、吊りをもっときちんと会得したいと思えば故明智伝鬼先生の許へ赴きもするし、最近では雪村春樹の下で寝技を学んでもいる。スティーブの網羅的なスタイルは、彼の研鑽と精進が相まって創り上げられたのである。彼は大勢の観客を前にしても易々とパフォーマンスをこなす一方で、もっと小さな集まりのときにはほとんど瞑想的な、それでいて強烈な技法を見せつける。舞台上の長田スティーブは、念入りに仕上げた美しい緊縛と、音楽に合わせて演出された気品に満ちた身のこなしとで、並外れて高度なパフォーマンスを実現する。この点については、愛らしくまた熟練の腕を持つパートナーの〝空中パフォーマー〟浅葱《あさぎ》アゲハの助けによるところもけっして小さくはないのである。吊りを主体としている彼らの演し物は気品とスピードを併せ持つ。たとえば浅葱は、高々と空中に吊り上げられたかと思うと、何と観客の頭上で文字どおりダンスを始めるのである。このチームは、日本で一番のSMクラブショーの一つであるという評判に十二分に価するのだ。

舞台でのパフォーマンスのほかに、スティーブは教えたり、ビデオに出たり、雑誌に掲載するために縛ったりもする。緊縛アートを究め、熟練の腕を持つ西洋人の縛師は彼だけではないが、日本に住んで、日本でプロとして仕事をしているのは彼一人である。外から来た者に対して不自然なほど疑い深いことで悪名をとどろかせている国にあって、〝ガイジン〟がこれまで述べてきたようなことを達成するとは、真の意味で偉業である。しかしながら、確かにそうした活動は感動的ではあるのだが、筆者が長田スティーブをこれほどまでに高く評価し続ける理由はそれだけではない。緊縛という最も日本的なエロティック・アートに関する情報を、西洋世界と分かち合おうとする意志を貫いていることもその理由なのだ。もう何年ものあいだ、彼は疲れも知らず、自分の時間と助言を惜しみなく分け与えている。緊縛に関する情報を世界中に伝える博識なパイプ役という前代未聞の役割を果たしてくれていることで、長田スティーブはわれわれの心からの感謝に価する人物なのだ。

鏡堂みやび——現代の責め絵師

鏡堂みやびは、今日本で活躍している現代的な緊縛グラフィック・アーティストのなかで、唯一最良とは言わないまでも、最良の一人であることは言うまでもない。驚くべきことに、コンピューターで創り出している彼のハイパーリアルなエロティック・アートの作品は、二一世紀の現代に古典的な浮世絵や責め絵のスタイルを持ち込んだものなのである。

鏡堂みやびは一九五七年に、日本の最北に位置し二番目に大きな島である北海道の最大の都市札幌で生まれた。その芸術的なペンネームは「鏡堂家の気品溢れる人」という意味だ。子ども時代から青年時代にかけて、彼は武芸と音楽に関心を持っていたが、同志社大学文学部を卒業すると、持ち前のSMへの興味に導かれるように、すぐに雑誌『SMクラブ』で働くようになった。彼はやがてこの雑誌の編集長に昇格することになる。編集部で働き始めた彼にはさまざまな業務が課せられたが、そのなかにはフィクション作品の編集、縛師、漫画家といったものまで含まれていた。また同時期に、彼はSM界の外で商業的なデザインの仕事もしていた。

伝説的な美濃村晃（絵師としての別名は喜多玲子）と出会ったのも、彼がこの雑誌の仕事をしていたときのことである。美濃村は鏡堂にとって、アーティストとして最も大きな影響を受けた人物となる。下っ端の従業員として鏡堂に課せられた最初の仕事の一つに、さまざまな寄稿者の自宅を訪問して作品を受け取ってくる業務があった。当時は美濃村は脳溢血から回復したばかりの時期であったが、鏡堂はこのすばらしい師匠《マスター》と何時間も語り合うなかで学んでいった。だから鏡堂みやびは偉大なる喜多玲子の最後の弟子だと本当に言えるのだ。鏡堂は一九八五年に『SMクラブ』を辞して独立し、アーティストとしての自身の道を歩み始める。

鏡堂のSMアートは日本の他のどのアーティストにも似ていない。強烈なエロスを備えた彼の作品は、寸分たがわぬハイパーリアリズム（一作に何百時間もかけてコンピューターで創り上げる）によって、縄の一本一本、汗の滴《しずく》、気品に満ちた表情などを、ほとんど写真のような鮮やかさで克明に描き出す。このアーティストは緊縛と人体構造に関する専門的な知識を実地経験者から学んでいるので、その作品には活き活きとした驚くべきリアリティが備わっているのである。

過去の偉大な春画絵師と同じように、鏡堂みやびも何年ものあいだ個人的な注文に応じることに心血を注いでいた。しかし映画監督の石井隆が鏡堂みやびの絵に触発され、彼がリメイクしてヒットした『花と蛇』の続篇の方（『花と蛇2――パリ 静子』二〇〇五）で、筋書きの一部として鏡堂の最良の絵画作品をいくつも用いたときから、すべてが変わったのである。それは鏡堂みやびの作品が、はるかに幅広い層に披露されたことを意味した。二〇〇六年には東京のヴァニラ画廊で彼の最新作を集めた「鏡堂みやび展」が開かれ、またこれを書いている現時点では、フランスのパリでまた別の作品展が準備されつつある。

ファンには嬉しいことに、出版社も鏡堂のすばらしい才能を放ってはおかなかった。二〇〇二年、三和出版が鏡堂みやびの最も力強い作品を集めた豪華画集を出版したのである。鏡堂みやびはそういった作品を描きながらも、江戸時代初期に始まった煽情的な責め絵の伝統を受け継いでいるのである。その伝統は、SMの開拓者伊藤晴雨にインスピレーションを与え、二〇世紀半ばには天才喜多玲子を包み込んだ。現代の緊縛という興味深い芸術的な世界において、今日のわれわれのなかでも、その伝統は反響しているのである。

鏡堂みやび『胡座縛り』(1999)

幕間——用語集

手紙をいただく人からの質問で最も多いのは、緊縛のさまざまな縛り方に付けられている名前に関係するものだ。質問者は、個々の縛り方の、由緒正しいきちんとした名前を知りたいという至極もっともな希望に加えて、しばしば苛立ちも表明する。苛立ちの理由は、縛り方のなかに複数の名前を持つものがあるらしいこと、文献によって名前の綴りが大きく異なることである。緊縛を学ぶに当たってこの部分が難関なのであるが、ひとたび理解してしまえば、混乱の種は意外と複雑ではない。

混乱の種の第一は、西洋人が緊縛の縛り方に付けられた名前を読むとき、通常はローマ字という、日本語の漢字（中国から輸入された日本語の書字の一体系）の発音を写し取ってラテン語のアルファベットに置き換えてつくられた一九世紀の書字体系を用いることに起因する。この書字体系は、確かに役立つし長年にわたって賢明にも改善されてはきているのだが、それでもなお未完成の部分があるのだ。その上、何とか発音できる綴り方をしようと試みる動きもあるので、綴りに揺れが生じることもある。結果として文献が違うと綴りも違うということが起こるのだ。

混乱の種の第二は、緊縛の名前が使用されるようになった経緯が名前によって異なることに由来する。あるものは、徳川幕府の封建制度や捕縄術から受け継がれてきた歴史的な名前である。たとえば菱、亀甲、海老、吊りといった名前には長い歴史があって、数百年も前に遡る。一方、芋虫、開脚蟹、鉄砲といった名前はもっと最近のものであり、伊藤晴雨や美濃村晃のような傑出した縛師たちが、自分自身が生み出した縛り方に名前を付けたいと考えて誕生したのである。ちょうどアーティストが自身の絵画や彫刻作品に名前を付けるのと同じである。どんな言語でもそうであろうが、そうした名前が受け容れられれば消えないで残るし、そうでなければそれは消え去る。また長年のあいだに名前が転用されたり、崩れたり、変化したりということも起こり得る。

こうした混乱に加えて、西洋の実践者のなかに、「エキゾチックでちょっと日本語っぽく聞こえる」というだけで勝手に名前をでっち上げ、欺されやすい一般人に押しつける者がいるのだ。かなり悪名高い例の一つとして、「真珠」という壮麗な名前の使い方を挙げることができる。これが女性の胸元に掛ける縛りを意味するとされているのだ。この名前は実はあるヨーロッパ人が、本当は緊縛用語に少しも通じていないのに、知ったかぶりをしてつい数年前に名付けた名前なのである。

以下のリストは著者が三〇年かけて蒐集した緊縛の名前ないし表現であり、どれも典拠はしっかりしている。詳細にわたるその収録内容は、まず約四〇の基本的な縛り方のほとんど、次にそこから派生した数多くのバリエーションを多数、さらに緊縛が上演されるときなどに使われることのある縛り方である。綴りに関しては、筆者が教わったときに使われていた呼び方、あるいは信頼できる日本語の文献のなかで最もよく目にする読み方を採用していることに注意してほしい。ただし文献によって名前や読み方にバリエーションがしばしば見られるときには、基本的にそれを付記するようにした。緊縛のあらゆる縛り方の正しい名前を覚えたら、専門家になれるだろうか。答はノーだ。だがこのリストによって読者が前よりもっと楽しめるようになったら嬉しい。それはイタリア料理やフランス料理、その他何でもよいが凝った料理の名前を正確に覚えていれば、外食がもっと楽しくなるのとまったく同じことである。

◆あ

胡座《あぐら》縛り　受け手が脚を交差させて座る（「インディアン・スタイル」）体位で縛られる縛りの総称。歴史的な文献では「座禅縛り」の名で呼ばれることがある。これは禅宗の仏教徒が祈禱するときに脚を交差させる体位に由来する。外見は幾分似ているけれども、これよりはるかに厳しい「海老縛り」と混同しないこと。

仰向け吊り　受け手を仰向けにして吊る「吊り」（この項参照）の総称。

麻縄　伝統的な日本式ボンデージに用いる縄で麻やジュートでできている。

芋虫縛り　おそらく昭和時代（一九二六～一九八九）に起源がある非対称の縛り。受け手は両手を背面で縛り合わされ、両脚を互いに絡める。一方の足首をもう一方の腿に縛り付ける。後者の足首は（通常）逆海老と同じように背面で引き上げられて両手に縛り付ける。身体のきわめて柔軟な人向けの体位である。

岩戸縄縛り　最も興味深く古式ゆかしい緊縛用語の一つ。岩戸という言葉で参照されているのは日本の創造神話である。太陽の女神天照大神《あまてらすおおみかみ》が天岩戸という洞窟に隠れたことによって日本（世界）は闇に包まれた。そこで天照大神を再び外に誘い出すために女神の一人が洞窟の入口で裸になって踊った。天照大神がそれを見ようと外に一歩踏み出したとたんに、その背後で洞窟の入口を塞ぎ、それによって世界に日の光が取り戻されたという。緊縛においては、この語は受け手の両脚を縄で引いて大きく開く縛りの総称である。引き縄は足首に結んでも良いし、腿《もも》でも良いし、両方でも良い。それによって股間の生殖器部分が露わになる。上体も縛る。この縛りがいかなる象徴性を持っているかについては、読者の想像にお任せする。

後ろ高手小手椅子上M字開脚縛り　この長い名前は日本の伝統的な「椅子縛り」のうち、椅子に座った受け手の両手両腕を後ろ手高手小手に縛り、両ひざを引き上げて左右に開き、椅子のアームにそれぞれ縛り付けることを言う。これによって受け手の姿勢は垂直になり、M字に似る。

後ろ手合掌縛り　両手両腕を背面で縛り、祈りのときのような形状に固定する縛り。英語では普通「逆祈禱縛り」と表現される。身体の柔軟な人にしか向かない。仏教徒バージョン、西洋人バージョンがある。背面合掌縛りと呼ばれることがある。

後ろ手小手吊り縛り　受け手の両手両腕を高手小手で動かないようにした上で、そこから吊り上げる吊りを言う総称で、簡略化された形である。これは日本の封建時代にまで遡る拷問技術であり、最も古い吊りの一つとして多くの物語に語られている。

後ろ手高手小手縛り　英語では「基本的な腕箱縛り」と表現される縛り。ほとんどの緊縛の基本要素となっている縛りである。両腕は肘を直角に曲げて地面に平行に背面で縛る。それぞれ胸の上と下を通って胴に巻き付けた縄で両腕を同じ位置に保つ。この縛りには単純なものから複雑なものまで数多くのバリエーションが存在する。

　長年にわたって多くの歴史的文献で言及されている縛り方なので、さまざまな名前が付いている上に、その漢字の読み方も一定ではない。たとえばこの名前を簡略化した呼び名は通常「高手小手」か「高手縛り」であるが、もっと簡単に「後手《ごて》縛り」と言う場合もある。また「後ろ高手小手」という表記もある。

　このように揺れが見られる主要な原因は、「亀甲縛り」（この項参照）と同様、歴史的に有名なこの縛りについて考え方の違う二つの流派が存在することである。一方は、伝統的に上に述べたような定義をしているが、もう一方は高手小手という用語は両手を交差させて背面の高い位置に引き上げる縛りでなければ使えないと主張する。これはほとんどの受け手が実現できない難しい体位である。この第二の流派は、両腕を地面に平行にして箱形を成すように縛る縛り方を「後手《ごて》縛り」ないし「小手縛り」と呼ぶことを好む。

後ろ手襷《たすき》縛り　上体の縛りまたはハーネスの一種。背面で両手首両腕を縛り合わせた縄を両肩越しに正面に持って来て両乳のあいだで十文字に交差させる。通常の「後ろ手高手小手縛り」（この項参照）のパターンとはこの点が異なる。この語は着物の袖をまくりあげるために掛ける紐の名前、およびその紐を掛けたときの紋様の名前に由来する。この語は通常「襷縛り」と簡略化される。

俯《うつぶ》せ吊り　受け手が地面に顔をむけた俯せの状態での吊りの総称。

腕掛け後手縛り　→　二の腕縛り

海老縛り　受け手は胡座《あぐら》をかいて座る（インディアン・スタイル）。服従を意味する平伏の姿勢になるよう上体を足首近くまで縛り寄せる。一五〇〇年代に遡る、縛りのなかでも最も古いものの一つ。その起源は、数百年ものあいだ使われていた拷問技法（海老責め）であり、日本の徳川幕府の為政者は一七四二年に拷問技法兼刑事罰としてこれを公的に義務づけた。歴史的な手引き書やアート作品に数多く言及が見られる。

M男　M女の男性バージョン。

M字開脚縛り　足首を腿《もも》に縛り付けて脚部を動けなくし、それによって座った状態の受け手がMの字のようになる古典的な縛り。これとしばしば組み合わせて用いられる上体の腕・手首の縛りは何でもよい。たとえば高手小手縛りや襷縛りが用いられる。名前には英語のアルファベットが含まれているが、この縛りはたいへん古く、「四十八手」のいくつかの版に言及がある。この縛りにはバリエーションがいくつかある。

M字開脚吊り　受け手を後ろ手高手小手と腿《もも》とで吊る吊りの一つ。両腿のそれぞれを引っぱり上げ、身体の正面で左右に開くことにより、Mの字に似る。簡単に両脚吊りまたは開脚吊りと呼ばれることもある。

M女　縄の虜になった女性すなわち「縄に服従する者」を表わす語として日本で最も広く受け容れられている言葉。しかしながら多くの縄の虜・服従者は（とくに写真のためにポーズを取る者の場合）自身を単に「モデル」と考えている。

延長腕前手縛り　「前方に伸ばした腕への縛り」という意味で、手首と腕を一本の縄で縛り合わせ、身体の正面方向へ引き伸ばす。普通「前手縛り」「前手縄縛り」などと略し、「前手合掌縛り」（祈禱縛りを前方に引き伸ばした仏教徒バージョン）もある。

往生縛り　羞恥スタイルの縛りの古典的な例。受け手を跪《ひざまず》かせて両足の足首を交差して縛り、脚が開くようにした上で、畳の部屋に見られる柱に繋ぐ。

◆か

開脚蟹縛り　受け手の両脚を開き、手首はふくらはぎに、上腕は腿《もも》に縛り付けるエロティックな体位。しっかりと組み立てるバージョンでは、受け手の両脚をさらに開かせて動けなくさせるために、脚を縄で引っぱりそれぞれ支点に繋ぐ。

片足逆さ吊り　古典的でドラマティックな「逆さ吊り」（この項参照。天地逆さまの吊りのこと）の、片足バージョン。

片足吊り縛り　片足を吊り上げる縛りの総称でそのスタイルは数多く存在する。伝統的には片足を吊りの支点に向けて引き上げられている受け手が、もう一方の脚で上品にバランスをとる。それに代わるやり方では、寝そべっている受け手の片足を吊り上げることも可能である。

髪縛り 髪の毛に対する縛りの総称（この語は神道に由来する語かもしれない）。受け手は髪（できれば長いほうが良い）を縄で縛られる。この縛りは他の縛りに組み込まれていることもある。

狩人縛り 受け手の腕が背中に背負ったライフル（または弓、槍）に似ているためにこの名が付けられた。非対称的な縛りで、一方の腕は肩越しに、もう一方の腕は腰から背中に回して、両腕を背面で縛り合わせる。この歴史的な体位は「鉄砲縛り」という名でも知られている。

雁字搦め《がんじがら》 手足を完全に縛り上げて動けなくした縛りの総称。緊縛ではさまざまな技法を用いて身動きできないこの窮地をつくり出す。

閂《かんぬき》 名詞。門に備え付けられている横木。木か金属でできていて門が開かないように左右に差し渡す。緊縛においては、胸部、脚部、足首、手首等に巻き付けた縄をしっかり締めるために用いられるさまざまな縄の総称。絞り縄、留め縄とも言う。

亀甲縛り 有名な「亀の甲羅」縛り。この縛りが生み出す紋様が日本の亀のそれに似ていることからこう呼ばれる。全身に施すこともできるし、胴体だけに施すこともできる。異なる捕縄術の道場から受け継がれ教えられてきた、二つのスタイルの亀甲縛りが存在する。

より伝統的なスタイルでは、一つ以上の六角形をつくる。この六角形のスタイルは古い別名で「乳がらみ」という。日本の天明年間（一七八一～八八）に遡る捕縄術の流派六儀流に由来するものと思われる。

もう一つのスタイルも権威あるもので、封建時代の捕縄術の大正流が創り上げた「本縄縛り」（この項参照）に由来することは明らかである。このスタイルは漫画や挿絵によっても広く知れわたり、縛師の何人かもこれを教える。このバージョンでは少なくとも二つ以上の菱形を首から恥部にかけて連ねる。しかしながら現代では、このスタイルはより正確に「菱縛り」（この項参照）と呼ばれている。

逆海老縛り　海老縛りの逆。英語で言う"hog-tie"によく似ている。受け手の両手両足を背中の後ろで縛り合わせる。単純なものから複雑なものまで数多くのバージョンがある。身体の柔軟な人向けの厳しい体位。

逆海老吊り　「逆海老縛り」(この項参照)の吊りバージョン。受け手は英語で言う"hog-tie"同様、両手、両脚、両足を背面で縛り上げられ、顔が地面に向いた状態で宙吊りにされる。緊縛では最もありふれた吊りの体位の一つ。

緊縛　伝統的な日本式エロティック・ボンデージ・アート。

緊縛師　「ロープ・アーティスト」すなわち縛り手の意味。しばしば「縛師《ばくし》」と省略される。「ロープマン」とも。「縄師《なわし》」も参照。

緊縛美　伝統的な縛りアートの美しさ。すなわち美的な、またエロティックな効果を狙って伝統的なやり方で行なわれる縛りの持つ美しさのこと。

くずし縄　緊縛について言う場合は、「計算された計算のなさ」、すなわち故意に、また技巧を凝らして非対称的に、時には乱雑にするデザインを持つ縛りを表わす。「くずし」という語は日本の書道や絵画に由来している。また茶道では、たとえば故意に歪めたような形であるのに卓越した美しさを持っている陶器を言い表わすときに使われる。

後頭部両手首縛り　上体への縛りの一つ。両手は頭の後ろで結び合わせ、そのまま同じ縄で胸部ハーネスをつくる。「後頭《こうとう》両手縛り」とされることもある。

拷問縛り　受け手に責め問いまたは懲罰を加えること(エロティックな場合とそうでない場合とがある)を意図した縛りの総称であり、日本の歴史に由来するいささか古めかしい言葉。ＳＭの「窮地」プレイの側面を表わしている。

腰縄　吊りの際に臀部を支えるために使われる縄の

こと。すなわち尻縄。腰縄という語は捕縄術でも使われていた(いる)。その場合は囚人の動きを制限したり逃げる気を殺ぐために、腰に縛り付ける縄および引き綱を表わす。

◆さ

逆さ吊り　天地を逆にした吊り。受け手は脚だけで吊るされる。

捌《さば》き　動詞「捌く」の派生語。縛師《ロープ・マスター》が縄を使用したり保管したりする前に、それを輪にしたり巻き付けたりしてまとめておく技法の総称で、縛師によってさまざまに異なる。

猿轡《さるぐつわ》　緊縛で使われる伝統的な言葉で、英語のgagに当たる。この英語の単語はそのまま音訳されて「ギャグ」として日本でも使われている。ただしこの語が紹介されたのはごく最近である。手拭と呼ばれる綿織物の伝統的な布で口を縛るのが標準的猿轡である。手拭は使い途がたくさんあって、掃除、料理、入浴などに使ったり身に着けたりする。

三点吊り　受け手は上体を高手小手で縛られ、それと両足首の合計三点で吊られる。足首は身体の正面に引き上げる。「三点」という言葉は山の頂上を意味している。この吊りでは、受け手が山の頂の形に似ることからこの名が付いたのであろう。

自愛縛り　「自らを抱きしめる」縛り。受け手の両腕が身体の正面で交差し、肘から上に曲げられ、右手は左肩、左手は右肩の上またはその付近に縛り付けられ、結果的に受け手が自分自身を抱きしめているように見えるためにこの名で呼ばれる。

仕込み縄　緊縛プレイないしパフォーマンスで行なわれる吊りの際にしばしば用いられる安全のための支えとして用意されている縄のこと。この「予備の」縄には、金属製のカラビナが付けられていてそこから吊り縄が繋がっている場合と、直に吊り縄が結び付けられている場合とがある。いずれにせよ仕込み縄は、十分に強力かつ安定した支えになるように、慎重かつ正確に装備しなければならない。その装備パターンにはいくつかの標準的デザインが存在する。この予備縄は「吊りしろ」という名前で知られていることがある。文字どおりの意味は「吊り城」または「吊り砦」である。

縛り　動詞、縛り上げること。名詞、縛るという行為、日本式ボンデージ。

羞恥縛り　緊縛において受け手を恥ずかしがらせるために用いられる縛りを指す総称であり、いささか古めかしい言葉。これはＳＭプレイの心理的側面である。羞恥縄とも。

常識　ジョウシキという日本語の意味は「普遍的に共有されている道理」ということである。知的な人なら誰でも備えていることが前提とされる。いかなる種類の緊縛を実践するに当たっても、覚えておくと役に立つ言葉である。

上腕後手縛り　↓　二の腕縛り

尻縄　↓　腰縄

駿河問い縛り　紛れもなく縛りの一種であると同時に、一六世紀の徳川時代に遡る拷問技法でもある。この縛りは受け手の背面で、両腕と両足首をかなり接近させて縛る。そうしておいてこれを支点に向けて引き上げ、受け手の骨盤しか支えがないような状態にする。「逆海老」（この項参照）との違いは、こちらがはるかに苛酷であるという点だ。封建時代の日本では、囚人は時としてこの縛りを使って吊られた上に、さらに苦痛を増すために背中に重石を乗せることすらあったと言われている。名前はかつての駿河国に由来する。これは日本の中心に位置し、太平洋に面していて富士山の故郷でもある現在の静岡県の一部である。身体がたいへん柔らかく、難題に挑戦することを楽しめる適格者にしか使ってはいけない縛りである。

◆た

高手小手（縛り）　↓　後ろ手高手小手縛り

竹の杖縛り／竹竿縛り　竹製の竿、棒、柱を用いた縛り。この縛りスタイルは日本の封建時代にまで遡る長い歴史を持っていて、数多くのバージョンがある。

襷《たすき》縛り　→　後ろ手襷縛り

縦縄　→　股縄

狸縛り　多くの日本の伝説や民話に登場する動物の名前。正面で両手両足をぴったりと縛り合わされ、（空中に、または背中を着けて）吊られる受け手の姿が、猟の後の四つ足の獲物のようだからこの名が付けられた。この縛りには歴史があって、少なくとも一六〇〇年代前期に遡る。当時は「ぶりぶり責め」と呼ばれ、江戸の名高い遊里吉原で言うことを聞かない遊女の折檻として用いられていると報告されている。

俵《たわら》縛り　「俵」とは藁で作った容れ物である。農民が田んぼで稲藁を束ねて縛るやり方に似ているからこう呼ばれている。上体は、乳の上下に縄を水平に、腕ごと何度か巻き付ける。両手は左右それぞれ尻のすぐ下で脚に縛り付ける。両脚は上体より多くの縄を水平に巻き付けて、多くの場合まとめて縛り上げる（その前に上体を頭よりも高い位置にある支点にしっかりと繋いでおく必要がある）。その後すべての水平の輪を、垂直に下げた何本かの細縄で連結していけば、見事な藁束の紋様ができあがる。

柄巻《つかまき》　刀の柄をくるむ仕上げの飾り。古典的な縛りでは、縄の終端（縄尻）を他の縄のまわりにきっちり巻き付けて包《くる》むことによって完成とする場合がある。それによって縄を最後まで使いきることができ、また包《くる》んだ部分の強度を増すことができる。これは「鉄棒」と呼ばれることもある。

継ぎ縄　継ぎ合わされた縄のこと。緊縛で使われる二本の縄を合わせて、二倍の長さを持つ一本の縄に接ぐ技法。通常よりも複雑な緊縛パターンを創りたいときに有用な技法である。

机縛り　受け手を机に縛り付ける縛りの総称。机は伝統的な畳の部屋に見られる低いものであるのが普通。とくに机の脚を縄掛けの支点として利用するものを指す。

吊り　縄による吊りの総称。受け手は縛られて、しっかりと確保された支点から空中に吊り上げられる。日本の徳川時代に遡る二番目に古典的な拷問技術すなわち釣責《つるしぜめ》が起源であるが、今日では縛りプレイやSMクラブ・パフォーマンスの要にまで進化している。多くの異なるタイプの吊りが存在するが、どんな吊りでも最大限の注意と技術をもってしなければならない。「づり」（この項参照）と濁って発音されることがある。

づり　吊りの発音の変形。吊りという語が、そのタイプを示すような他の単語に先立たれるとき使われる。例。逆海老吊《づ》り。

吊り縄　吊りにおいて、受け手を吊り上げるために用いられるメインの縄。

鉄棒　→　柄巻《つかまき》

鉄砲縛り　→　狩人縛り

天狗縛り　受け手の腕の位置が、天狗という神話上の怪物を描いた日本の古典的な挿絵に似ているところからこの名がある。この縛りでは左右の手首をそれぞれ上腕に縛り付け、通常はさらに両腕をそれぞれわずかに後方へ引っぱるようにして、飾り上体ハーネスに結び付ける。そうすると「天狗の翼」に見えるのだ。

胴縄　吊りの際に腰を支えるために使われる縄のこと。腰縄。怪我の危険があるので、この縄はしばしば帯（着物を着る者がウェスト周りに巻く強化された布）の上から縛る。腹部の柔らかい組織を守るためである。帯をしていない場合は、通常臀部の上のほうに結び付ける（「腰縄」参照）か、または仰向け吊りのように受け手が上を向いていてこの縄で支えるのが背中となる場合意外は用いない。

巴留め　巴（西洋で言えばカンマ）の形状に終端を留めるか、縄の途中で他の縄に巻き付けるやり方。形が似ているところからこのように呼ばれる。これはとても便利で見た目も魅力的な技法である。縛師のなかには縄の方向を変えたいときにこれを使う者がいる。これなら結び目を作らないで縛りパターンを創り上げることができるからだ。江戸時代の捕縄術でも結び目を作らないためにこれを用いた。

奴隷　縄の受け手、パートナーを指して使われることがある。

◆な

縄師　実際には「縄を製造する人」を意味するが、さまざまなSMサークルで「縛師《ロープ・アーティスト》」を意味する言葉として通用している。縛師《ばくし》のほうがより現代的な言葉である（二〇世紀後期）。「緊縛師」も参照のこと。

二の腕縛り　両手と上腕を背面で縛る。そのとき縄は上腕と手首だけに巻き付ける。すべての縄は背面だけにあり、胴に巻き付けられた縄は存在しない。現代では「上腕後手縛り」や「腕掛け後手縛り」の名でも知られる。

寝技　床の技法の意。柔道などの武芸に由来する。主に畳の上で遂行される緊縛を指すのに便利な言葉。吊りで用いる技法と対照的である。正しい用い方をすれば、この縛りスタイルはたいへん官能的かつエロティックになり得る。

◆は

柱後ろ抱き縛り　文字どおりには背面で縛られた両手で柱を抱きかかえるという意味。日本の伝統的な畳の部屋によくある〝柱〟に受け手を縛り付けることを簡略に言うための用語。別の言い方に「柱拘束」がある。この縛りにはさまざまなスタイルが存在する。

早縄　日本の江戸時代（一六〇三〜一八六八）に用いられていた「捕縄術」（この項参照）という武芸の縛りスタイルの一つ。強靭で細い縄（これ自体を「早縄」と呼んだ）を使って素早く遂行する。この強力な縛り技法は、一回の逮捕が完了するまでのあいだに、たとえ囚人が激しく抵抗したとしても、通常は一人の警察官でも完遂できるようになっている。

飛脚吊り　「伝令」または「郵便配達夫」の吊りという意味で、そこでは受け手が「高手小手」（または「後ろ手高手小手縛り」、この項参照）で吊られ、両脚は引っぱり上げられて、まるで走っている人のように大股の一歩を踏み出している体位で固定されるためにこの名前が付けられた。

菱縛り（菱形縛り、菱縄縛りとも）「菱」という水草の一種の葉の形状から。ダイヤモンド形の縛り。古《いにしえ》の「捕縄術」（この項参照）に由来する技法。この歴史的かつ非常に魅力的な縛りにはさまざまなバリエーションがあるが、菱形をつくることが基本である。四角形を連鎖させるようなきわめて複雑なパターンでは、菱形の四点に小さな結び目をつくることもある。「亀甲縛り」（この項参照）にやや似ているため、時として混同される。この縛りは、封建時代の兵士が追手を妨げるために用いた鋭い角を持つ四面体の道具［撒菱《まきびし》］の形状に基づいているとも言われている。この道具自体は、「菱」という水草の実の、刺のある形状に由来している。菱縛りは一般的に、拘束性の強い縛りとして用いられ、両手を背面で縛ることが多い。しかし手を自由のままにしておくことも可能だし、上半身にも下半身にも施すことができる。最も美しく独特な縛りパターンの一つ。

ぶりぶり　→　狸縛り

放置　動詞としては、そのままにしておく、運を天に任せる、独りにする、無視するという意味。日本式縛り・SMプレイでは、この言葉は受け手を十分に縛っておいてそのまま放っておくことを意味する。それは縛りを味わうため、あるいは受け手を窮地に追いこむため、あるいはその両方のためである。心理的SMプレイの一種。安全のためつねに目を離さないよう、最大限の用心深さと慎重さを必要とする。

捕縄《ほじょう》術　縄を用いて捕縛するための古い武芸。歴史的な文献によっては「縄術《なわじゅつ》」と呼ばれることもある。

本縄　日本の江戸時代（一六〇三〜一八六八）に囚人を長時間確実に縛っておくために使われる捕縄術のスタイルの一つ。この縛りの手段は、囚人を牢獄や吟味の場に押送するときや、訴訟手続のとき、またとくに重大な犯罪の場合には処刑に先立って囚人を公に晒し者にするときに用いられた。江戸時代には、本縄の複雑な紋様は囚人の背中側につくられ、しばしばそれによって囚人の社会的地位やその罪と罰が示されていた。このスタイルの縛りこそ、現代の緊縛の祖先である。

◆ま

股縄　恥部への縛りの総称。「クロッチ・ロープ」とも。古い縛り文献では「縦縄」の名で呼ばれることがある。

無駄縄　縛師はこの語を、純粋な飾りあるいは美感に訴えるものとして使われている縄を表わすのに使う。機能的な縄、効果的な縄の反対語。

胸菱後手縛り　創意に富む上体への縛り。「襷縛り」（この項参照）で始まりながら高手小手へと優美に変化して菱形の飾り要素を伴う。

桃縛り　きわめて性的な縛り。受け手は尻を引っぱり上げられているため、膝と上体だけでバランスを取って倒れないようにしなければならない。両手は正面で縛り、さらに身体の下から開いた両脚のあいだを通して足首まで引っぱって縛り付ける。うまく完成するとこの縛りは日本版『カーマ・スートラ』である「四十八手」に収録されているような古典的なエロティック体位のいくつかとよく似たものになる。

◆や・ら

浴衣《ゆかた》縛り　浴衣を着ている者を縛ること。縛りのスタイルは問わない。浴衣は軽いインフォーマルな夏の着物。伝統的な緊縛アート写真にとっては古典的な衣裳の一つである。

横吊り　受け手を横ざまに、地面に平行になるように縛る吊りの総称。

両脚吊り　両脚を縛り合わせて同時に吊り上げている吊りの総称。緊縛文献によって、この技法が使われる吊りのスタイルはいくつか存在する。

両手首縛り　身体の正面で両手首を縛り合わせる簡単な縛り。使用される縛り技法の複雑さによっては、この縛りが手錠縛りという名前で呼ばれることもある。起源は「捕縄術」（この項参照）。

第3章　ハウツー緊縛

この本の発行人が緊縛を教える短い章を入れてくれないかと言ってきたとき、最初は気が進まなかった。この分野の知識を一通り案内してくれるような本に対する需要があることは知っているのだが、自分のこととなると二の足を踏んでしまったのだ。なぜなら筆者はもう何年も講師をしてきた経験があるので、緊縛というテーマが人に教えるには複雑過ぎるということがわかっていたからである。本当のところ筆者は面と向かって、一対一で教えるほうが好きなのだ。グループレッスンはこれまでもできるだけ避けてきたのである。理由は簡単で、生徒の目を見れば理解しているかどうかがわかるからである。武芸《マーシャル・アート》を祖先に持つエロティック・アートなどというものを教えるに当たって、それ以上に望ましいやり方があるだろうか。

したがって緊縛を学びたいと本気で考えている読者に対して、何よりもまずお勧めしたいのは、しかるべき指導者を見つけなさいということだ。通常授業料はそれほど高くはないし、良い先生が見つかれば基礎を上手に教えてくれるだけでなく、楽しめる授業をしてくれるだろう。筆者自身の教室では、技法だけでなくアートや歴史についても教える。そして同じような授業をしている講師が何人もいることを筆者は知ってる。

だがもしもそれが無理なら、次善の策はこの本で紹介した「ハウツーもの」のDVDやビデオを見ることだ。最良の縛師のうち何人か（乱田舞、濡木痴夢男、雪村春樹など）が、すばらしい教材を出している。ほとんどの場合、ついていくのも比較的簡単だ。こうした動画講座の長所は、すぐに見直すことができるところにある。それによって混乱が避けられる。

動画という手段も不可能であれば、書籍が最後の選択肢だ。良いものが何冊か、現在でも入手可能になっている。乱田舞のロングセラーのほかに、最近有末剛が、三和出版から役に立つ「ハウツー」本を刊行した。縄やボンデージの技術を詳細に伝授すると称している書籍で問題なのは、それを学び取るにはかなり注意力が必要で、多くの場合わけがわからなくなってしまうことだ。書籍を用いる場合は時間がかかることを覚悟しなければいけない。意味のわからないところが少しでもあれば、十分に考えてみないうちは実行に移してはならない。

完璧を期するなら、緊縛の技法を学ぶ最悪のやり方を二つ、ここで言い添えておく必要があるだろう。それは本やインターネットから引っぱってきたスチール写真の真似をすることと、ポルノビデオの真似をすることだ。こんなことは言うまでもないことなのだが、筆者はこれまでに何人もの人から、そういった怪しげなものを教材にすることについて意見を求められて驚かされてきたのである。ここではっきりと言っておくが、インターネットから取り出した写真を真似ようとするのは馬鹿げている。なぜならそこには緊縛のパターンなどほとんど写っていないからだ。何と言っても一つの角度から見たモデルの姿しか見られないのが普通ではないか。だがポルノを猿真似することはもっと悪い。なぜならポルノの大部分は偽物で、その手の作品の製作者は安全かつ技巧を凝らした技法などといったことに頓着しないし、そうした「アダルト」ビデオの「ボンデージ」シーンのほとんどで、ボンデージにフォーカスが当たっている時間は短過ぎて、教材としては使い物にならなないのである。

この章では、〝初心者向き〟の比較的容易な型を三つ解説する。この三つの型は、どれも非常に多くの縛り方があるけれども、筆者のこれまでの経験から初心者にとって最もわかりやすく実践しやすいと思われる、最も簡単な縛り方をここでは紹介することにする。

基本原則

1 安全性

どんな縛りを実践するときも、また他のどんなサドマゾヒスティックな行為に及ぶときでも、安全性こそが最優先される重要課題であることは言うまでもない。SM「シーン」の安全性と楽しさが増すように、数多くの賢明な予防対策や手順が何年もかかって開発されてきた。なかでも重要なのは、たとえば以下のような点である。

● パートナーの肉体的、心理的限界（怪我、病気、心理状態）を知らない限り、いかなる行為も始めてはならない。

● パートナーとのあいだに良好なコミュニケーションが確立していないうちは、縛りを開始してはならない。さもなくば、途中で何か問題が発生したときに、直ちに、また有効に対処することができない。

● 使用する予定の道具が完璧に作動するかどうか確認しておくこと。

● 行為の始めから終わりまで、縛りを受けるパートナーの呼吸、血液循環、気分をつねに観察し、その状態のチェックを止めてはならない。

● 縛りを受けるパートナーを独りにしてはならない。

● 行為に及んでいる最中にアルコールその他の刺戟物を大量に摂ってはならない。

● 行為を直ちに、問答無用で中止するための合図を決めておくこと。

● 行為の締めくくりとして、適切かつ気持ちを和らげるようなアフターケアを心がけること。

安全で責任あるサドマゾヒスティック・プレイのための基本的重要事項はほかにもたくさんあるが、筆者は読者がそれらに通じているということを前提として、これから話を進めていく。

2　常識

以上のことに加えて、ジョウシキを忘れないことが重要だ。この日本語は「普遍的に共有されている道理」すなわち理性的な人間であれば誰しも備えているはずの判断力を表わす概念である。要するに、ロープ・プレイのあいだはつねに自分が何をしているか意識しておくこと、何か不審な点があれば、すっかり考えてみないうちは実行に移してはならない、ということだ。

緊縛の基礎となる哲学、実践、道具、エロティシズム

1　哲学

一般的に緊縛の意図するところは、安全で、刺戟的で、美的にも魅力的な方法で、楽しくエロティックな拘束を、愛するパートナーに施すこと／愛するパートナーから受けることである。このことをつねに忘れてはならない。その上で、緊縛の主な起源の一つは、捕縄術という日本の封建時代の捕縛を宗とする武芸であることも、忘れてはならない。それは危険な敵を拘束することを目的とする真剣な武芸で

あって、優しさや安全への配慮といったことは考えられていなかったのである。

危険なものからエロティックなものへのこの変化は、結び方や縛りのパターンを長年にわたって注意深く作り直してきたことによって成就したのである。したがって、それぞれの縛りの組み立ての基礎となっているものをしっかりと理解することが必須なのである。

■よくある質問

〈問い〉私の縛りは見たところ正しいように思えるのですが、私は「縛り」をしているのでしょうか。

〈答え〉残念ながら、答はノーである。縛りが本物であるための決め手は、基本的な縛りを注意深く安全に組み立てているかどうかであって、出来上がったものの全体的な「見た目」ではない。これは、日本の武芸を学ぶに当たっての「表技（秘密でない技術）」と「裏技（隠している技術）」の違いという考え方に通ずることである。緊縛においても、日本のほとんどの武芸と同じように、表面上明白なこと（「見た目」）と、縛りやパターンを創り上げる隠された技術（「組み立て」）とが存在する。そうした基本的な「隠された技術」は必ずしも複雑ではないし習得も困難ではないが、緊縛が安全でかつ「本物」だと見なされるものになるためには、それらの基本を正しく遂行しなければならない。

2 実践

捕縄術においては、首のまわりに縄を縛ることが、さまざまな縛りをつくる上で基礎となる方法である。さらに、腕から手へと走っている神経線維束を細い縄できつく縛ることもよく行なわれる。これは、神経を阻害し麻痺を生じさせ、敵から力を奪うことを目的としているのである。両方ともきわめて危険な技術であり、深刻な傷害や場合によっては死をもたらす可能性があることは明らかだ。

だからこそ緊縛においては、こうした危険な捕縄術の技法を排除するために他の手段が工夫されてきたのである。最も重要な点を三つ挙げる。

(1)　首を避けること。緊縛の正しい組み立てにおいては、首はつねに慎重に扱われる。首のまわりに縄が通ることはあっても、決して締めることはない。

(2)「包《くる》み」の技法を用いること。緊縛においては、腕を縛る際にはほとんどの場合、直系6ミリの縄を何本か撚《よ》れないように並行させることで幅広にし、そのあと適度に締める。縄を並べて幅広にして包《くる》むことによって、縄が腕に与える圧力を分散させ、腕の神経への予期せぬ圧迫を防ぐことができる。だから縛りのほとんどの型で、7〜8メートルの長さ（直径は6ミリ）の縄を、まず真ん中から二つ折りにしてから組み立てていくのである。それによって縄が肌に触れている面積が大きくなるようにしているのだ。

(3)「引き解け結び」を用いること。緊縛とは凝った結索法の謂ではない。よくわかっていない西洋人の実践家はそのように考えがちだが、間違っている。実際、ほとんどのパターンでは縄を繋ぐ際に用いるのは単純な一重結び（止め結び）である。このあとの手引きで見ていくように、手首や脚を縛るときには、片方ずつであろうと両方まとめてであろうと、いずれにせよ一般論として、「引き解け結び（英語ではセイフティ・リリース・ノットまたはクイック・リリース・ノット）」を用いる方が好ましい。

ここに掲げる単純な工夫は次のように組み立てられている。まず二つ折りにした縄を少なくとも2回手首（脚や上腕、足首でも同じ）のまわりに回して包《くる》み（写真②参照）、次にこの包《くる》みの縄のすべてを一重結びでまとめる（写真③④参照）。包《くる》みが力を分散させるので、ここを引っぱったとしても、縄のうちの1本だけが単独で圧力をかけるようなことがない。写真をよく見てほしい。

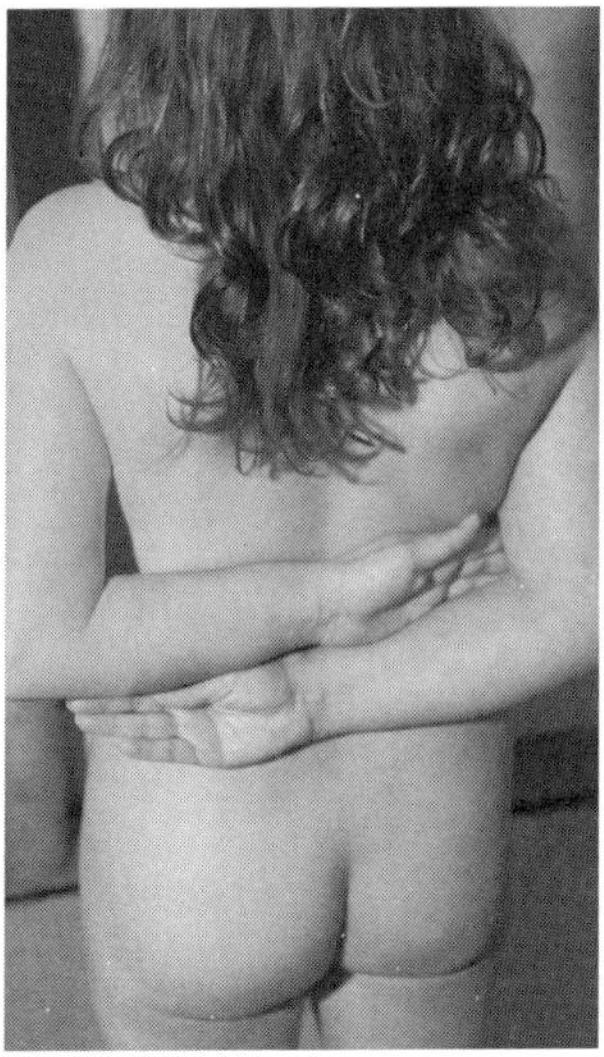

① 両手を地面に平行に保つ。

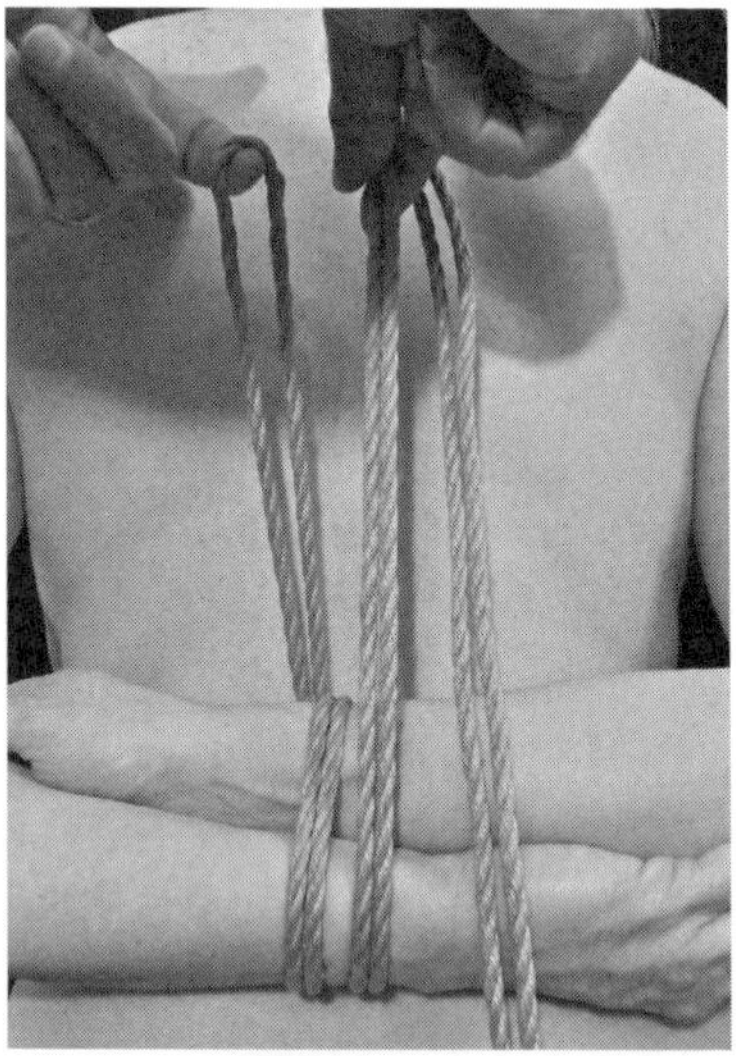

② 二つ折りにした縄を撚れないように2回巻いて手首を包む。

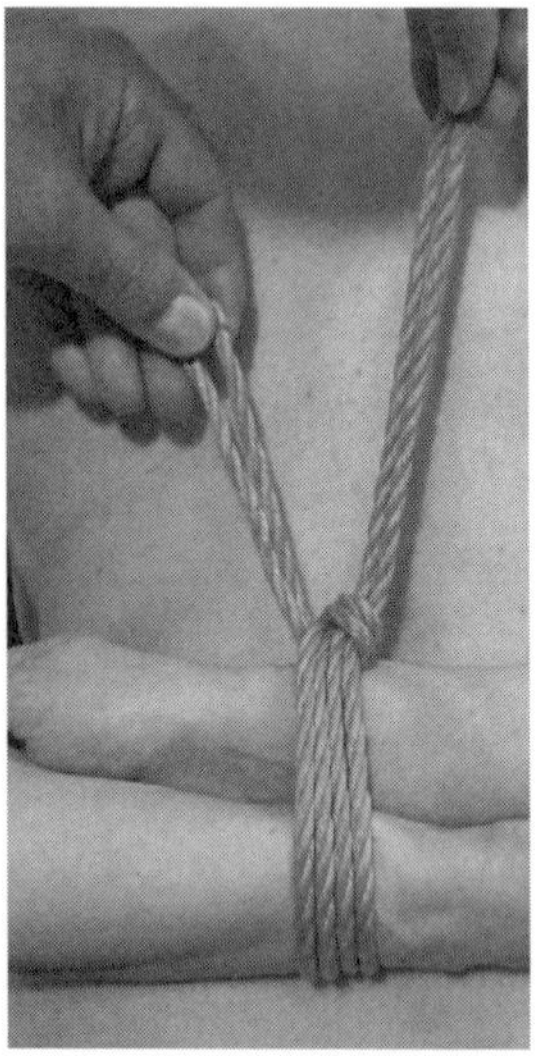

③ 包みの縄すべてをまとめる一重結びの開始。

④ すべての縄が一重結びでまとめられた。

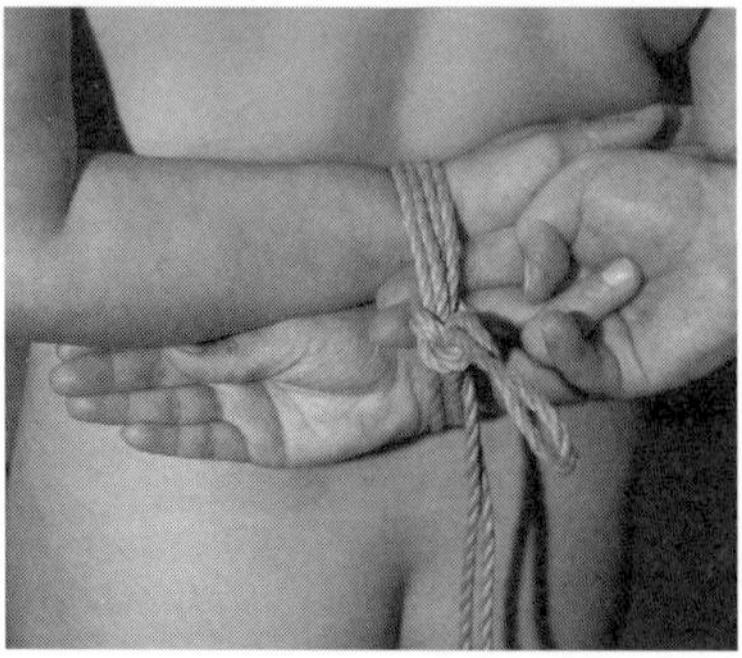

⑤ 縄と手首とのあいだに隙間があることに注目。

引き解け結びの良いところは、行為の最中に何か緊急事態が起きたり、中断しなければならないような場合に簡単に縄を解けること、また縛りを受けているパートナーの両手を自由にしたいときに、緊縛パターンの（しばしば複雑な）全部を完全に解く必要がないことである。忘れてならないのは、緊縛は凝った結索法ではないし、がっちりと縛り上げる必要もないということである。

基本的な実践に関して最後にここで再び常識の重要性について触れておきたい。読者には、緊縛のパートナーは皆違っていて、ある人にとって気持ちよく楽しい縛りやパターンでも、他の人にとっては気持ちよくも楽しくもない場合もあり得る、ということを思い出していただきたい。同様に、たとえ同じパートナーを相手にしていても、ある日にはうまくいったことが、別の日にはうまくいかなかったということがあり得るのだ。要するに、緊縛を実践するに当たっては、思慮深くまた思いやりがなければいけないし、つねに常識を活用する必要があるということだ。

3　道具

縛りを組み立てるときには通常直径6〜8ミリ、長さ7〜8メートルの、アサナワ（麻やジュートでできた縄）を用いる。縄の両端には「こぶ」と呼ばれる小さな結び目をつくっておく。そうすることで包《くる》んだり、終端をほかの縄の下に押し込んだりするのが簡単になる。

この日本式の縄は、西洋でなじみのある縄のいずれにも似ていない。西洋式の麻縄は中央ヨーロッパから輸入されている。本物のアサナワは、強力で、柔軟で、そして最も重要なことには（そして西洋の木綿やナイロン製の縄のほとんどと異なって）伸びないのである。

喜ばしいことに、日本式のこの美しい縄が最近では世界中で簡単に買えるようになってきている。ただし、「レガッタ・ブレイド」パターンと呼ばれる編み方のナイロン・ロープは、長さと直径を日本式と同じにすれば、唯一代用に耐え得る縄である。

4　エロティシズム

性愛術《エロティック・アート》にとっては幸いなことに、緊縛には人体のなかのセイカンタイ（性的に敏感な部分）を刺戟する縛りが数多く存在する。日本人の理論によると、性感帯は次の三つの基本的な部位に走っている。

(1) 首から尾骨までの脊柱の左右それぞれ2センチの幅。

(2) 生殖器から膝の内側までの内腿《もも》

(3) 身体の正面、肩から乳首、へそのすぐ横を通って生殖器まで。大きなV字を描く線の上。

もちろんほかにも性感帯はあるが、まずは以下の手引きに掲げた緊縛パターンのなかで、いかに多くの包《くる》み、巻き、結びが上記三つの性感帯をとくに優しく刺戟するように置かれているか、ご覧いただきたい。それらは縛りの受け手の身体に快感を生じさせることを目的としているのである。愛するパートナーから拘束を受けているということそのものから感じるサドマゾヒズムに典型的な喜びのほかに、このように故意に、絶えず性感帯を刺戟されることによって快感を得るという特徴は、さまざまな縛りの技術のなかでも緊縛に独特な点である。

こういう理由があるから、緊縛の熟練した実践者は、パートナーを縛るときも解くときもゆっくりと手順を進めていき、このエロティックな愛の経験を長びかせて最大限強力なものにしようとするのである。

緊縛の古典的な型(1)　3本縄の高手小手縛り（別名、後手縛り）

古典的な高手小手縛り（別名、後手縛り）は、恐らく最も基本的な縛りの一つである。「基本的」と言う理由は、これが縛りのパターンのなかで最も目に付きやすいものの一つであるだけでなく、多くの他の緊縛の古典的パターンがこの縛りを包含しているからである。少しだけ例を挙げるなら、海老、胡座《あぐら》、片足吊り、さまざまなスタイルの逆海老縛りなどが、すべて何らかの形態の高手小手を用いて組み立てられているのだ。またこの縛りは、捕縄術の上体への縛りがかつては首を中心にしていたのに対して、それを安全でエロティックな快楽を得られるようなものへとデザインし直した完璧な例であるので、その分重要でもある。この縛りを習得することは、緊縛技法の基本を真面目に探究する第一歩である。

高手小手は、一切拘束を加えない飾りとしてのボディ・ハーネスとしても使えるが、以下に説明するのは拘束を加える高手小手の一つのスタイルである。

まず縛りに用いる伝統的な縄（長さ7〜8メートル、直径6〜8ミリ）を二つ折りにすると3.5メートルの長さになる。パートナー（なおこの解説では、「彼女」という代名詞を用いる場合があるが、もちろん男性であっても構わない）をあなたに背を向ける位置に立たせ、背面で両腕が地面に平行になるよう肘を曲げさせる（前掲写真①参照）。

手首から7〜8センチ上の部分に、二つ折りにした縄の折り目を持って来て、そこから両腕のまわりに2周巻きつける（前掲写真②参照）。そのとき縄の折り目から十分な長さを残しておくこと。その部分を使って単純な一重の引き解け結びをつくり、手首を固定する（前掲写真③④参照）。

この結び方は十分に用をなすにもかかわらず、必要なときには素早く解くことができるという利点がある。両手首をあまりきつく締めすぎないように注意することがたいせつである。緊縛は、この場合もそうであるが、包《くる》みや縄の位置によって縄がゆるまないようにする技術だからだ。また縄のたるみは、いつでも目に付いたときに対処できるので、あらかじめきつくする必要はない（前掲写真⑤参照）。

両手首が固定されたら、ふた筋の縄の端を両方とも左上に引き上げ、彼女の左上腕から乳上で胸を横切って右上腕まで包《くる》む。このときふた筋の縄が撚《よ》れないようにする。右上腕から再び手首が固定されている位置に下ろしてきたら、左上方に向かっている最初の縄の下にこれを通し、今度は反対に右上腕に向けて引き上げる（写真⑥参照）。これによって胸を包《くる》んでいる縄が若干締まり、手首も持ち上がる。

右上腕から先ほどとは逆方向に同じ道筋を辿るが、このとき最初の縄の上に載らないように注意しながら隣接させる。

左上腕から手首の上に戻ってきた縄を、両手首の上から右上腕へ向かっている縄にくぐらせて再び折り返したときには、7～8メートルの縄はほとんど使い切っているだろう（写真⑦参照）。

そうなれば、1本目の縄を結び付ける時がやって来たということだ（写真⑧参照）。

余った縄は、両手首の上方でYの字になっている中心の部分に数字の8の字を描くように数回巻き付け、最後を簡単な一重結びにしておく。それでも縄が余れば、両手首から上方に向かっている縄のまわりに巻き付けて柄巻にすれば良い。この大きな結び目は、脊椎のすぐ横（右でも左でも好きなほうで良い）に来るように、脊椎の真上に来ないようにする（写真⑨参照）。これによって結び目が受け手の背中の性感帯を優しく、微妙に刺戟する。もしも彼女を仰向けに

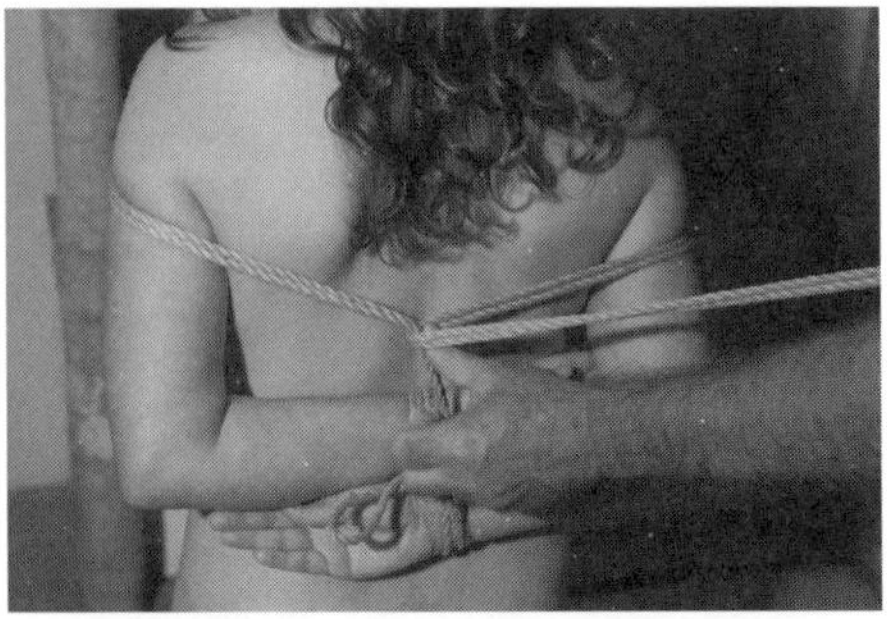

⑥　胸の周りをまわってきた最初の縄は、手首の上で折り返して同じ道筋を逆方向に辿らせる。

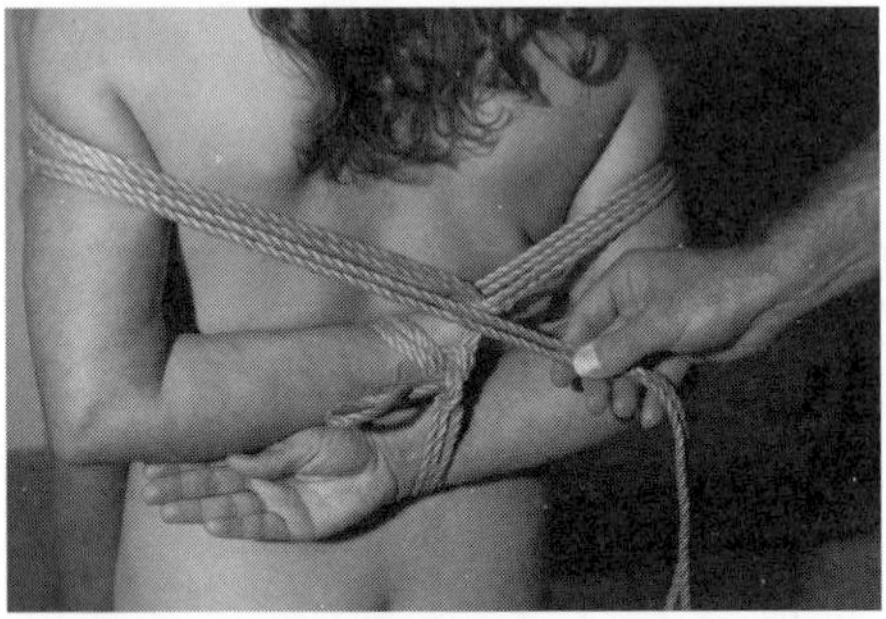

⑦　胸の包みの２周目が終わったところ。

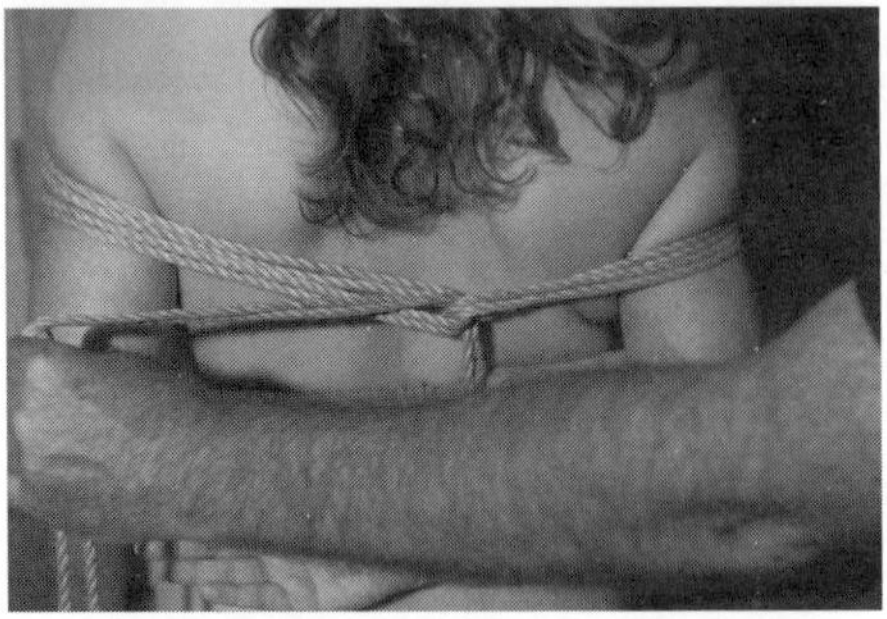

⑧　包みの２周目が終わって再び折り返したところ。

寝かせてプレイするなら、快感はさらに増すであろう。だがその場合は、背中の上部にクッションなどを当てて支えてやることをお勧めする。

この時点で、上体を包《くる》んでいる縄の下に指を這わせていって、縄がスムーズに真っ直ぐになっているか、力が均等に分散しているか、とくに上腕に触れている部分を念入りに調べてみるのは良い考えだ（写真⑩参照）。

さてここで2本目の縄（長さは同じく7～8メートル）に移る。1本目と同じように二つ折りにして折り目を柄巻に繋ぐ（写真⑪参照。一重結びでも雲雀《ひばり》結びでも良い）。1本目と同じように、ふた筋の縄の端を両方とも引き上げて胸部を包《くる》むのだが、今回は乳下を通す。重要！　この包《くる》みは下部胸郭上に来るようにする。胸郭より下の部分を包《くる》んではいけない。胸郭から外れると呼吸を阻害する可能性がある。包《くる》みを続けて右腕から元の位置に戻したら、1本目と同じように左上に向かっている部分にくぐらせて折り返し、胸の

⑨　1本目の縄が完成。メインの結び目が脊柱のやや左に位置している。終端を柄巻で処理する。

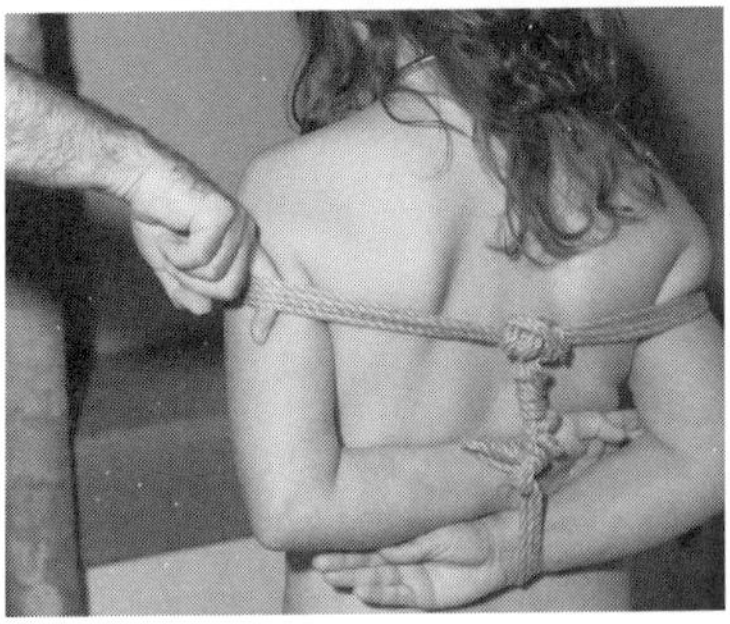

⑩　包みの下に指を這わせて、撚りやねじれを直す。

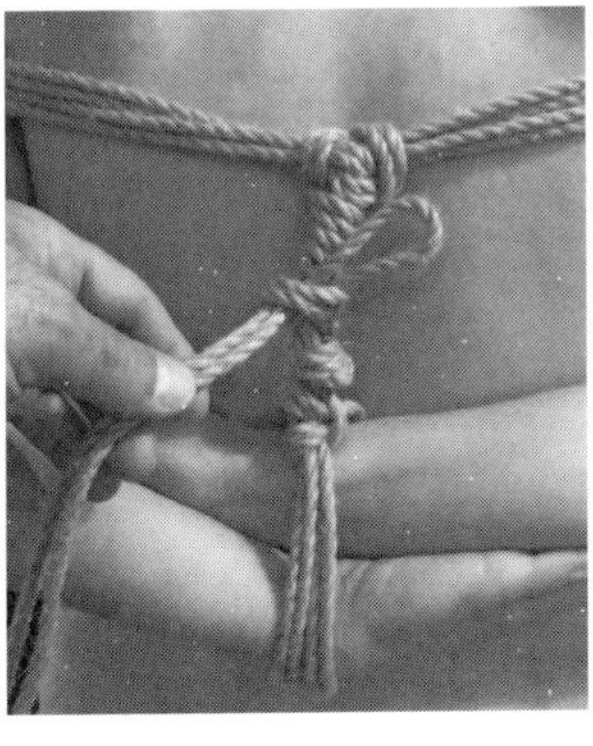

⑪　2本目の縄を一重結びで柄巻に繋いでいる。

包《くる》みを締める。ただしあまりきつくなり過ぎないように注意する。

反対方向に2周目の包《くる》みを終えたら（写真⑫参照）、1本目と同じように、Yの字の中心に8の字に巻き付ける（写真⑬参照）。最後は一重結びで固定する。このとき25〜30センチ縄が余るはずだ。

今余っているこの部分は、かなり長いことに気づくだろう。このふた筋の余りの部分を2つに分けて（写真⑭参照）、1本は右に、もう1本は左に持っていき、乳下の包《くる》みに掛けてこれを少し締める。ゆるい閂《かんぬき》をつくるわけである。その手順は以下のとおり。左右に分けた縄のそれぞれをさらに途中で二つに折り、この折り目を左右の腕と身体のあいだに通すのだが、行きは乳下の包《くる》みの上を通し（写真⑮参照）、前に出たら折り返して今度は包《くる》みの下を戻ってくるようにする（写真⑯参照）。戻ってきた折り目の輪のなかに縄の終端をとおして引っぱれば、閂が締まっていく。あまり急いで、またあまりきつく引っぱっては

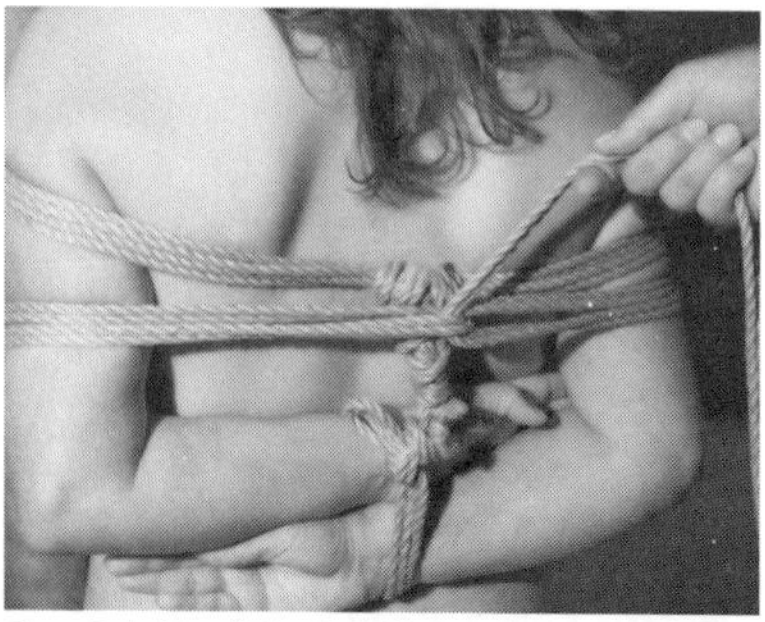

⑫　２本目の縄による乳下の包みの２周目が終わって折り返したところ。

⑬　乳下の包みのY字の中心に8の字状に巻き付けている。

⑭　2本目の縄のふた筋の終端を左右に分けたところ。この時点で余っている25〜30センチで乳下の包みに対する閂をつくる。

いけない。さもなければ腕の内側の敏感な肉を挟んでしまう。

　左右両方の閂が締まったら、両手首の上方で2本の終端を再び一緒にして、胸の包《くる》みの縄か、あるいは柄巻の上にさらに巻き付け、最後は一重結びで固定する（写真⑰参照）。

　以上で初心者向けの基本の高手小手（別名、後手）の拘束を伴うバージョンが完成した。

　3本目の縄は、多くの場合2本目の縄と同じように繋いで（写真⑪参照）、左右どちらかの肩まで引き上げ、身体の正面で乳のあいだを下ろしてきたら、乳下の包《くる》みの下をくぐらせて折返す（写真⑱⑲参照）。

　これを優しく、だがしっかりと引き上げて、今度は反対側の肩の上に戻す（写真⑳参照）。そこから肩越しに背面に戻ってきた終端をさまざまな方法で巻き付け、やはり一重結びで固定する。この技法によって乳部は血流が刺戟され、性感が増す。また女性の場合は乳房が魅力的な「上がって突き出した」形になる。

　この時点で余っている縄は、さらに複雑な紋様を

⑮　一方の終端を二つ折りにして、折り目を乳下の包みの上に通そうとしている。

⑯　前方に出てきたら、折り返して乳下の包みの下側を通して背面に戻す。

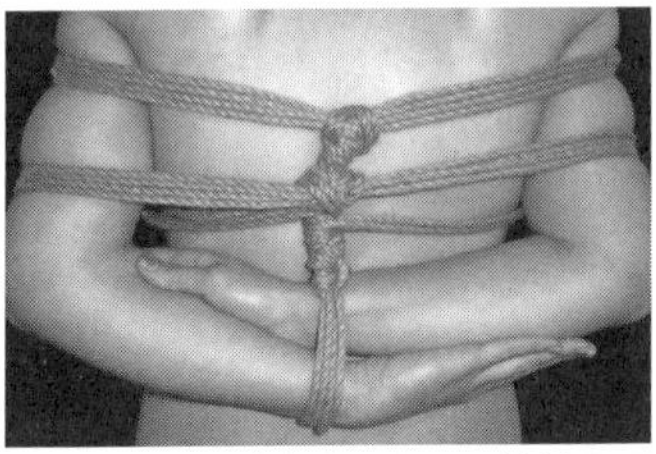

⑰　左右の閂が完成したら、終端を再び一緒にして、柄巻の上に巻き付け、最後は一重結びで固定した。

胸部または上体につくったり、あるいは脚を縛ったり、さらには受け手を他の物に繋いだりするのに使えば良い。（他の物に繋ぐ場合は、もはや両手の利かなくなったパートナーが倒れないように注意しなければいけない）。

前にも言ったように、手首、胸部の包《くる》み、閂《かんぬき》をあまりきつく縛らないように注意する必要がある。縛りが間違っていたり、あるいはきつ過ぎたりすると、呼吸を阻害したり、腕から手に下降している血流が不足して「眠っていく」すなわち麻痺していく恐れがある。呼吸が正常かどうかつねに確認しておくこと、縛りながらパートナーの手にしばしば触れて冷たくなっていないか確かめることを推奨する。ときどきパートナーにあなたの手を握らせれば、力が抜けていないか、血流が正常かわかる。もちろん何か不調を覚えたら直ちにパートナーに訴えることは、縛りを受けている本人の責任である。手首が引き解け結びで縛ってあれば、ひと引きで両手を自由にできることをよく覚えておくこと。またこの縛りが長年にわたって使い続けられているほど拘束として効果的であるのは、さまざまな包《くる》みと腕の位置の組み合わせによるものであって、けっして縛りのきつさや凝った結索法にあるのではない、ということも忘れないでおくこと。

ここに掲げたバージョンは、数多く存在するこの縛りのさまざまなバリエーションのうちの一例に過

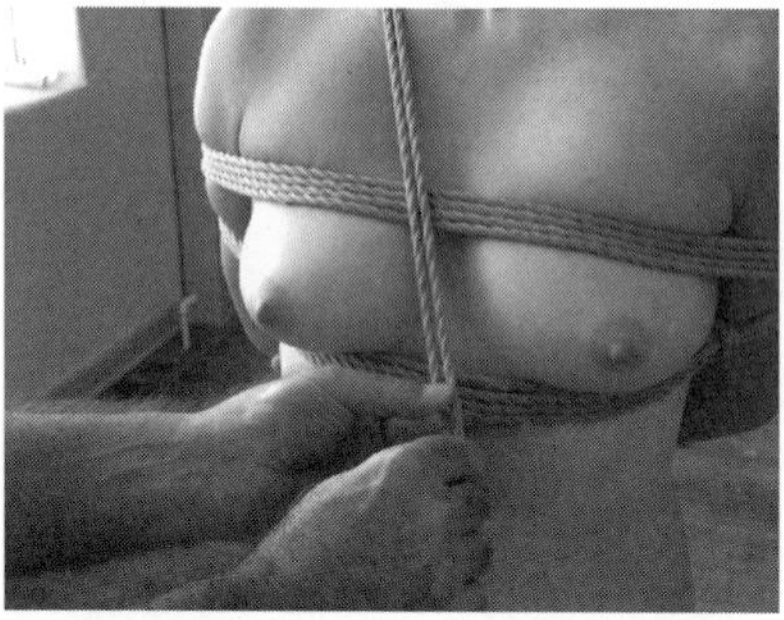

⑱　３本目の縄を肩越しに正面に持って来た。

⑲　３本目の縄を乳下の包みの下をくぐらせ、優しく引っぱり上げているところ。

ぎないということを注記しておかねばならない。たとえば、高手小手には、1本縄のバージョン、2本縄、3本縄のバージョンがあり、4本使うものまである。しかしこの縛りの魅力と刺戟という目的を実現するために使っている組み立てては、基本的にどれも同じである。

最後に、この緊縛パターンの名称について記しておきたい。この縛りは西洋では一般的に後ろ手高手小手縛り（しばしば簡略化されて高手小手）として知られている。しかしながら日本では、多くの実践者がこの名前は両手を背面で高い位置に引き上げる縛りにしか使うべきではないと考え、腕が地面に平行に保たれるこの縛りについては、後ろ手小手縛り（あるいは後手縛り）と呼ぶことを好む。多くの西洋人の縛りの受け手は腕や肩が張り出しているために、両手を高い位置に引き上げることが困難であり、無理に維持しようとすると苦痛を感じる。そのようなわけで、この「ハウツー」では、両方の名前を併記するというのが、適切な折衷案だと考えた。

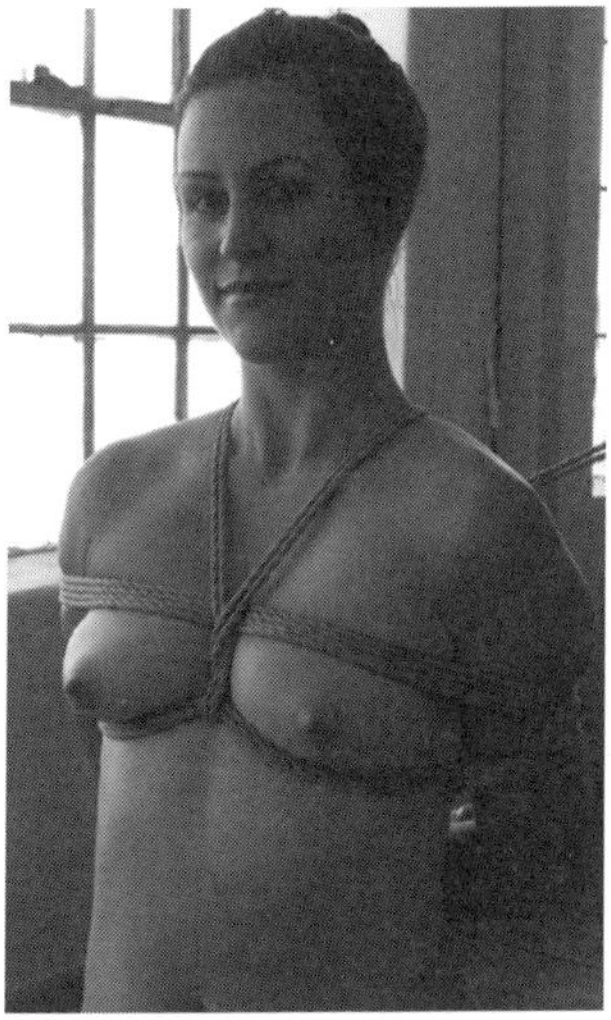
⑳　胸部包みの簡単な飾り第１バージョン。

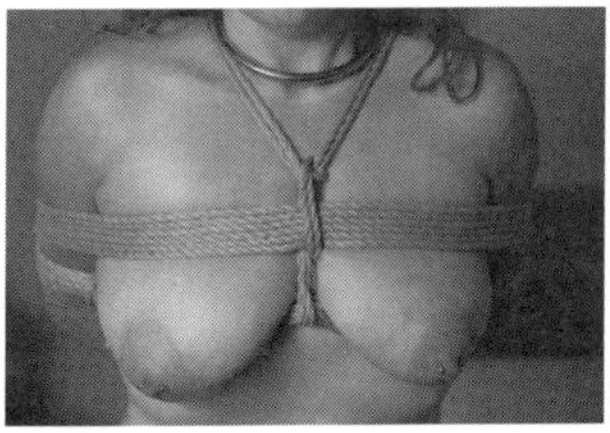
㉑　第２バージョン。

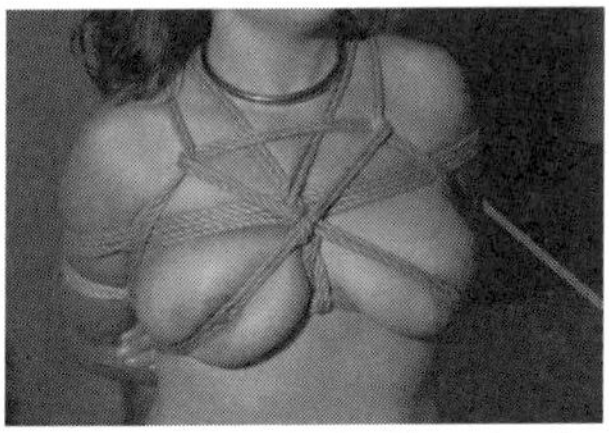
㉒　より複雑で装飾的な第３バージョン。

緊縛の古典的な型(2) 胡座《あぐら》縛り

二つ目の手引きとしてこれから説明する胡座縛りは、緊縛の方法論と組み立てのいくつかの重要な側面の良い実例となるだろう。

第1にこれは非常に拘束性の強い縛りで、受け手は服従の姿勢を受け容れることを求められる。したがってこの縛りには、緊縛を心理的SMプレイに用いる方法の一つを見て取ることができる。

第2に、この縛りは部分的に高手小手(別名、後手)パターンを用いている。つまりもともと同じ(あるいは似ている)縛りの要素であるのに、狙っている効果がいかに異なるかということが示されている。

一つ目の手引きの高手小手縛り(別名、後手縛り)と同じように、今回も7~8メートルの標準的な縄を3本用いる必要がある。今回の縛りが一つ目の手引きと異なっているのは、3本目のロープが、縛りの受け手をはるかに強く縛り付けるために用いられているということだ。一つ目の手引きで3本目の縄が、胸部の飾りおよび刺戟を創り出すために用いられていたことから見ると正反対である。

胡座縛りのためには、まず最初に2本の縄を用いた高手小手(別名、後手)を創り上げる必要がある。そのためには再びパートナーとともに、一つ目の手引きの写真①から写真⑰の手順を踏んで頂きたい。

高手小手が完成したらパートナーを座らせるのだが、このとき胡座をかかせるので、床面が痛みを与えることがないように注意する。場合によっては足首の下に枕などを入れてクッションとする必要があることを覚えておくこと。3本目の縄を二つ折りにして、一つ目の手引きの高手小手(別名、後手)で手首・前腕を包《くる》んだように、足首を注意深く包《くる》む(写真⑱参照)。

一つ目の手引きと同じように、一重の引き解け結びで両足首を固定する(写真⑲参照)。

3本目の縄のふた筋の終端を優しく上行させ、座らされているパートナーの左肩を越えて背面で高手小手（別名、後手）の胸部包《くる》みの結び目に到達したら（写真⑳参照）、右側の胸部包《くる》みの上、結び目の下、左側で再び胸部包《くる》みの上を通ってX字を描くように右肩まで持っていく（写真㉑参照）。

重要！　3本目の縄を首の周りに回してはならない。足首を縛った縄を繋ぐのは、つねに胸部包みにすること。

ここまで来たら、あとは胡座の体位を創り上げる仕上げ段階である。ゆっくりと3本目の縄を引っぱる。このとき縄が包《くる》みの周囲をスムーズに滑っていくことを確かめながら、縄を優しく引っぱってパートナーを前方の足首の方向にたわませていく（写真㉒参照）。パートナーが苦痛を感じたらそこで止める。

重要！　受け手が心地よく前傾できる幅はさまざまに変化し得るし、いろいろな要素に左右される（訓

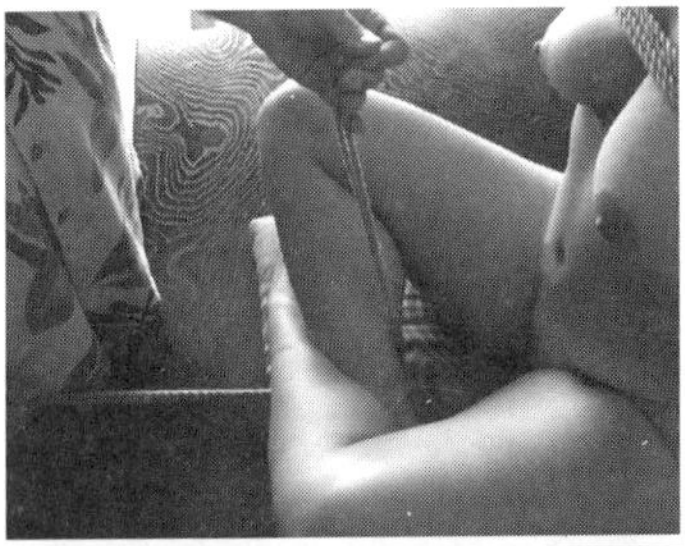

⑱ 高手小手が完成したら、パートナーに胡座を掻かせて足首を縛る。

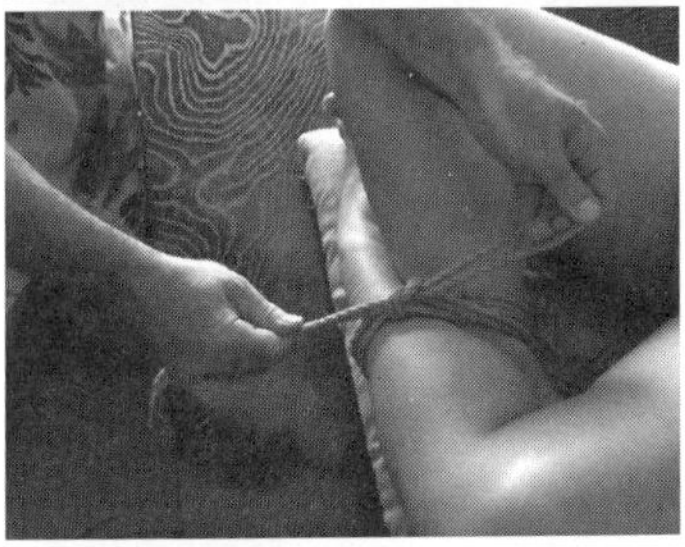

⑲ 一重の引き解け結びを使って足首を固定する。

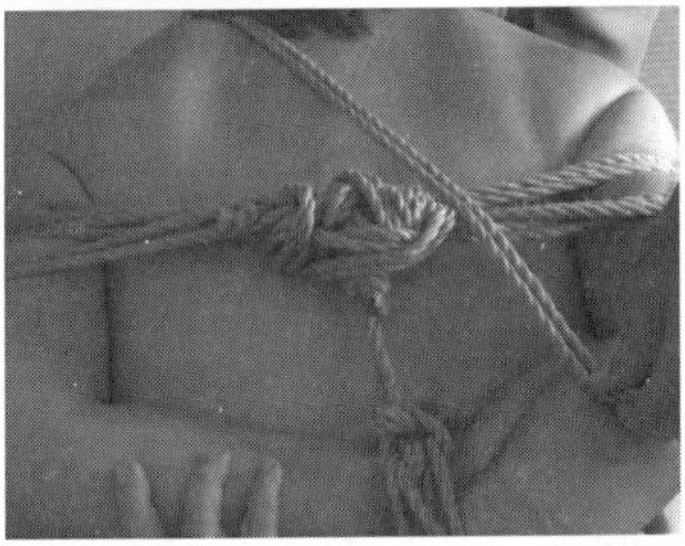

⑳ 足首から上行した3本目の縄が、肩越しに背面の胸部包《くる》みの結び目に到達した。

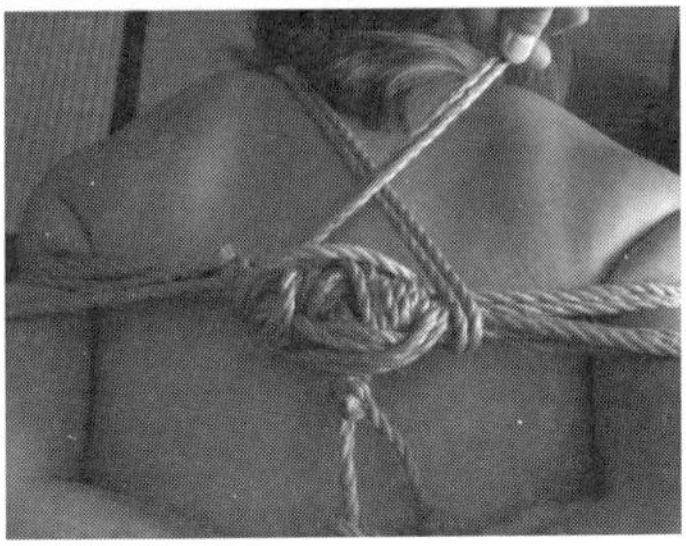

㉑ 3本目の縄を胸部包《くる》みの結び目にくぐらせてX字をつくる。

練、体重、怪我をしているなど）。したがって注意深く進めていき、パートナーに最もよく合った角度と体位を見つけるようにすること。上体が前方に引っぱられて、足首に近くなればなるほど、横隔膜への圧力は大きくなる。つまり呼吸を阻害し得るということだ。とりわけ体重が多めの人はそうなりやすい。

　ひとたびちょうど良い角度が見つかったら、3本目の縄の終端を足首を縛っている包《くる》みの下をくぐらせる（写真㉓参照）。

　今や、縛りの受け手をその位置に固定して胡座を仕上げる段階である。そのためには、足首から垂直に上行して左右それぞれの肩に達している縄をまとめ、その周りに余った縄を巻き付け、柄巻を創り上げる。柄巻は足首のすぐ上から始まって、首から下15～20センチくらいまでで終わるようにする（写真㉔参照）。最後は一重結びで仕上げる。重要！　柄巻をつくるときはゆっくりと。間違ってパートナーの顔、顎、目などを手や縄尻で叩かないように注意すること。

　完成すると胡座はきわめて拘束性の強い体位とな

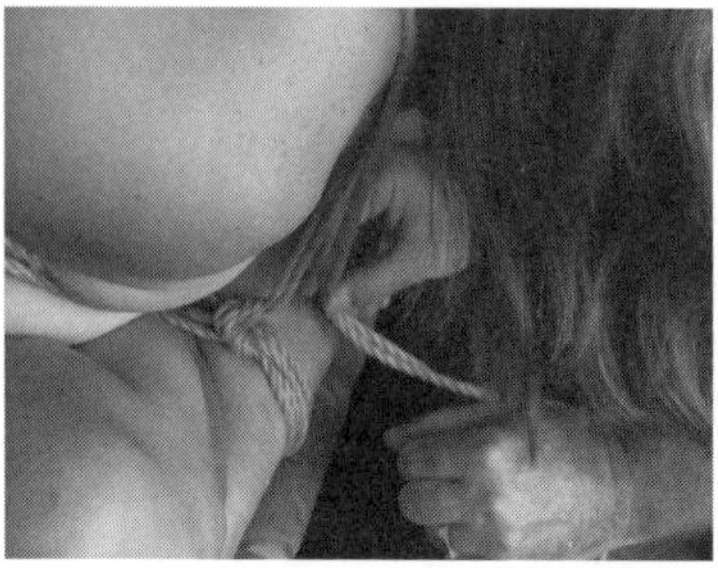

㉒　3本目の縄を引っぱって、パートナーを足首の方向へたわませる。ちょうど良い角度を探す。

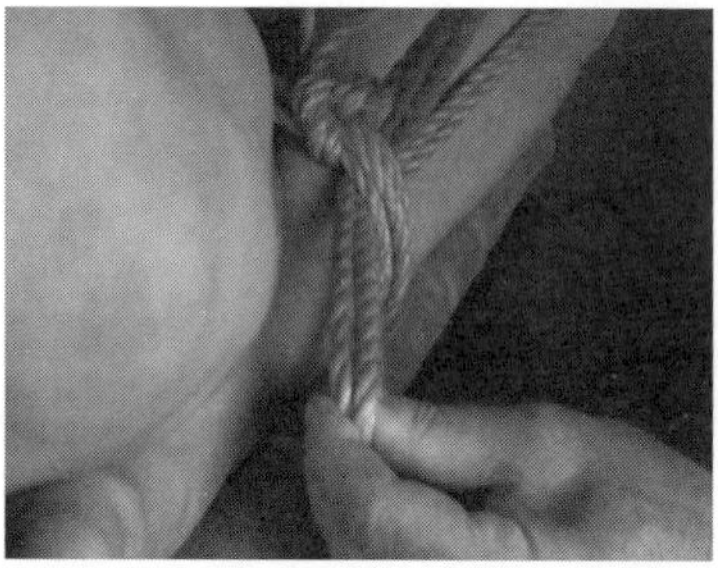

㉓　3本目の縄の終端を、足首の包みの下にくぐらせたところ。

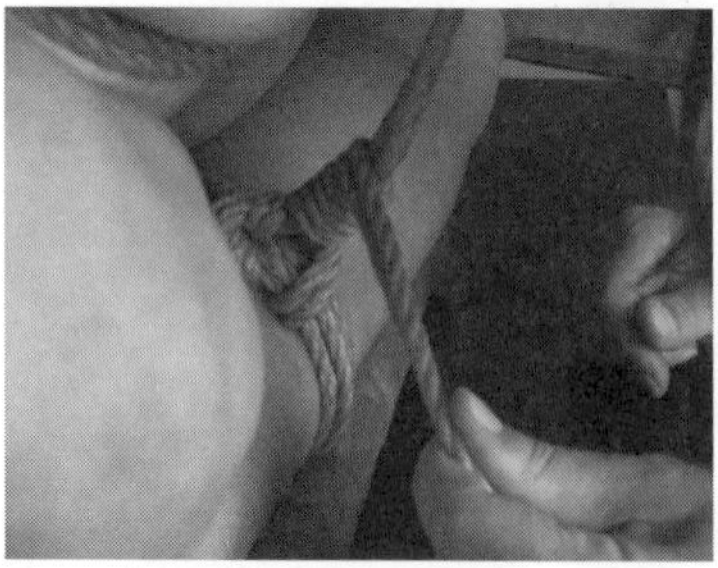

㉔　3本目の縄の終端を、足首から両肩に上行している縄に注意深く巻き付けて柄巻をつくっているところ。

る（写真㉕参照）。

パートナーは今や小さく折り畳まれて、さらなるプレイを待っている。前後に優しく揺らしたり、脇腹を下にするように体位を変え（腕の下にクッションを敷いて痛くないようにする）、尻叩き《スパンキング》その他の互いに楽しめる行為に及ぶ。忘れないで頂きたいのは、パートナーの呼吸が少しでも阻害されていないか見守ること、必要があればすぐさま手首と足首の引き解け結びを引いて解けるように備えておくことが重要である。

最後に注意して頂きたいのだが、この「ハウツー」に掲載した図解写真に写っているモデルはかなりきつく締め付けられても楽しむことのできる人だったが、多くの受け手は、これほどたわませることができないはずである。なかにはまっすぐ座っているほうが良いと言う人もいるし、せいぜい45度くらいのわずかな傾きを好む人もいる。忘れてならないのは、パートナーの顔が足首に近づけば近づくほど、胡座縛りはあのきわめて拘束性の強い、徳川幕府の拷問技法として名高い海老縛りに近づいていくのである。

㉕ 胡座縛りの完成。

緊縛の古典的な型(3)　菱縛り

美しく特徴的な菱縛りは、緊縛で最も魅力的で最もよく知られたパターンの一つである。これは「飾り縛り」(美しい紋様を誇示するために創り上げられた縛り)のすばらしい実例であり、受け手のパートナーのさまざまな性感帯を微妙に刺戟するエロティックな緊縛の好例でもある。

菱縛りは、初期の捕縄術から受け継がれてきたものとして歴史的にも重要である。第1章に記したように、封建時代の日本では、菱のような紋様は囚人の背面につくられ、また頚部を縛っていたが、今日では安全のため、また身体の美しさをもっと強調し、エロティックな刺戟をもっと大きく生み出すために、紋様の特徴的な部分を身体の正面に移し、頚部の縄はまるで男性のネクタイのように、首のまわりの飾りとなった。だが、だからと言ってこの縛りが依然として驚くほど拘束性の強いものであることに変わりはない。正しく仕上げれば、受け手のパートナーは縄とデザインの複雑さを全身で感じるであろう。

菱縛りはやはり同じくらい有名な亀甲縛りと間違えられることがたまにある。この混乱の源は、捕縄術の大正流が江戸時代に自分たちの菱形紋様の縛りを「亀甲」と呼んだこと、また現代の縛師のなかにも菱縛りを「亀甲」と教えている人がいる(乱田舞その他)ことにある。だが混乱はさておき、これが緊縛で最も美しい型の一つであることは確かだ。

高手小手と同じように、菱縛りもいくつものスタイルが教えられている。漫画にも描かれて広く知れわたっている伝統的なスタイルは、7～8メートルの縄を2本用いて、菱形を、乳の高さから始まって恥骨の部分まで少なくとも3つ連鎖させる。これは最も普及しているスタイルの一つであり、以下これを説明する。

パートナーと向き合い、1本目の縄を正確に二つ折りにする。中心の折り目を受け手の首の後ろ側に

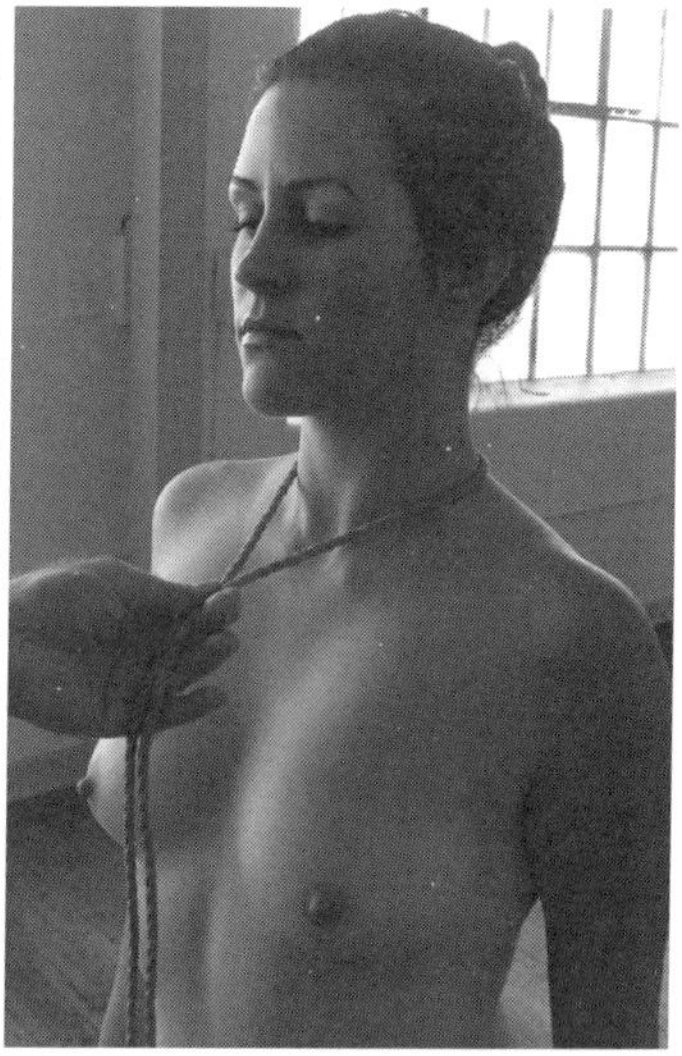

1　受け手に向かい合い、1本目の縄の中心を首に優しく掛ける。

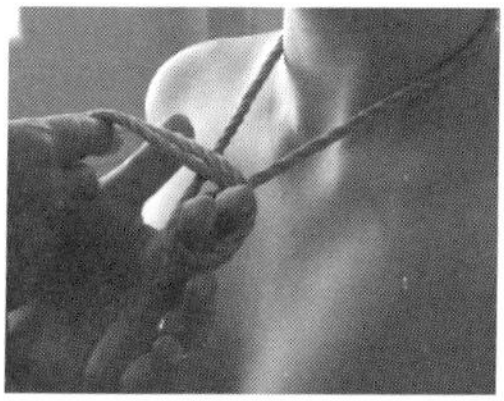

2　一重結びの開始。首のまわりの縄が苦痛を与えていないか確認すること。

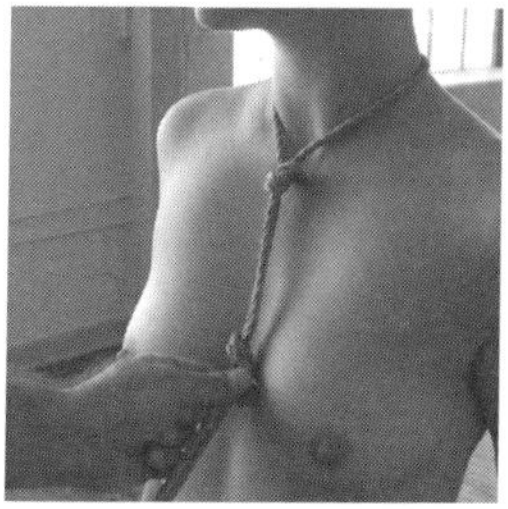

3　最初の一重結びは顎の下、2つ目は乳のあいだで結ぶ。

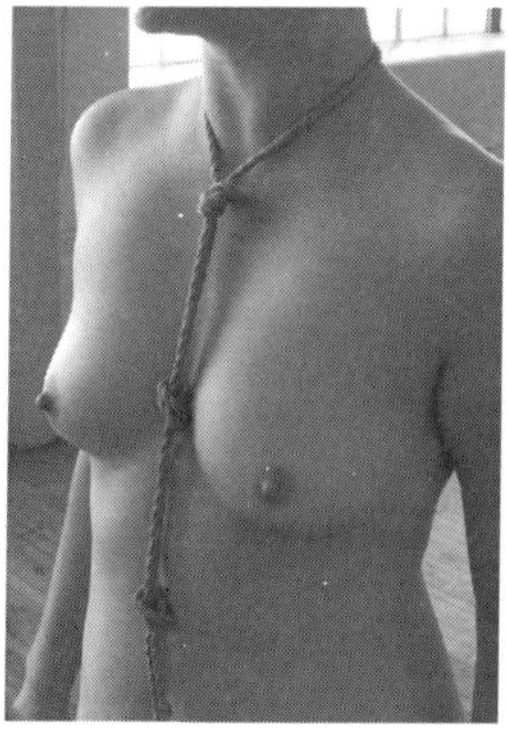

4　3つ目は臍の上、4つ目は臍の下（この写真には写っていない）で結ぶ。

優しく掛けると、左右に3.5〜4メートルずつ振り分けられることになる（写真1参照）。単純な一重結びを連続して四つつくっていくのだが、最初は首の下7〜13センチから始め（写真2参照）、二つ目は乳のあいだ（写真3参照）、三つ目と四つ目は臍《へそ》の上と下である（写真4参照）。

重要！　最初の一重結びをつくるとき、首の後ろに掛けた縄を締め過ぎないように注意すること。

この縛りの型は、捕縄術の危険を避けるために緊縛がいかに頸部を用心深く扱っているかを示す好例である。また頸部が不快を感じないかどうかは、個々人の感覚によるということも、忘れてはならない重要なことである。だから作業を進めながらパートナーの様子をチェックするようにしなければいけない。

縄を注意深くパートナーの両脚のあいだに通し、折り返して背面で首の方向へやんわりと引き上げる。ふた筋とも首の後ろで輪をくぐらせる（写真⑤参照）。

この次のステップはきわめて重要である。余っている縄の終端を首周りの輪に一重結びで結ぶ（写真⑥参照）。これによって首周りの輪をしかるべき位置に固定し、それ以上締まらないようにすることが可能である。股間から上行し首周りの輪をくぐらせた縄をあまりきつく引っぱり上げないように気をつけること。このあとすぐ、菱形のデザインをつくることで締めることになるからだ。背中と縄のあいだに6〜7センチのゆとりがあれば良い。

首周りの輪によって苦痛を与えられていないか、少しでも呼吸を妨げていないか、両脚のあいだの縄の張り具合は心地よいか、確認すること。

ここまでできたら次は菱形をつくる段階である。パートナーには腕を頭の上まで上げておいてもらう。ふた筋の縄を左右に分けて、それぞれ腋の下に通し、正面の縄に掛けて左右に引き戻して菱形を生み出す（写真⑦⑧参照）。

菱形をつくった左右の縄は再び脇の下を通って背面に帰り背中で交差する。そして交差したこの2本の縄を1回撚《よ》る（写真⑨参照）。こうすると菱形模様が

⑤　両脚のあいだをやさしく通し、上行して首周りの輪にくぐらせる。

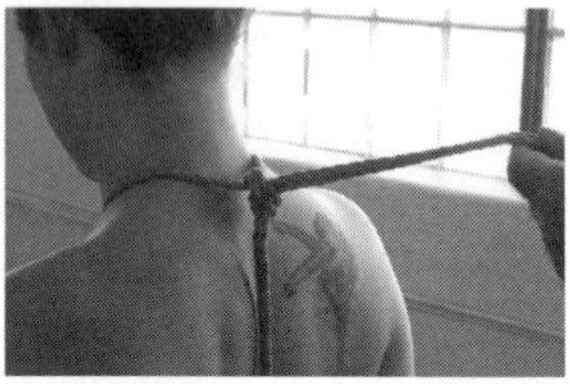

⑥　首の後方で一重結びで結ぶ。身体と縄のあいだに指が３本入るくらいゆとりを持たせておく。

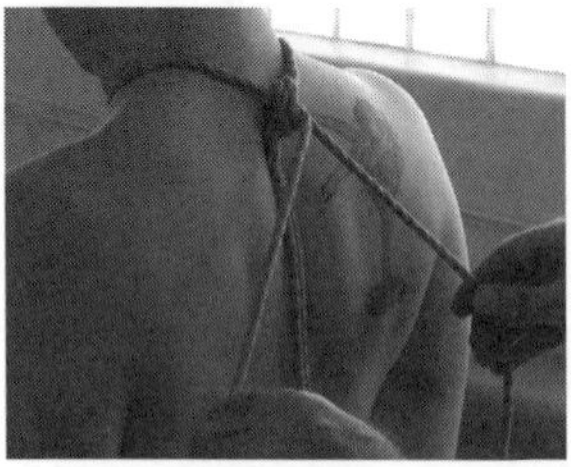

⑦　ふた筋の縄を左右に分けて菱形の成形を開始する。

崩れない。また背中で縄を撚《よ》ることによって、菱形はきつく締まる。だから最初の段階では背中の縄をかなりゆるめておくことがたいせつだったのである。

　1本目の縄を使い切ったら、受け手の背面で簡単に一重結びで縛っておけばよい。2本目もやはり7〜8メートルの縄を二つ折りにして使う。2本目の縄の真ん中の折り目を、恥骨から首にかけて垂直に走っている縄に繋ぐ。位置は1本目の縄が終わった場所で良い。高手小手の場合と同じように、2本目を雲雀《ひばり》結びまたは一重結びで繋ぐのが最も効率が良い。そのあとは、菱形が美しく出来上がるまで1本目と同じ作業を続ける。

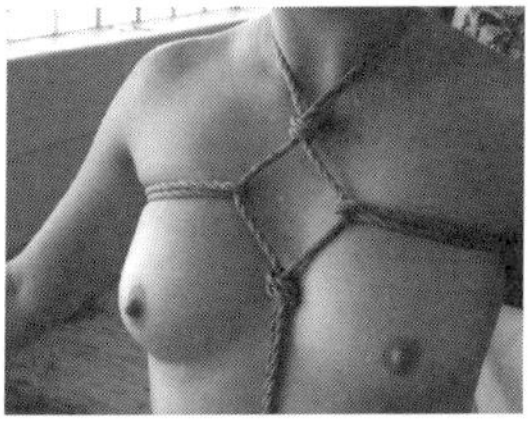

⑧　1つ目の菱形。

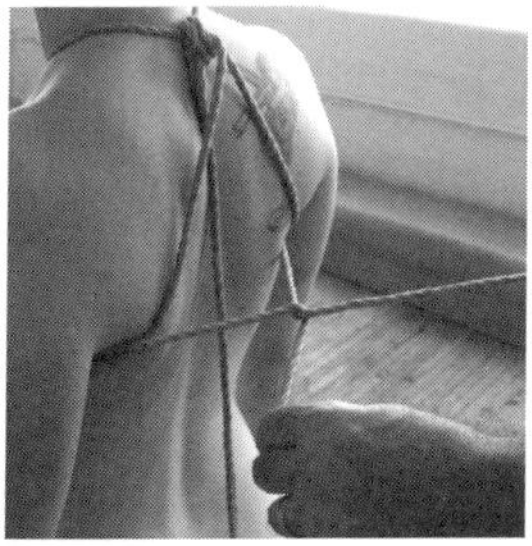

⑨　左右の縄を1回撚っておくだけで、菱形は固定されて崩れない。

　すべての菱形が完成したら（写真⑩参照）、2本目の縄の終端を腰の位置で一重結びで結び、デザインが固定されるようにする。余った縄尻は、背面で受け手の両腕を縛ったり（写真⑪参照）、単に縛り付けて仕上げたりすれば良い。

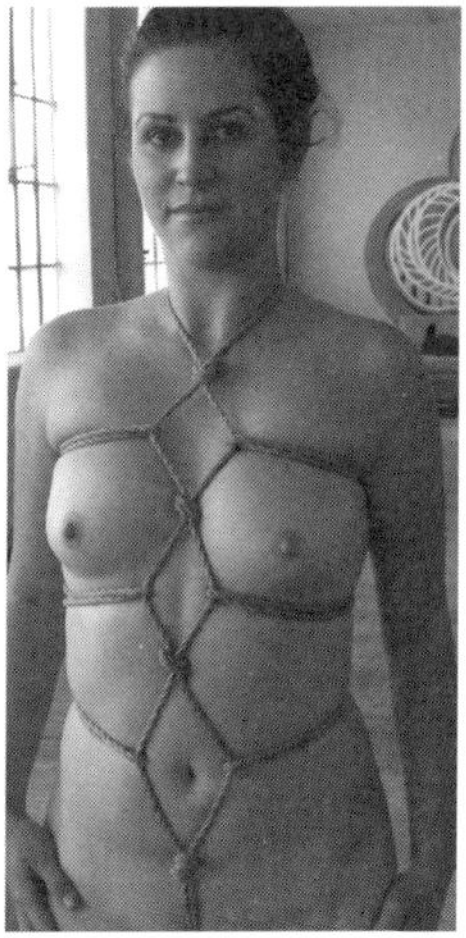

⑩　菱縛り（一重バージョン）の完成。

⑪　菱縛りの背面。両手を縛っている。

■よくある質問

〈問い〉どんなロープを使っても、インターネットで見られるような縛り写真と同じ見た目、同じ効果を得ることが可能でしょうか。

〈答え〉残念ながら、答はノーである。アメリカやヨーロッパで売られている「麻縄《ヘンプ・ロープ》」のほとんどは中央ヨーロッパの、通常はルーマニアから輸入されたものである。これは日本で使われている麻縄とは異なる製品なのだ。本物の緊縛用の縄はジュートから作られたものでなければならない。原料となる植物には2種あって中国のコウマ（*Corchorus capsularis*）やインドのシマツナソ（*Corchorus olitorius*）である。日本語で言う「アサナワ」の性質は西洋式のヘンプとは著しく異なる。緊縛の際に最良の見た目と正しい感触を得るためには、本物の日本式麻縄を入手するのが最善である。

〈問い〉縛りは複雑な結索法を用い、名称もたくさんあると聞きましたが本当ですか？

〈答え〉答はノー。緊縛テクニックの実際をよく知らないロープ実践者が招いた混乱である。複雑で装飾的な二、三の型を除いて、ほとんどすべての緊縛は単純な一重結びを用いている（縄の終端につくった「こぶ」と呼ばれる結び目を引っ掛けて固定する巻き付けではなく、結ぶ場合）。凝った結び方は水引（第1章参照）の装飾的な工芸品に使われているが、その種の、レース編みに使うような細か過ぎる結び方は、捕縄術にはふさわしくないだろう。なぜなら捕縄術では逮捕の際に縛りが素早く完了する必要があったからだ。またその細かさは、現代のエロティックな緊縛にもふさわしくないはずだ。なぜならそこでは、包《くる》みや全身を覆うような大きな型の縛りが、支えるためだけでなく身体のより広範な部位をエロティックに刺戟するためにも必要だからである。

〈問い〉緊縛で行なわれる吊りをガールフレンドにしてみたいと思っています。手順を書いて送っていただけませんか。

〈答え〉最近吊りがクラブやイベントで行なわれたり、インターネットで配信されていたりして、よく知られるようになったせいで、この種の質問をきわめてしばしば受ける。もしかすると吊りは、縛りをする者の自尊心を煽るのかもしれないが、最も古典的なエロティックな緊縛と吊りはほぼ無縁であるというのが真実だ。実際、過去の最も有名な縛師の多く（たとえば美濃村晃）は吊りを嫌っていたし、現代の縛師のなかにも、吊り全般をめったにしない者（たとえば雪村春樹）が存在する。その理由は三つある。

(1) 縛りの受け手が吊りによって空中に浮かんだとたん、意味深い身体的な相互作用の多くが不可能になるから。

(2) 吊りはかなりの体力と、安全に遂行するためのいくらかの技を必要とするから。失敗が許されないから。

(3) 吊りは通常、身体能力が高く事情にも通じた、吊りにふさわしい受け手のパートナーにしか施すことができないから。

だからこそ最も成功しているステージショーでは、熟練のパフォーマー2人に空中曲芸師のような吊りを受けるメンバー（通常は50キロを超えない軽量の若い女性）が一つのチームとして一丸となって、十分に組織化され、稽古も積んだ上で吊りを演し物にしているのである。

しかしそれでも吊りは、確かに見た目に感動的であるし、時に受け手のパートナーを忘我の境地に漂わせることも可能だ。だからこそ吊りは、古《いにしえ》の拷問技術のドラマティックな子孫としてステージショーに確固たる位置を見出しただけでなく、現代のＳＭプレイにも何らかの位置を占めているのだ……ただしいずれにせよ安全に遂行されるという条件付きではある。

書籍を一冊読んで一般的な要点を学んだり、誰かのパフォーマンスを見ただけで、この複雑な縄の技術をうまく使いこなすのに十分なわけはない。理想を言うなら、どうしても関心のある人は経験を積んだ先生の下で生徒となって教わる必要がある。体重、身長、年齢のほか怪我をしていたり元気があったりなかったり（肉体的にも心理的にも）など、さまざまに変化し得るパートナー一人一人の個性を考慮し、またそのニーズにも応えるような「カスタムメイド」で、安全、快適、盤石の吊りを創り上げるために、さまざまな伝統的手法を駆使するやり方を習うのである。

あとがき

■よくある質問

〈問い1〉緊縛はアートですか?

〈問い2〉緊縛の美とは何ですか?

〈答え〉序文で掲げたこの二つの問いに対して、ついに答を検討するところまで来た。

緊縛そのものの歴史もわかった。さまざまなスタイルの創作表現のために緊縛が実践されてきたことも知った。傑出したアーティストたちが、長年にわたる自身の創作人生の一部として、緊縛をある一定の高みにまで引き上げてきたことは言うまでもない。これらを前提にするなら、〈問い1〉に対する答はイエスでなければならない。読者も賛同してくることと思う。

〈問い2〉に対しては、答は個々の読者の感性に委ねたいと思う。筆者の願いは、この本が読者の感性を刺戟する一助となること、また気楽な読者にとっては楽しみに満ち、経験を積んだ実践者にとっては役に立つものとなることである。これらの目標が達成されたのだとしたら、筆者にとってこれ以上の満足はない。

〈問い2〉に対する筆者自身の答は次のとおりだ。真の緊縛の美は、歴史とも、技術とも、アートとすらあまり関係がない。美は確かに緊縛からやって来るのだが、それはむしろ緊縛の持っている力に宿っているのであり、その力とは、二人の成熟した個人のあいだの、活発で活き活きとしていて、情熱的かつドラマティックで、愛情に溢れ技巧を凝らしたコミュニケーションとなる力である。偉大なる明智伝鬼先生はかつてこう語った。縛りとは、縄を通した心のコミュニケーションを交わすための技芸《アート》でなければならないと。

安全にプレイしてほしい。


マスター〝K〟

参考文献

▩日本語の文献

秋田昌美（濡木痴夢男監修、不二秋夫写真監修）『日本緊縛写真史1』自由国民社、1996
有末剛『実践緊縛　縛り方教室――日本緊縛伝統保存会　入信篇』北欧書房、1997
有末剛監修『有末剛の緊縛基礎理術』三和出版第一編集局、2008
有末剛『有末剛の緊縛五輪書』第1巻、第2巻、三和出版、2005
石垣章『奇妙な果実　美少女緊縛幻夢写真集――土曜漫画創刊25周年記念作品』限定版、土曜出版新社、1982、再版、『奇妙な果実――石垣章写真集』心交社、1993
板津安彦『与力・同心・十手捕縄』新人物往来社、1992
伊藤菊『伊藤晴雨画集』新潮社、1997
伊藤晴雨『いろは引　江戸と東京風俗野史』全6巻、城北書院、1927〜32（復刻版、有光書房、1967）
伊藤晴雨『江戸の盛り場』富士書房、1947
伊藤晴雨『女三十六気意』粋古堂書店、1930
伊藤晴雨『画家生活内幕ばなし』天守閣、1930
伊藤晴雨『黒縄記　全』私家版、1951
伊藤晴雨『十二ヵ月行事奇態刑罰図譜』睦書房、1953
伊藤晴雨『晴雨秘帖』二見書房、2002
伊藤晴雨『責の研究』（日本初のボンデージ写真集）、私

家版、１９２８、検閲により発禁（復刻版、粋古堂、１９３９）

伊藤晴雨『責の話』温故書屋、１９２９（復刻版、粋古堂、１９５２）

伊藤晴雨『美人乱舞』粋古堂、１９３２

伊藤晴雨『枕』粋古堂、１９４８

伊藤晴雨『論語通解』（伊藤の最初の責め絵集）、私家版、１９３０、検閲により発禁（復刻版、安田義章編『伊藤晴雨――幻の秘画帖』二見書房、１９９７、所収）

伊藤晴雨、川口博『責め絵の女――伊藤晴雨写真帖』フォトミュゼ、新潮社、１９９６

井上和夫『残酷の日本史――民族の心に眠る魔性の正体』カッパ・ブックス、光文社、１９６９

井上橘泉『写真集　残虐の女刑史――拷問と刑罰にみる日本人の残酷本能』綜合図書、１９７１

『美しき縛しめ――縛られた女ばかりのアルバム』美濃村晃緊縛、曙書房、１９５３

浦戸宏『SM PLAY――You can play S&M』、「SM耽美文学」別巻2、耽美館発行、芳賀書店発売、１９７２

小妻要『刺青妖艶花――Tattooing』二見書房、２

０００

小野武雄編『江戸の刑罰風俗誌』展望社、１９９８（佐久間長敬『拷問実記』１８９３を収録）

春日章『春日章妖艶画集』グリーンドア文庫、１９９３

金森敦子『お葉というモデルがいた――夢二、晴雨、武二が描いた女』晶文社、１９９６

河合孝雄『堕楽――小川美那子緊縛写真集』北欧書房、１９９８

喜多玲子（別名、美濃村晃）『喜多玲子画帖』曙書房、１９５２

鏡堂みやび『鏡堂みやび豪華画集』三和出版、２００２

コータッツィ、ヒュー『ある英国外交官の明治維新――ミットフォードの回想』中須賀哲朗訳、中央公論社、１９８６

早乙女宏美『性の仕事師たち』河出文庫、１９９８

早乙女宏美『ヒロミのこれがＳＭだ』河出文庫、２０００

早乙女宏美『ロマンポルノ女優』河出文庫、２００６

早乙女宏美、北原童夢『「奇譚クラブ」の人々』河出文庫、２００３
佐久間長敬『拷問実記』１８９３、小野武雄編『江戸の刑罰風俗誌』展望社、１９９８、所収
笹間良彦『図説・日本拷問刑罰史』柏書房、１９９６
三条春彦（別名、滝麗子、本名、柴谷宰二郎）『画帖　時代物責絵巻』曙書房、１９５３
下川耿史『日本エロ写真史』ちくま文庫、２００３
杉浦則夫撮影『緊縛図絵――ＳＭ緊縛写真集』第１巻〜第7巻、三和出版、２００２〜０６
瀬木慎一編『月岡芳年画集』講談社、１９７８
田中欣一（撮影）、明智伝鬼（緊縛）『朝吹ケイト緊縛写真集――浮世草子』北欧書房、１９９５
団鬼六『異形の遊戯。』ワニマガジン社、１９９６
団鬼六『伊藤晴雨ものがたり』二見書房、２０００（初版、『奇譚・伊藤晴雨伝』三崎書房、１９７２）
団鬼六（監修）「倒錯の世界――辻村隆緊縛特集」、『ＳＭキング』１９７３年7月増刊号
団鬼六（花巻京太郎名義）「花と蛇」(1)〜(3)、『奇譚クラブ』１９６２年８・９月合併号、11月号〜12月号
団鬼六『花は紅――団鬼六の世界』幻冬舎、１９９９
団鬼六『美少年』（映画『不貞の季節』の原作）新潮文庫、１９９９
『縄と女』１、石塚章二製作、譚奇会発行、三崎書房発売、１９７０
『縄と女』２、浦戸宏製作、譚奇会発行、三崎書房発売、１９７０
『縄と女』３、譚奇会編・発行、三崎書房発売、１９７１
名和弓雄『拷問刑罰史』雄山閣出版、１９８７、改訂新版、２０１２
名和弓雄『十手・捕縄事典――江戸町奉行所の装備と逮捕術』雄山閣出版、１９９６
名和弓雄「日本拷問史」１〜３、「西洋拷問史」、「日本刑罰史」１〜５および最終回「『日本拷問刑罰史』撮影裏話」（江戸時代の捕縄術と日本の伝統的刑罰に関する11編の記事）、『裏窓』１９６２年２月号〜６月号、８月号〜12月号、６５年１月号
名和弓雄『必勝の兵法忍術の研究――現代を生き抜く道』日貿出版社、１９７２

名和弓雄『間違いだらけの時代劇』河出文庫、1989
濡木痴夢男『「奇譚クラブ」とその周辺』河出i文庫、2006
濡木痴夢男『「奇譚クラブ」の絵師たち』河出文庫、2004
濡木痴夢男『緊縛・命あるかぎり』河出i文庫、2008
濡木痴夢男『緊縛の美・緊縛の悦楽』河出文庫、1999
濡木痴夢男『実録縛りと責め』河出文庫、2001
花輪和一、丸尾末広『無惨絵——江戸昭和競作 英名二十八衆句 Bloody ukiyo-e in 1866&1988』リブロポート、1988
原胤昭、尾佐竹猛編『江戸時代犯罪・刑罰事例集』柏書房、1982（武侠社版、1930、の復刻）
日野風子『責めの美学——伊藤晴雨の緊縛指導』エド・プロダクション、刊行年不詳
不二秋夫（濡木痴夢男、緊縛）『Bind——不二秋夫写真集』Mole、1992
藤沢衛彦（伊藤晴雨、画）『日本刑罰風俗史』藤森書店、1982（『日本刑罰風俗図史』全3巻、粋古堂、1948、の合本複製）
藤田新太郎『徳川幕府刑事図譜』神田直吉、1893
藤田西湖『図解捕縄術』、「藤田西湖著作」集4巻、1986
『変態さんがいく2』、「別冊宝島」330号、宝島社、1997
ボツマン、ダニエル・V『血塗られた慈悲、笞打つ帝国。江戸から東京へ、刑罰はいかに権力を変えたのか？』小林朋則訳、インターシフト、2009
松島利行『日活ロマンポルノ全史——名作・名優・名監督たち』講談社、2000
水越ひろ『詳解捕縄術』愛隆堂、2000
宮本武蔵『五輪書』岩波文庫、1965
椋陽児「イラスト・エッセイ第一話　想い出の緊縛写真」、『SMグラフティ』1980年12月号所収
椋陽児「イラスト・エッセイ第二話　緊縛白書」、『SMグラフティ』1981年2月号所収
椋陽児『幻のハーレム——椋陽児追悼作品集』ソフ

トマジック、２００１
山本タカト『殉教者のためのディヴェルティメント――山本タカト画集』エディシオン・トレヴィル、２００６
山本タカト『ナルシスの祭壇――山本タカト画集』エディシオン・トレヴィル、２００２
山本タカト『緋色のマニエラ――山本タカト画集』エディシオン・トレヴィル、１９９８
山本タカト『ファルマコンの蠱惑――山本タカト画集』エディシオン・トレヴィル、２００４
雪村春樹『縛 第一章』（全三冊、写真、岡克己、日暮圭介、渡辺辰巳）、サンセットカラー、１９９８
『雪村春樹の緊縛――Trans body bondage』（写真、高橋ジュンコ）ワイレア出版、１９９８
乱田舞監修『完全緊縛マニュアル――プロフェッショナル』司書房、２００２
乱田舞監修『完全緊縛マニュアルＤＸ――プロフェッショナル仕様統合編』司書房、２００６

＊

著者はこのほかに、以下の定期刊行物を全巻揃いで、あるいは部分的に所有しているが、本書の執筆に当たって、これらに収録されていた記事を大いに参考にした。

『裏窓』
『Ｓ＆Ｍアブハンター』
『Ｓ＆Ｍスナイパー』
『ＳＭ奇譚』
『ＳＭキング』
『ＳＭクラブ』
『ＳＭグラフティ』
『ＳＭコレクター』
『ＳＭスピリッツ』
『ＳＭセレクト』
『ＳＭ秘小説』
『ＳＭファン』
『ＳＭマニア』
『奇譚クラブ』
『緊美研通信』
『風俗奇譚』
『マニア倶楽部』
『読切ロマンス』

日本語以外の文献

Bennett, Terry. *Photography in Japan, 1853-1912.* Tokyo: Tuttle Publishing, 2006.

Botsman, Daniel. *Punishment and Power in the Making of Modern Japan.* Princeton: Princeton University Press, 2005.（邦訳→ボツマン）

Brandon, James and Leiter, Samuel (gen. eds.). *Kabuki Plays on Stage*, Volumes 1-4. Honolulu: University ofHawaii Press, 2002.

Cortazzi, Hugh (ed.). *Mitford's Japan, Memories and Reflections 1866-1906.* Great Britain: Japan Library, 2002.（邦訳→コータッツィ）

Coutts, John Alexander Scott (AKA John Willie). *The Adventures of Sweet Gwendoline.* New York: Belier Press Inc., 1999.

Coutts, John Alexander Scott (AKA John Willie). *Les Photographies de John Willie.* Paris: Futuropolis, 1985.

Cunningham, Don. Taiho-Jutsu, *Law and Order in the Age of the Samurai.* Boston: Tuttle Publishing, 2004.

Fagioli, Marco. *Shunga, The Erotic Art of Japan.* New York: Universe Publishing, 1998.

Fahr-Becker, Gabriele. *Japanese Prints.* New York: Barnes and Noble Books, 2003.

Forbidden Images – Erotic art from Japan's Edo Period. Helsinki, Finland: Helsinki City Art Museum, 2002.

Francoeur, Robert, Ph.D. & Raymond J. Noonan Ph.D. *International Encyclopedia of Sexuality.* 2004

Gomer, Veit and Moll, Frank-Thorston and Araki Nobuyoshi. *Araki meets Hokusai.* Heidelberg: Kehrer Verlag, 2008.

Grimme, Matthias. *Das Bondage-Handbuch.* Hamburg: Charon Verlag, 1999.

Habu, Junko. *Ancient Jomon of Japan – Case Studies in Early Societies.* Cambridge, England: University of Cambridge Press, 2004.

Henshall, Kenneth. *A History of Japan*, Second Edition: *From Stone Age to Superpower.* London:

Macmillan, 2004.
Kenrick, Douglas Moore. *Jomon of Japan: The World's Oldest Pottery*. New York: Kegan Paul International Ltd., 1995.
Kern, Adam. *Manga From the Floating World.* Cambridge (Massachusetts): Harvard University Press, 2006.
Keyes, Roger. *The Bizarre Imagery of Yoshitoshi.* Los Angeles: Los Angeles County Museum of Art, 1980.
Lamont-Brown, Raymond. Kempeitai: *Japan's Dreaded Military Police*. Great Britain: Sutton Publishing, 1998.
Lesoualc'h Theo. *Erotique du japon*. Paris: Edition Henri Veyrier,1987.
Lopez, Donald S. *The Story of Buddhism: A oncise Guide to its History & Teachings*. New York: HarperOne, 2001.
Master "K". *Shibari, The Art of Japanese Bondage*, Glitter/Secret Press, Brussels, 2004.
Midori. *The Seductive Art of Japanese Bondage*. Emeryville: Greenery Press, 2001.
Mitchell, John D. and Watanabe, *Miyoko. Noh and Kabuki, Staging Japanese Theatre*. Key West, Florida: Institute for Advan ed Studies in the Theatre Arts Press, 1994.
Mitford, A. B. *Tales of old Japan*. Tokyo: Charles E. Tuttle Company, 1966.
Mitford, A. B. *A Tragedy in Stone and Other Papers*. London, John Lane, 1912.
Murdoch, James. *A History of Japan – Parts 1 & 2*. New York: Frederick Ungar Publishing Co., 1964.
Newland Amy (general editor). *The Hotei Encyclopedia of Japanese Woodblock Prints*. Amsterdam: Hotei Publishing, 2005.
Newland, Amy and Uhlenbeck, Chris. *Ukiyo-e, The Art of Japanese Woodblock Prints*. London: Grange Books, 1999.
Ono, Sokyo. *Shinto: The Kami Way*. Tokyo: Charles E. Tuttle Company, 2004.
Polizzotti, Mark (ed.). *Art and Artifice, Japanese*

Photographs of the Meiji Era. Boston: Museum of Fine Arts, Boston, 2004.

Schmidt, Tom. *Bondage-Ausstieg aus der Selbstkontrolle*. Hamburg: Mannerschwarm Scipt Verlag, 1999.

Schreiber, Mark. *The Dark Side: Infamous Japanese Crimes and Criminals*. Tokyo: Kodansha International, 200l.

Screech, Timon. *Sex and the Floating World*. London: Reaktion Books, 1999.

Segi, Shinichi. *Yoshitoshi, The Splendid Decadent*. Tokyo: Kodansha International, 1985.

Slocombe, Romain. *L'Empire Erotique*. Sevres, France: Editions La Sirene, 1993.

Tokitsu, Kenji. *Miyamoto Musashi, His Life and Writings*. Boston: Shambhala Publications, 2004.

Turnbull, Stephen. *The Samurai Sourcebook* . Great Britain: Arms and Armour Press, 1998.

Underwood, A.C. *Shintoism: The Indigenous Religion of Japan*. Pomona: Pomona Press, 2007.

Van den Ing, Eric and Schaap, Robert. *Beauty and Violence, Japanese prints by Yoshitoshi*. The Netherlands: Society for Japanese Arts, 1992.

Watanabe Yasuji. *Akai Hana – Haruki Yukimura sessions*. France: Le Lezard Noir, 2008.

Weisser, Thomas and Yuko. *Japanese Cinema Encyclopedia, The Sex Films*. Miami: Vital Books, 1998.

Wiseman, Jay. *Erotic Bondage Handbook*. Emeryville: Greenery Press, 2000.

Yang, Jwing-Ming. *Ancient Chinese Weapons: A Martial Artist's Guide*. Boston: YMAA Publication Center, 1999.

日本語版解説

日本人の知らない日本文化史の奥深さに触れるきっかけに

アリス・リデル

六本木、渋谷、新宿、巣鴨……。東京のさまざまな街で、また日本中のほかの都市で、あらゆる境遇の人びとが縛りを学ぶために集まってきます。そんな集まりは小ぢんまりと、またひっそりと開かれるのが常ですが、興味を持つ人はどこからかそれを嗅ぎ付けて、やって来るのです。海外で縛りを学んでいる人もいます。彼らはたいてい情報収集に絶大な労力を費やしています。なかにはわざわざ日本にやって来て、そうした勉強会に参加しようという人も時折います。

私が本書の著者マスター〝K〟の噂を初めて耳にしたのは、そうした勉強会でのことでした。当時私は、緊縛についてほとんど何も知りませんでした。いいえ実を言うと、来日する前には日本式のボンデージがあるなんてことを聞いたことさえなかったのです。そして私が初めてその存在に気づいたのも、二度目の日本滞在が数年を過ぎてからのことでした。もう一二年以上も前のことです。そのときの私は、緊縛のことを知っても、とくに関心を持てませんでした。ただちょっと変なの、どうして他人《ひと》を縛りたがったりするんだろう、どうして縛られたがったりするんだろう、よくわからないなあと思っていたのです。でもＳＭには興味がありましたし、英語圏ではなかなかの売れ行きを誇っている女流ＳＭ小説家としては、緊縛についてもっと知りたい、日本のＳＭ界では緊縛はどういう位置づけなんだろうと、知的好奇心をくすぐられたのです。

私にとって緊縛のことをもっと深く知るきっかけとなった出来事が、二〇〇五年に訪れました。日本に住んでいる外国人の長田スティーブから、当代日本の縛師たちにインタビューしたいから手伝ってくれないかと言われたのです。その成果は英語で公表するということでした。私は緊縛についてはほとんど何も知りませんでしたが、日本語を流暢に話すことができ、英語を書くことは職業にしているぐらいですから、日本語でインタビューをして、それをわかりやすい英語に書き起こすことは朝飯前でした。その後ほぼ一年かけて、私たちは多くの有名な縛師にインタビューをしました。たとえば明智伝鬼、雪村春樹、奈加あきら、神浦匠などです。その後私は他の仕事が忙しくなってこのプロジェクトを離れましたが、長田が濡木痴夢男にインタビューをしてこのシリーズは完成しました。こうしたインタビューが英語で発表されることはめったにありませんから、海外の緊縛マニアのあいだで大評判となりました。

縛師に会って話を聞いたことで、私の前に新しい世界が開かれました。明智伝鬼からは、画家の伊藤晴雨のことや、近代以降の日本式ボンデージが古《いにしえ》の武芸である捕縄術と繋がりがあることを初めて学びました。雪村春樹からは、『奇譚クラブ』などの戦後のカストリ雑誌のことや、それらがいかにＳＭへの関心を広めるのに役立ったか初めて学びました。緊縛は私が思っていたよりずっと奥深く、ずっと興味深いものだということがわかったのです。私は緊縛のことをもっと知りたいと思いました。でも驚いたことに、緊縛の基本的な歴史を書いた本すら一冊もなかったのです。がっかりしました。他には方法がないので、私は勉強会に何度も参加しました。あるとき、そんな勉強会で初めて自分自身が縛られる経験をしました。私は即座に理解しました。緊縛がいかにエロティックな魅力を湛えているかということを。緊縛は、自ら望んでそれに参加する者に、心を表現し情を交わすことを可能にしてくれるということを。

また別の勉強会で、私は海外で緊縛を熱心に研究している人がいることを初めて知りました。そのときの先生だった縛師が、海外から問合せを受けているんだが英語が読めないから訳してくれないかと私に言ってきたのです。それはアメリカからの手紙で、私がその縛師に取材して書いたインタビューも読んでいる人でした。それでその縛師が使っている特性の縄を、自分にも頒けてもらえないだろうかという内容でした。人は緊縛にのめりこむと、縄にものめりこむことになります。日本の麻縄がベストだとされていますが、それでも使う前には水に晒すなど特別な準備が必要です。その縛師は、縄の大切さを理解してくれる人が海外にもいることを知って喜びました。でも縄を海外に送ることについては、英語でやりとりをするのも、海外から送金してもらうのも難しそうだということで、躊躇《ためら》っていました。そこで私が間に入ることを申し出たのです。

こうして始まった縄の販売を通じて、私はこの本の著者マスター〝K〟と直接連絡を取るようになったのです。彼はあるとき私に、他のものも買って送ってくれないかと言ってきました。それで私は折に触れて、緊縛に関わる研究材料を集めた彼のアーカイブのために、本や雑誌を探し回るようになったのです。彼のコレクションは世界中でも最大のもののうちの一つだと思います。日本以外だったら、間違いなく一番でしょう。彼が探しているレア・アイテムを手に入れるために、古書店巡りをしたりインターネット・オークションをあさったりすることを覚えました。そうやって手に入れたもののなかには、江戸時代の小説や浮世絵、捕縄術の奥義を記した巻物などもありました。昭和時代のSM雑誌、たとえば『奇譚クラブ』や『裏窓』、『SMコレクター』から始まって、もっと無名の刊行物まで主立ったものをすべて全巻揃えるという難事業の達成にも協力しました。また彼の求めに応えて、戦後緊縛の発展に寄与した人びとを探し出してインタビューもしました。なかでも浦戸宏を見つけたときには有頂天になりました。彼は日活ロマンポルノで谷ナオミを始め多くの有名女優を縛った人物です。でもずいぶん前に緊縛の世界を離れ、久しく世間から忘れ去られていたのです。浦戸は何回もインタビューに答え、その体験と思いを語ってくれました。そしてマスター〝K〟がその次に来日したときには対面も果たしました。

私はそうやってマスター〝K〟の探究を手伝いました。彼のためにインタビューをしたり、日本語の文献を翻訳したりしました。でも彼に送ったそうした素材の意味を私が本当に理解したのは、完成した彼の本を読んだときが初めてでした。彼のようにすべてのピースを組み合わせて一つのものを完成させることなど、私にはできません。彼のその考え抜かれた分析と、あらゆる情報を網羅しながら一般の読者にもわかりやすく提示してみせるその手腕には、完全に脱帽でした。

日本人は、外国人から言われるまで、自分たちの文化がいかにユニークで、いかに魅力的か気づかないというのはよく指摘されることです。浮世絵から根付、型紙まで、日本人が研究したり保存したりしようと考える前に、外国人がその価値を見出した例は、日本文化のさまざまな面で無数にあります。この本にとって私の貢献は大したものではありません。でも著者や出版社も願っているように、本書によって一般読者が緊縛に出会い、今でも人を惹きつけて止まない日本の文化史の知られざるこの一面に興味を持っていただけたら、これ以上の喜びはありません。

二〇一三年九月、東京にて

アリス・リデル（Alice Liddell）

日本在住のアメリカ人ライター。日本文化を海外に紹介することを生業とする一方、アリス・リデルのペンネームで、SMをテーマとする小説を英語で執筆している。ペンネームの由来は、緊縛の歴史でも何でも、とにかくいつでもウサギ穴に首を突っ込みたがる好奇心旺盛なところから（もちろん〝不思議の国のアリス〟）。

マスター“K”(Master “K”)
40年以上にわたる緊縛研究家. 1970年代に学生として日本に滞在したときに初めて緊縛に興味を持つ. それ以来, このテーマについて数多くの記事を執筆, また著書も3冊刊行している. 現在, 西洋での緊縛実践者・教師の第一人者と目されている. カリフォルニア州ロスアンジェルス在住. 当地のエンタテイメント産業で働いている.

著者紹介

山本 規雄 (やまもと のりお)
1967年, 東京都生まれ. 出版社等勤務を経て, 現在, 翻訳業・編集業に携わる. 主な訳書に, 『体位の文化史』(作品社, 2006), 『オルガスムの歴史』(作品社, 2006), 『〈同性愛嫌悪(ホモフォビア)〉を知る事典』(明石書店, 2013), 『ユイスマンス——デカダンスの美学』(閏月社, 2013) ほか.

訳者紹介

緊縛の文化史
The Beauty of Kinbaku

2013年10月21日第1刷発行
2013年11月11日第2刷発行

著　者　マスター“K”
訳　者　山本規雄
発行者　高橋雅人
発行所　株式会社 すいれん舎
〒101-0052
東京都千代田区神田小川町3-14-3-601
電話 03-5259-6060　FAX 03-5259-6070
e-mail：masato@suirensha.jp
印刷・製本　藤原印刷
装　丁　篠塚明夫
組　版　ことふね企画

ISBN978-4-86369-299-2　Printed in Japan